JN120594

アジアダイナミズムと
ベトナムの経済発展

山田　満・苅込俊二［編著］

文眞堂

はじめに

　かつて貧困と停滞で形容されたアジアはここ50年間に，他のどの地域よりも際だった発展を遂げた。その過程で，この地域の何億人という人々が貧困から脱却し，多くの国が低所得国から中所得国へ，そして高所得段階にステップアップしていった。アジアの経済的成功は，それまでの欧米中心の世界経済を書き換える大きな出来事であった。アジアには，現在，世界中からモノ，ヒト，カネが引き寄せられており，「21世紀はアジアの時代」が文字通り，展開されている。

　アジアの経済発展は個々の国が別々に発展を遂げたわけでなく，地域全体で工業化を通じて発展するプロセスでもあった。日本を先頭に，韓国，台湾と続いた工業化の波は，これら先発国からASEAN先行国（マレーシア，タイなど），中国といった後発国に波及し，現在ではベトナムを始めとするメコン地域，インドやバングラデシュなど南アジアまで範囲を拡大しようとしている。こうした工業化過程では，先行国から資本や技術・ノウハウなどが投資や貿易を通じて後発国へ伝播し，それが内部蓄積されることで，発展の原動力として機能した。しかも，後発国は先行国と後から追い上げてくる国の間に挟まれ，改善への圧力を常に受けながら，自らの産業構造を高度化する必要性に迫られた。こうして，後発国の構造変化が促されることで，工業化の広域化（地理的拡大）と深化（各国の産業構造高度化）が同時進行したのである。本書のタイトルにある「アジア・ダイナミズム」とはまさにこのような現象を指すものであろう。

　ダイナミックに発展を遂げるアジアを長期的かつ動態的に捉えようと，探究を続けた研究者がトラン・ヴァン・トウ教授（早稲田大学社会科学総合学術院）である。トラン教授は，赤松要（一橋大学名誉教授）が発案し，小島清（一橋大学名誉教授）が国際的な波及過程として応用・拡張させた「雁行型発展論」を分析枠組みに据えて，アジアの長期的発展を叙述しようとした。トラ

ン［1992］では，合繊産業を事例にして，その比較優位が日本から韓国に，そしてタイへ順次，移っていくプロセスを実証したが，そこでは国内要因（産業政策，資本蓄積）と外国資本や技術の役割を織り込むことで，雁行型発展をより明快に説明できることを示した。そして，アジアにおけるこのプロセスは，一つの産業にとどまらず要素集約度・労働熟練度が異なる産業に及んでおり，産業移植の結果として後発国の産業構造の高度化を促しながら，地域全体で重層的な発展を遂げているとトラン教授は主張した。静学的なアプローチが主流だった当時，アジアの発展プロセスを動態的に捉えた先駆的な業績と言えるだろう。

　このようにアジアの経済発展を地域全体として動態的な動きとして捉えようとする一方で，トラン教授はアジア諸国が持続的発展を遂げていく上で直面する構造的な問題にも焦点を当てた。「中所得国の罠」の問題である。世界経済の発展史を見ると，ある程度の人口規模，また農業国から出発して高所得レベルまで発展できた国は，それほど多くない。高所得段階に到達できず，長期にわたり中所得国にとどまる状況は「中所得国の罠」と呼ばれ，中所得国の発展に関心を持つ研究者や政策担当者の間で広く共有されている。トラン教授は，2007年に世界銀行のエコノミストによって提起された「中所得国の罠」にいち早く注目し，研究を行ってきた。トラン教授は，範囲が広く捉えられすぎる中所得を高位と低位の2段階に分けて，各々の経済的特徴を理論的に特定した上で，議論する重要性を強調した。

　アジアのダイナミズムは今後もアジア地域の発展基盤となるだろうが，世界的な貿易摩擦の激化，中国経済の成長力の弱まりを反映して，アジアを取り巻く環境は変化している。また，多くの国が中所得段階に入った現在，トラン教授が問題視する中所得の罠を避けるためにも，解決していかねばならない課題は少なくない。本書の目的は，アジアのダイナミズムを念頭に置きながら，今後の経済発展について，様々な視点から検討することである。

　本書は，トラン教授の古稀を祝賀し，早稲田大学を定年退職する機会をとらえ，トラン教授と長年，親交のある研究者及び大学院ゼミで指導を受けた門徒による論文集として編まれたものである。トラン教授は，アジアの経済発展について多岐にわたり探究したが，そこから導かれた結論では常に将来展望を欠

かさなかった。こうした姿勢で研究を続けてきたトラン教授と親交の深い研究者や先生の弟子たちによる論稿は，いずれも独自の切り口から現在のアジアを切り取り，そこから浮かび上がる課題や展望を示すものとなっている。

　本書は3部で構成されている。第1部は「アジア経済のダイナミズムと新展開」である。ここでは，ダイナミックに変貌を遂げるアジアが今後も発展を遂げていけるかを中心課題として，検討を行った。ここで取り上げられた論題は，ASEANの経済統合，米中貿易摩擦，中国の一帯一路構想，アジアの高齢化，循環型経済などと多岐にわたるがいずれもアジアの今後を見る上で欠かせないものである。

　第2部は「ベトナムの経済発展：特徴と今後の展望」である。アジアでは後発国が発展を遂げるうえで，域内生産ネットワークに参加し，自国の発展段階に相応しい地位を獲得することが重要である。そのために，インフラ整備，人材育成，政策・制度構築といった開発チャレンジをすることが求められる。ベトナムは日本など発展先行国などからの支援にも助けられて，自己改革を着実に進めることで，発展を遂げた国と言えるだろう。第2部ではアジアのダイナミズムの恩恵を受けながら，発展を遂げるベトナムの経済的特徴を様々な切り口から浮き彫りにするとともに，そこから見えてくる課題にベトナムがどう対応しようとしているのか検討した。

　ところで，アジア・ダイナミズムが成立した背景として，地域的安定や域内・域外諸国との関係改善を抜きには語れないだろう。例えば，ASEANは元々，共産勢力への対抗を目的として創設された連合であった。それが，経済的な統合を促進する性格を強めた背景には地域的な和平が劇的に進展したからに他ならない。第3部では，アジア，特にベトナムの経済発展を国際関係論や政治学など学際的視点から検討した。

　本書は多くの方々の支援によって刊行することが出来た。特に，トラン教授が教鞭をとった桜美林大学，早稲田大学における学部ゼミのOB・OGからは本書の趣旨に賛同いただき，出版費用の一部をご負担いただいた。紙幅の都合から全ての方の名前を記すことができないが，心より感謝を申し上げたい。また，早稲田大学ベトナム総合研究所をはじめとする多くの研究仲間が本書の刊

行に当たり様々な形でご協力・支援くださったことに感謝いたしたい。

　株式会社文眞堂の前野弘太氏に感謝を述べさせていただきたい。前野氏は本書の刊行に当たり，当方からの様々な無理にも柔軟に，かつ暖かく対応くださった。また，適切な文章表現など丁寧に校正してくださり，本書全体を非常に読みやすいものに仕上げていただいた。心より御礼申し上げる。

2019 年 12 月

山田　満

苅込俊二

目　　次

第 1 部

アジア経済のダイナミズムと新展開

第1章

ASEANの経済統合：展開と評価

石川　幸一

はじめに

　ASEANの経済統合は1992年のASEAN自由貿易地域（AFTA）合意から始まった。AFTAは2002年に当初の目的である0−5％への関税削減を実現し，2003年からASEAN経済共同体（AEC）の形成を開始した。物品の自由な移動を実現するAFTAに続き，サービス，投資，資本，熟練労働者の自由な移動を目指すAECにより統合の深化を進めた。AECは計画通り2015年末に創設され，現在は2025年を目標とするAEC2025の行動計画を実施している。

　ASEANの経済統合については対照的な評価がなされている。物品貿易の自由化をはじめ着実に統合が進んでいることへの高い評価の一方で，EUやNAFTAなど先進国の統合と比較して統合はほとんど進んでいないとする評価もある。関税撤廃のように大きな成果をあげた分野がある一方で進展が遅れている分野があるなど統合の分野により進展状況が異なることが原因である。統合の進展状況について，客観的なデータで検証する必要があるとともにASEANは発展途上国の地域協力機構であり，経済格差や政治，社会，文化の多様性が極めて大きく統合が難しい地域であることを念頭に置くべきである。ASEAN経済共同体という名称が欧州経済共同体（EEC）と似ており，経済共同体という概念が経済統合理論の中で明確に位置づけられていないことも評価が一様でない要因である。

　本章は，ASEAN経済統合の展開を統合の深化として捉え，AFTAを統合の第1段階，2015年末に実現したAEC2015を第2段階とし，2016年に開始されたAEC2025を第3段階と位置付けている。続けて，AECの統合発展段

階論における位置づけを試み，その上で AEC の意義を検討し評価を行っている。

第1節　ASEAN の経済統合の略史：
AFTA と ASEAN 経済共同体

1. 成功した AFTA

　1967 年 8 月に創設された ASEAN（Association of Southeast Asian Nations: 東南アジア諸国連合）が経済協力に取り組むのは，設立から 10 年を経過した 1976 年の第 1 回首脳会議以降である。第 1 回首脳会議で ASEAN 協和宣言が出され，ASEAN 特恵関税協定（PTA），ASEAN 工業プロジェクト（AIP），ASEAN 工業補完協定（AIC）という 3 つの経済協力プロジェクトへの取り組みが開始された[1]。PTA は極めて限られた品目を対象に域内関税を引き下げるものであり，ほぼすべての貿易品目を対象に関税を撤廃する自由貿易協定（FTA）とは程遠いものだった。3 つのプロジェクトは失敗に終わった。その理由は，輸入代替工業化を進めていた各国の利害の対立である。

　ASEAN の経済統合が本格的に始まったのは，1992 年の AFTA（ASEAN Free Trade Area: ASEAN 自由貿易地域）の合意以降である。ASEAN の経済統合の歴史は，AFTA 開始から 2002 年までが第 1 段階，2003 年の ASEAN 経済共同体 2015 の構築開始から 2015 年末の創設までが第 2 段階，ASEAN 経済共同体 2025 に向けて行動計画を開始した 2016 年以降を第 3 段階と分けることができる。

　AFTA 開始前の 1988 年に自動車部品の ASEAN 域内貿易に 50％の関税削減を行うブランド別自動車部品相互補完流通計画（Brand to Brand Complementation: BBC）が実施された。BBC は三菱自動車が提案した自動車産業を対象とした貿易自由化プログラムであり，ASEAN 域内での自動車部品の集中生産と相互補完の目的で日系自動車企業により使われた。BBC は 1996 年からは自動車部品以外に品目を拡大し AICO（ASEAN 産業協力スキーム）

に発展し，電機などの外資企業により利用された。BBCが重要なのは，企業が利用しており実効性を持ったことと日系企業が提案し主なユーザーは日系企業だったことである。ASEANの経済統合の日系企業がプロモーターであるとともにユーザーであるという特徴がBBCに明確に表れている。

　AFTAは，1993年から15年間（その後10年間に短縮）でASEANの域内貿易の自由化を行うスキームである。AFTA開始以降にASEANに加盟した新規加盟4カ国（ベトナム，ラオス，ミャンマー，カンボジア，以下CLMV）は加盟翌年からAFTAに参加した。AFTA創設の狙いは，ウルグアイ・ラウンド締結後の貿易自由化への対処，NAFTAとEU単一市場創設の中でのASEANの重要性の維持などが挙げられているが，最も重要なのは外国投資の誘致であり，その背景には1991年以降の中国投資ブームがあった[2]。

　AFTAは2002年（一部品目は2003年）に関税を0-5%以下に削減し，2010年にはASEAN6（ブルネイ，インドネシア，マレーシア，フィリピン，シンガポール，ベトナム）が関税を撤廃，2015年にはCLMVが一部品目を除き関税を撤廃し，2018年に残り品目の関税を撤廃した。AFTAの関税撤廃率（自由化率）は，ASEAN6が99.3%，CLMVが97.7%，ASEAN全体で98.6%と極めて高くなっている。計画通り自由化を実現したという点でAFTAは成功と評価すべきである[3]。

　AFTAの成功の理由は，経済発展レベルとくに産業の発展レベルを考慮した柔軟かつ段階的な自由化方式の採用である。品目は自由化品目から除外品目まで4つに分類し，一時的除外品目を順次自由化品目に移行した。自由化率は当初は0-5%であり，その後撤廃を目標としている[4]。CLMVについては，関税削減と撤廃のスケジュールをASEAN6に比べ遅らせている。CLMVの自由化の実施とともにASEANは域内格差是正のためCLMVに支援を行うASEAN統合イニシアチブ（IAI）を実施している[5]。

2.　ASEAN経済共同体2015の創設

(1)　統合の深化を推進

　AFTAに続いてASEANは2003年からASEAN経済共同体（ASEAN

Economic Community: AEC）の形成を目指した。ASEAN は現在 2025 年を目標年次とする AEC2025 を目指しており，2003 年にスタートとした AEC は AEC2015 と呼ぶことにする。AEC は 21 世紀に入り中国に加えインドが台頭し ASEAN が中印間で埋没し，外国投資が減少しかねないという危機感を背景に「ASEAN は AFTA に続く経済統合を目指している」ことを外資にアッピールするために 2002 年にシンガポールが提案した[6]。外資誘致が狙いであり，AFTA と同様である。その後，インドネシアが安全保障共同体（政治安全保障共同体に改称），フィリピンが社会文化共同体を提案し，2003 年の首脳会議で採択された「ASEAN 第2協和宣言」で3つの共同体で構成される ASEAN 共同体を打ち出した。ASEAN 経済共同体は 2020 年設立を目標にしていたが，2007 年の首脳会議で 2015 年に繰り上げられた。

　経済共同体という名称を使用した理由は明らかにされていないが，ASEAN は設立当初から「共同体」という用語を使用していたことが背景にある。ASEAN 設立宣言（1967 年）では，「繁栄した平和な共同体」と述べ，ASEAN 協和宣言（1976 年）では ASEAN の8項目の原則と目的の一つとして「強力な ASEAN 共同体」を掲げ，ASEAN ビジョン 2020（1997 年）では「外向きで平和と安定，繁栄のうちに生存し，ダイナミックな発展における連携と思いやりのある社会の共同体に結合された東南アジアの国々の協調」というビジョンを打ち出している[7]。

　AEC2015 は，物の貿易の自由化を目指す AFTA に続く経済統合であり，サービス，投資，熟練労働者の自由な移動と資本のより自由な移動を目指す統合の深化である。AEC2015 の目標は幅広く，経済統合に加え，インフラの整備，知的財産権，格差の是正，ASEAN 域外との FTA などを含んでいる[8]。消極的統合だけでなく加盟国政府の共同行動を含む積極的統合を目指しており，経済発展戦略としての統合といえる。AEC2015 の目標と行動計画，スケジュールを提示したのが，2007 年に発表された AEC ブループリントである（表 1-1）。

　AEC ブループリントに加え，輸送分野では ASEAN 連結性マスタープラン（Master Plan on ASEAN Connectivity: MPAC），域内格差是正については ASEAN 統合イニシアチブなどの分野別の計画が実施され，日本，米国など対

表 1-1　ASEAN 経済共同体ブループリントの 4 つの目標と分野

目標	分野
1．単一の市場と生産基地	①物品の自由な移動，②サービスの自由な移動，③投資の自由な移動，④資本のより自由な移動，⑤熟練労働者の自由な移動，⑥優先統合分野，⑦食料・農業・林業
2．競争力のある経済地域	①競争政策，②消費者保護，③知的所有権，④インフラストラクチュア開発，⑤税制，⑥電子商取引
3．公平な経済発展	①中小企業，② ASEAN 統合イニシアチブ
4．グローバル経済への統合	①対外経済関係への一貫したアプローチ，②グローバル・サプライチェーンへの参加

注：ASEAN 統合イニシアチブ（IAI）は，CLMV の開発を支援することにより格差是正を進めるプログラムである。

出所：ASEAN Secretariat（2008），ASEAN Economic Community Blueprint により作成。

話国や国際機関が計画策定や実施に協力するなど重層的な実施体制となった。

(2)　関税撤廃が最大の成果

　AEC2015 は目標通り 2015 年末に創設された。ただし，AEC ブループリントの行動計画が全て実施されたわけではない。ブループリントの実行率（15年 12 月末）は，優先措置に対する実行率が 93.9%（506 措置中 475 措置），全措置に対する実行率が 82.3%（611 措置中 503 措置）となっており，2015 年末の AEC 創設は通過点（英語では milestone）と見なされている。そのため，AEC2015 の創設を宣言した 2015 年 11 月の第 27 回首脳会議で AEC2025 を目指すことが発表され，ASEAN 共同体 2025 ブループリントが発表された。

　主要分野について具体的な実施状況をみてみよう（表 1-2）。最大の成果は関税の撤廃であり，自由化率が 90% 台の後半というレベルの高い自由貿易地域が ASEAN 全域で創設された（CLMV の関税撤廃は前述のように 2018 年である）[9]。一方，非関税障壁の撤廃はほとんど進展していない。サービス貿易の自由化交渉は遅れており，第 9 パッケージ（108 分野を自由化が目標）が 2015年に合意し，最終段階の第 10 パッケージ（128 分野）は 2018 年に合意できた。WTO のサービス貿易協定（GATS）を上回る自由化を約束したが，自由化例外分野はかなり残っており，第 3 モードの商業拠点（サービス産業の外国投資）は出資比率 70% が目標であり，第 4 モード（人の移動）は目標が明確で

表 1-2　AEC 主要分野の進展状況の評価

関税	◎	ほぼ撤廃される
非関税障壁	×	進展はほとんどない
貿易円滑化	○	ASEAN シングル・ウィンドウは 2018 年に 7 カ国で稼働
基準・認証	○	相互認証の対象分野は限られている
サービス貿易	○	第 10 パッケージは 2018 年に合意，例外を容認
金融サービス	○	2020 年が目標
投資	○	最低限の規制を残し自由化
熟練労働者の移動	△	8 職種の資格相互承認，実効性は今後
競争政策	○	8 カ国で競争法を導入
輸送協定	△	3 つの越境輸送円滑化協定の批准が遅れ
輸送	△	道路は一部整備遅れ，鉄道は遅れ，2020 年目標
エネルギー	△	ASEAN 電力網，ASEAN ガスパイプライン建設中
域内格差是正	○	ASEAN 統合イニシアチブ実施，格差は緩やかに縮小
域外との FTA	◎	5 つの ASEAN ＋ 1FTA を締結（2018 年に香港と締結）

注：◎ブループリントの想定どおりあるいは想定以上の成果をあげている，○は概ねブループリントの想定どおり施策が実施されている，△ブループリントの想定より実行が遅れているが一定の成果がみられる，×は実施が大幅に遅れている，ことを示している。ブループリントの目標達成度の評価であり，自由化・円滑化実現の評価ではないことに留意が必要。
資料：国際貿易投資研究所（2016），「ASEAN 経済共同体（AEC）2015 の成果（2016 年 4 月末時点）」により作成。

　はない。投資では，ASEAN 包括的投資協定（ACIA）を調印・批准したが，投資禁止・制限分野（留保リスト）は残っており，その削減が AEC2025 の目標になっている。
　貿易円滑化では，原産地規則の改善（40％付加価値基準に関税番号変更基準を追加し選択制とする），原産地証明では自己証明制度の導入に向けて 2 つのパイロットプロジェクトを実施している。ASEAN シングル・ウィンドウ（ASW）では CLM を除く 7 カ国が電子的接続のパイロットプロジェクトを実施した。人の移動は，熟練労働者の自由な移動が目標であり，非熟練労働者は対象外である。商用訪問者や企業内転勤者などを対象とする ASEAN 自然人移動協定（AMNP）を締結し，専門家資格（8 職種：エンジニアリング，看護，測量技師，建築，会計，開業医，歯科医，観光）の相互承認取決めを調印した。域外との FTA では，中国，韓国，日本，インド，豪州・ニュージーラン

ドの6カ国と5つのASEAN＋1FTAを締結するなど成果があった。インフラ整備は遅れており，2大プロジェクトのASEAN高速道路網（AHN）とシンガポール昆明鉄道（SKRL）は目標が2020年となっている。

3．ASEAN経済共同体2025

(1)　戦略目標は5つに増加

　AEC2025の戦略目標は，① 統合され高度に結束した経済，② 競争力のある革新的でダイナミックなASEAN，③ 高度化した連結性と分野別協力，④ 強靭で包摂的，人間本位・人間中心のASEAN，⑤ グローバルASEANの5つである（表1-3）。基本的な構成はAEC2015を引き継いでおり，対象分野は新たな分野が追加されているが，AEC2015の分野を組み直したものが多い。統合の範囲やレベルはAEC2015と同様であり，関税同盟や非熟練労働者の移動，政府調達の自由化は目標ではない。「3．高度化した連結性と分野別協力」が追加されたが，内容はAEC2015の「単一の市場と生産基地」および「競争

表1-3　AEC2025のブループリントにおける戦略目標と対象分野

目標	分野
1．高度に統合され結合した経済	①物品貿易，② サービス貿易，③ 投資環境，④ 金融統合・金融包摂・金融安定化，資本のより自由な移動，⑤ 熟練労働者・商用訪問者の移動円滑化，⑥ グローバル・サプライチェーンへの参画強化
2．競争力のある革新的でダイナミックなASEAN	①効果的な競争政策，② 消費者保護，③ 知的財産権の強化，④ 生産性向上による成長・イノベーション・研究開発，⑤ 税制協力，⑥ ガバナンス，⑦ 効率的・効果的・整合的な規制，⑧ 持続可能な開発，⑨ グローバルメガトレンド・通商に関する新たな課題
3．高度化した連結性と分野別協力	①交通運輸，② 情報通信技術（ICT），③ 電子商取引，④ エネルギー，⑤ 食糧・農業・林業，⑥ 観光，⑦ 保健医療，⑧ 鉱物資源，⑨ 科学技術
4．強靭で包摂的，人間本位・人間中心のASEAN	①中小企業強化，② 民間セクターの役割強化，③ 官民連携（PPP），④ 開発格差縮小，⑤ 地域統合に向けた努力へのステークホルダーによる貢献
5．グローバルASEAN	①域外国との経済連携協定の改善，協定未締結の対話国との経済連携の強化など

出所：ASEAN Secretariat（2015），*ASEAN2025 Forging Ahead Together.*

表 1-4　CSAP の戦略的措置数と行動計画数（2018 年 8 月更新）

戦略目標	主要分野	戦略的措置	主要行動計画
1．高度に統合し結束した経済	6	26	106
2．競争力のある革新的でダイナミックな ASEAN	9	47	116
3．高度化した連結性と分野別協力	9	51	233
4．強靭で包摂的，人間本位・人間中心の ASEAN	5	23	87
5．グローバル ASEAN	1	6	14
合計	30	153	556

出所：ASEAN Secretariat（2018），ASEAN Economic Community 2025 Consolidated Strategic Action Plan, Updated on August 2018.

力のある革新的でダイナミックな ASEAN」から移されたものが大半である[10]。

　2015 年の首脳会議で採択された AEC ブループリント 2025 は行動計画，スケジュールなどが含まれておらず概略的なものだった。そのため，2017 年 2 月の ASEAN 経済大臣会議および AEC 理事会で実質的なブループリントに当たる統合戦略的行動計画（Consolidated Strategic Action Plan：CSAP）が承認された[11]。CSAP は，AEC ブループリント 2025 の 5 つの戦略目標（Characteristic）の主要分野（Key Element）について，目的，戦略的措置（Strategic Measures），主要行動計画（Key Action Line）が示され，主要行動計画ごとにスケジュール（Timeline），分野別作業計画（Sectoral Work Plan）と担当機関（Sectoral Body）を明示しており詳細かつ具体的な内容となっている。

　CSAP の戦略的措置は 153，主要行動計画は 556 となっており，C．高度化した連結性と分野別協力の主要行動計画が 233 と極めて多い（表 1-4）。これは交通運輸が 78 と多くの行動計画を含むためである。ほかに主要行動計画が多い分野は零細中小企業で 62 となっている。CSAP に加えて，分野別作業計画（Sectoral Work Plan2016-2025）が主要分野ごとに作られ，ASEAN 連結性マスタープラン 2025 と ASEAN 統合イニシアチブ作業計画Ⅲも AEC2025 に含まれている。

（2）　重視される発展戦略

　AEC2015 は，「物品，サービス，投資，熟練労働者の自由な移動，資本のよ

り自由な移動」という明確で判りやすい目標を設定していた。AEC2025 は円滑化に重点を置いており地味な内容となっている。AEC2015 で関税撤廃など自由化が相当程度進み，実現が容易でない分野が残されたことが現実的で慎重な目標を設定した背景にある[12]。その意味で AEC2025 では，AEC2015 に比べ統合の比重は低下している。

　一方，競争力，包摂などの分野が重要性を増している。これらは，中所得の罠，格差の拡大など ASEAN 各国が直面している課題への対応である。ASEAN の経済統合は経済成長戦略として統合であり，AEC2025 はその特徴が強くなっている。タイ，マレーシア，そして近い将来にインドネシアとフィリピンが中所得の罠に陥り成長率が低下することが懸念されているためだ。生産性向上，イノベーション，科学技術が重要分野となっているが，現状では，中国の「中国製造 2025」のような産業政策としての具体的な計画はなく，具体的な産業や行動計画を作っていくのは 2019 年以降の課題である。

　AEC2025 では，社会文化共同体（ASCC）2015 から多くの分野が移管されている。情報通信技術，応用科学技術，企業家精神，食糧安全保障と食の安全，保健医療，環境などである。包摂は AEC2025 の各分野で強調されている。

　実施状況の評価も変更された。AEC ブループリント 2015 はスコアカードにより評価をしてきたが，自己申告制度であることなど問題点が指摘されていた。2016 年の経済大臣会合で合意された新たな評価制度（AEC2025 モニタリングおよび評価枠組み）は，実施状況の評価，数値指標による評価，社会経済的な影響評価の 3 種類の評価を行うことになっている[13]。

第 2 節　経済統合の分類と経済共同体

1．バラッサの 5 段階説

　ASEAN 経済共同体がどのような経済統合なのかを理解するために経済統合の段階についてみておく。経済統合の分類および段階は，ベラ・バラッサによるものがよく知られている。バラッサは，経済統合の段階として① 自由貿易

表1-5　バラッサの経済統合発展段階説

	域内関税撤廃	域外共通関税	生産要素の移動	ある程度の経済政策の調和	金融，財政，社会，景気政策の統一，超国家機関の設立
FTA	○	×	×	×	×
関税同盟	○	○	×	×	×
共同市場	○	○	○	×	×
経済同盟	○	○	○	○	×
完全な経済統合	○	○	○	○	○

出所：Balassa（1962），p2. により筆者作成。

地域（free trade area），②関税同盟（customs union），③共同市場（common market），④経済同盟（economic union），⑤完全な経済統合（complete economic integration）の5段階説を唱えた（表1-5）[14]。自由貿易地域は参加国間で関税（と数量制限）を撤廃する。関税同盟は商品の移動の差別の撤廃に加え，非加盟国への関税を共通化する。共通市場は貿易の制限だけでなく生産要素の移動への制限が廃止される。経済同盟では経済政策の違いによる差別をなくすためにある程度の経済政策の調和が行われる。完全な経済統合は金融，財政，社会，景気政策の統一を前提とし，加盟国を拘束する決定を行う超国家機関の設立を必要とする。

　バラッサの5段階説は古典的といえる分類であり経済統合の基本的な理解には今でも有用であるが，現代の経済統合は多様化している。なお，世界の経済統合は2018年末時点で301あるが，そのほとんどが自由貿易地域（FTA）であり，関税同盟は欧州連合（EU），南米南部共同市場（メルコスール）など15を数え，経済同盟はEUのみである[15]。

2.　畠山の6段階説

　日本がFTAに取り組むに際して大きな役割を果たし，通商政策と通商交渉の実態に通暁している畠山（2015）は，経済統合は加盟国の発展段階により中身が異なり，構成要素についてはいろいろ議論があり，コンセンサスがあるわ

けではないとして，① FTA，② 関税同盟，③ 共同市場，④ 共通基準，⑤ 共
同体，⑥ 連合，という経済統合の6段階説を提示している（表1-6）[16]。①
FTA，② 関税同盟，③ 共同市場はバラッサと同じだが，② 関税同盟は未来
がないと指摘している。シンガポールのようなほとんどすべての品目に関税率
ゼロという国が関税同盟に参加しようとすると他の加盟国の関税率に合わせる
ために特定品目の関税を引き上げざるを得ず，さらに他の品目の関税引き下げ
という代償を払わねばならないため，関税を引き下げる品目を見つけることは
容易ではないためである。

　③共同市場については，FTAと関税同盟に加え，域内流通自由化，金融域
内自由化，労働域内移動自由化の3項目からいずれか一つ以上を実施する場合
と定義している。④ 共通基準については，WTOに技術社会委員会を設置し，
当面乗用車と食品の世界共通安全基準を策定する活動を開始し，FTAで世界
共通基準策定を助けるという提案を行っている。⑤ 共同体については，主権
の一部を加盟国で形成するグループの本部あるいは事務局などに譲渡すること
としている場合に限り，共同体と呼ぶことができるとしている。従って，この
定義に該当するのはEUのみである。⑥ 連合については，通貨統合，エネル
ギー統合，環境統合などの新種も経済統合ができる場合に備えて連合という名
称を残すとし，とりあえずEUを例としてあげている。WTOとの関係では，
共同市場，共通基準，共同体，連合もGATT24条4項の「任意の協定」に含

表1-6　畠山の経済統合6段階説

	域内関税撤廃	域外共通関税	域内流通自由化，金融域内流通自由化，労働域内移動自由化の一つ以上を実施	主権委譲	通貨統合，エネルギー統合，環境統合など
自由貿易地域	○	×	×	×	×
関税同盟	○	○	×	×	×
共同市場	○	○	○	×	×
共通基準	○	○	○	○	×
経済共同体	○	○	○	○	○
連合	○	○	○	○	○

出所：畠山（2015），262-286頁により筆者作成。

まれ，GATT の規律下にあるとしている[17]。

3. ペルクスマンの 6 段階説

　EU 研究者であるペルクスマンは 6 段階説を提唱している[18]。すなわち，①
FTA，② 関税同盟，③ FTA プラス（関税同盟プラス），④ 深く包括的な
FTA，⑤ 共同市場，⑥ 単一市場である。ペルクスマンは，ASEAN 経済共同
体は第 3，第 4 段階であるとしている。FTA と関税同盟は GATT24 条で規定
された統合であり，バラッサ，畠山の主張と同じである。第 3 段階は FTA プ
ラスおよび関税同盟プラスであり，WTO の対象分野を含む FTA および関税
同盟と定義している。WTO の対象分野である農業，衛生植物検疫（SPS），貿
易の技術的障害（TBT），投資関連貿易措置（TRIMS），アンチダンピング，
補助金および相殺関税，セーフガード，サービス，知的所有権，などが含まれ
る。

　第 4 段階は，深くて包括的な FTA および関税同盟であり，WTO プラス
（WTO 協定に含まれていない分野）の分野を対象とする。サービス，投資，
競争，貿易円滑化，TBT と SPS における同等の措置，経済協力と WTO の
プルリ（複数国）協定である政府調達が具体的な分野としてあげられている。
第 5 段階は共同市場であり，財，サービス，労働，資本の自由な移動，共通競
争政策，越境インフラのための共通予算や共通調整支援などが実現している。
第 3，第 4 段階との相違は，第 3，第 4 段階が障壁の撤廃を主とする消極的統
合（negative integration）に対して，第 5 段階は，規制の調和や相互承認など
参加国政府が共同行動を行う積極的統合（positive integration）であることで
ある。第 6 段階は単一市場（Single Market）であり，EU も実現しておらず，
野心的な目的としての経済的なコンセプトである。単一市場の完全で包括的な
定義はないが，物品，サービス，資本，労働，技術の 5 市場で，相互市場アク
セスと無差別を確保する深くて広範囲の自由化と市場の制度と規制の両面にお
ける広範囲の積極的統合を伴う統合であるとしている[19]。

4. 経済連携を入れた 6 段階説

　経済統合の段階にいくつかの説があるのは，現実に多様な統合の形態と名称が存在しているためである。FTA の内容が多様になったのは，関税撤廃が進展したこととグローバル化の進展により物だけでなくサービス，投資，資本，人の移動などの自由化が求められるようになったためである。こうした包括的な内容の FTA は経済連携（パートナーシップ）協定と呼ばれている。日本が締結している経済連携協定の内容は極めて多様であり，物の貿易，サービス，投資，貿易円滑化，SPS，TBT，電子商取引，知的所有権，政府調達，人の移動，競争，貿易救済措置，経済協力などを含んでいる。さらに，TPP11（包括的及び先進的な環太平洋パートナーシップ協定：CPTPP）は，国有企業，環境，労働，中小企業，規制の整合性，腐敗防止なども対象としている。このように，経済連携協定は WTO の対象分野とともに WTO が対象としていない分野（WTO プラス）を含んでいる。

　規格・基準は，共通化と相互承認を含み，WTO の対象分野だけでなく WTO プラス分野も対象とするのが普通となっている。そのため，共通基準という段階を独立させることも FTA プラスと深く包括的な FTA を分けることも実態にそぐわなくなっている。EPA も TPP も対象分野は広く，深い統合であるが，対外共通関税を含んでいないし，サービスや人の移動は制約が大きく，関税同盟ではないし経済同盟ではない。こうした実態を踏まえると，① FTA（狭義の），② 包括的な FTA（経済連携），③ 関税同盟，④ 共同市場，⑤ 経済同盟，⑥ 完全な経済統合の 6 段階とするのが経済統合の現実に適合するとともに複雑さを回避できる[20]。① FTA に「狭義の」を付け加えたのは，物の貿易のみを対象とする FTA という意味である。TPP，RCEP などのメガ FTA は，② 包括的な FTA に分類される。

第3節 AEC はどのような経済統合か

1. EPA に類似した経済統合

結論を先にいえば，AEC は FTA プラス（包括的 FTA）である。サービス，投資，資本，人の自由な移動が実現する経済統合は共同市場であるが，AEC は共同市場ではない。サービス，投資，資本の移動は例外分野が残され，条件や制約がある。人の移動は熟練労働者が対象であり，かつ，極めて限定的である。AEC は経済共同体と名付けられているが，EEC（欧州経済共同体）と似ているのは名称だけである。EEC は関税同盟であり，1992 年には共同市場である欧州連合に発展し，その後通貨統合を実現している（通貨統合参加国は現

表 1-7 ASEAN 経済共同体，欧州共同体，経済連携協定の目標の比較

	欧州共同体（EC）	ASEAN 経済共同体（AEC）	経済連携協定（EPA）
関税撤廃	○	○	○
非関税障壁撤廃	○	○（＊）	△
対外共通関税	○	×	×
サービス貿易自由化	○	○（＊）	△
規格・基準の調和	○	△	△
人の移動の自由化	○	△	△
貿易円滑化	○	○	○
投資の自由化	○	○	○
資本移動の自由化	○	△	△
政府調達の開放	○	×	△
共通通貨	○	×	×

注：1. ○は目標，△は目標だが限定的，×は目標になっていないことを示す。＊は目標だが実現は難しい，あるいは一部実現することを示す。ただし，厳密な評価ではない。
　　2. EEC は 1967 年に欧州石炭鉄鋼共同体（ECSC），欧州原子力共同体（EURATOM）との 3 つの共同体の主要機関が共通の機関として整備されこれら 3 機関を総称して EC と呼んでいたが，1992 年にマーストリヒト条約により EEC は EC（欧州共同体）に改称された。
出所：筆者作成。

在 19 カ国）。EU は市場統合と通貨統合については国家主権を EU に委譲しているが，AEC は国家主権を堅持した統合であり，統合の基本的な考え方が違う。ASEAN は EU から統合の進め方を参考に支援を受けているが，EU を統合のモデルと考えていない。関税同盟はシンガポールが関税をほぼ全廃しているため結成することは無理であるし，経済格差が極めて大きく，生産要素の自由な移動も実現していないため通貨統合も無理である。関税同盟，通貨統合とも目標にしていないのは言うまでもない。AEC が類似している経済統合は経済連携協定（EPA）である（表 1-7）。EPA は物品，サービス，投資の自由化，商用訪問者などの移動の自由化，貿易円滑化などを規定しているが，域外共通関税は設けておらず，共通通貨も目指していない。

2．21 世紀型 FTA としての AEC

　TPP は 21 世紀型の FTA といわれる。高いレベルの物品，サービス，投資の自由化に加え，SPS，TBT，政府調達，広範囲な知的財産保護，電子商取引，国有企業，環境，労働，腐敗防止など新たな分野を含むからだ。ボールドウィンは，関税しか取り扱わない「浅い」協定に対し，影響が国境の奥深くまで浸透する「深い」協定を 1990 年ごろ発展途上国が先進国と結ぶようになったと指摘している[21]。包括的な FTA は「深い」協定であり，NAFTA など 1990 年代から登場しているが，21 世紀に入り増加するとともにさらに新たな分野が加わっている。

　21 世紀型 FTA 増加したのは，① 企業活動のグローバル化と競争の激化により最適地生産，最適地調達，効率的な物流が求められ，部品など中間財の取引を支える効率的なサプライチェーン構築を支援するための自由化，円滑化が必要，② MFN ベースで国境措置である関税の撤廃が進み，サービスなど国内規制の撤廃が課題，③ 通信や輸送の技術革新が進み，取引の迅速化とコストの削減のため貿易円滑化が重要，④ 政府の支援を受けている国有企業が民間企業に対し有利であるとして対等な競争条件を要求，⑤ 環境と貿易，環境と労働への関心が強まるとともに劣悪な環境および労働条件により競争力を強める「底辺への競争」が懸念されるようになった，⑥ 電子商取引など新たなビ

ジネス形態が登場したことが理由として指摘できる。

　AEC は，WTO 協定の対象分野では，政府調達を除く主要分野（物品，サービス，貿易円滑化，貿易救済，SPS，TBT，金融サービス，電気通信，投資関連貿易措置）を対象にしている。WTO プラス分野では，投資，電子商取引，競争，人の移動，環境，中小企業，開発，規制などをカバーしている。国有企業，労働，腐敗防止などの TPP の対象分野は含まれていない。一方，第1節でみたように消費者保護，インフラ整備，エネルギー，税制協力などの広範な分野を対象としている。

　従って，AEC は 21 世紀型の FTA と評価できる。ただし，実施状況をみると課題が多いといわざるを得ない。TBT や熟練労働者の移動などは実効性の向上が求められるし，貿易円滑化，貿易救済措置，電子商取引，知的所有権，競争政策は協定や協力枠組みを作るなど取り組みを始めたという段階である。2018 年に ASEAN シングル・ウィンドウの運用が始まり，ASEAN 電子商取引協定が締結されるなど AEC2025 を実施することにより内容が拡充し実効性が高まると考えられる。

第4節　ASEAN 経済統合への批判

　第2節でみたように AEC は課題が残っているものの全体としては成功したと評価できる。とくに AFTA は 100％近い高い自由化率を実現しており，発展途上国の FTA として高く評価すべきである。しかし，AFTA については① 域内貿易比率が低い，② 利用率が低い，という 2 つの批判が今でも根強い[22]。

　ASEAN の域内貿易比率は，1990 年の 17％から 2000 年代半ばには 25％前後に上昇したが，2017 年は輸出が 23.2％，輸入が 22.1 であり，緩やかだが低下している。NAFTA の域内貿易比率は 40％（2012 年），EU は 56％と高く，域内貿易比率の低さが AFTA は効果がないという論拠になっている。域内貿易額は AEC 創設を決めた翌年の 2004 年の 2,609 億ドルから 2017 年には 5,902 億ドルに 2.3 倍に拡大しており，域内貿易比率が上昇しなかったのは中国との

貿易の拡大による。中国との貿易は 2004 年の 892 億ドルから 2017 年には 4,410 億ドルに 4.9 倍増となっている。中国との貿易が急速に拡大し，中国が最大あるいは主要な貿易相手国となる現象は ASEAN だけでなく世界各国で起きている。なお，ASEAN の貿易相手国・地域では，ASEAN が最大であり，中国は 2 位である。

　ASEAN の域内貿易比率は理論的にみると低くないと指摘されている。岡部 (2015) は，域内貿易結合度でみると AFTA は APEC，EU，NAFTA を大きく上回り，ASEAN の域内貿易はかなり大きいと論じている [23]。ASEAN 各国の GDP，加盟国間の距離などを考慮して理論的な域内貿易額を計算すると域内貿易率は約 26％となり，25％という AFTA の域内貿易比率は妥当と評価している。ナヤ (2013) も，世界の貿易における ASEAN の貿易規模の小ささを考慮すれば，AFTA は「自然発生的な貿易協定である」としている [24]。

　AEC はグローバル経済への統合を目標としており，ASEAN 域外との FTA を積極的に締結してきた。ASEAN 域内に閉ざされた統合だけでなく域外との統合を進めるオープン・リージョナリズムであり，域内貿易比率の低さだけで ASEAN の経済統合を失敗と評価すべきではない。

　AFTA の利用率は低いという見方は多い。Chia and Plummer (2015) は AFTA の利用率は極めて低いと指摘し，その理由として，① 特恵マージン (AFTA の税率と一般に適用される MFN 税率の差) が小さい，② 非関税障壁の存在，③ IT 製品は WTO の情報技術協定 (ITA) により関税がゼロとなっている，③ 投資優遇措置などにより無関税輸入が可能，④ 中小企業が利用していない，⑤ 原産地規則による制約，を挙げている。一方，AFTA の制度と実態に詳しい助川 (2019) は，原産地証明 (フォーム D) の発給額を使い，タイの輸出額に占める AFTA を利用した輸出額の比率 (AFTA 利用率) を算出し，AFTA の利用率が高まっていること，インドネシアとフィリピンへの輸出の利用率は高いと指摘している。タイの輸出における AFTA 利用率は 2000 年の 6.4％から 2017 年には 40.1％に上昇し，インドネシア向けが 70.8％，フィリピン向けが 69.6％，ベトナム向けが 60.8％となっている。

　このように評価が異なるのは次のような理由があるためである。① 輸出国と輸入国の組み合わせにより利用状況が非常に異なっている，② 年を追うに

従い AFTA の関税削減・撤廃が急速に進展し特恵マージンが大きくなり利用率が高まっている，③ 特恵マージンの大きな品目は自動車，家電などであり，日系企業など外資の役割が大きな業種であることなどである。自動車産業の域内貿易額を 2005 年と 2013 年を比較すると，マレーシアからタイへの完成車輸出は 50.6 倍，インドネシアへは 10.8 倍，ガソリンエンジンのタイからインドネシアへの輸出は 1,574 倍と急増しており，AFTA の効果が大きいことが判る[25]。2018 年のジェトロの ASEAN 進出日系企業調査によると，ASEAN 域内に輸出している日系企業の 51.1％が AFTA を利用していると回答している[26]。

　FTA の正確な利用率の算出は容易ではない。正確な利用率は，MFN の無税品目および無税輸入品目が可能な品目を除き，有税品目に対する FTA 利用品目の割合とすべきである。有税品目に対象として算出すれば AFTA の利用率は助川の算出より高くなる。AFTA を活用している日本企業は多く，AFTA の利用率は，産業および企業により大きく異なることも留意すべきであるが，決して「極めて低い」ことはない。

おわりに

　ASEAN の経済統合は，加盟国間の大きな経済格差と産業など経済発展段階の相違という困難な状況の中で進められた。統合が進展した要因は，① 高い目標を掲げながらも時間をかけた段階的な自由化，② EU とは異なり国家主権を維持，③ 民間企業（とくに外資）が大きな役割，④ 域外との貿易および外資受け入れを推進するため域外に開かれたオープン・リージョナリズム，⑤ 域内格差是正への取り組み，⑥ そのための輸送インフラの整備，⑦ 域外から経済協力受け入れ，などが指摘できる。

　ASEAN の経済統合は発展戦略としての経済統合である。グローバル・サプライチェーンへの参加を目標としており，そのための施策は外資の誘致と域外との FTA の締結だった。外資の投資先としての魅力を高めるため，統合された市場を創出するとともに域外との FTA により域外との経済統合も推進した

のである。ASEANの経済統合は発展途上国の経済統合の成功例であり，柔軟で時間をかけた統合の進め方は他の発展途上国・地域に参考になる。

　ASEAN経済共同体は，サービス，投資，熟練労働者の移動などにより統合を深化させ，さらにWTOプラスの分野にも取り組む野心的な経済統合である。イノベーション，持続可能な発展（環境，エネルギー，食品の安全など）規制改革など新たな課題にも取り組んでいる。実際の取り組み状況はまだ不十分だが，AEC2025の行動計画を拡充する中で具体化していくであろう。

謝辞：トラン・ヴァン・トゥ先生は，開発経済学，アジア経済，ベトナム経済研究の第一人者であり多くの業績を残されるとともに後進研究者への支援を惜しまなかった。退任にあたり先生の学恩に感謝するとともに先生のご健勝と益々のご活躍を心からお祈りしたい。
付記：本論はJSPS科研費JP18K1182の助成を受けている。

注

1　清水（1998），51-58頁。
2　石川（2016），249-245頁。
3　AFTAについては，依然としてネガティブな評価もある。第3節を参照。
4　AFTAは授権条項によるFTAでありGATT24条の適用対象ではなかった。
5　石川（2017），67-74頁。
6　Severino（2006），pp.343-344.
7　石川（2006），69-70頁。
8　ASEAN経済共同体2015の詳細については，石川・清水・助川編（2009），同（2013），同（2015）を参照。
9　ちなみに日本のFTAの自由化率はTPPが95％で，その他は85〜89％である。自由化が難しいASEANのFTAの自由化率は極めて高いと評価できる。
10　AEC2025については，石川（2019）を参照。
11　ASEAN Secretariat（2017）.
12　福永（2016），323-324頁。
13　ASEAN Secretariat（2016b）.
14　Balassa（1962），p.2.
15　日本貿易振興機構（2018），「世界貿易投資報告2018年版」136-137頁。
16　畠山（2015），262-286頁。
17　GATT24条では，物の貿易の経済統合について，① 今より障壁を高めてはいけない，② 実質的にすべての貿易をカバーしないといけない，③ 妥当な期間内に行わなければならないという3つの要件を規定している（畠山（2015），299-304頁）。
18　Pelkmans（2016），pp.18-40.
19　Pelkmans（2016），pp.92-93.
20　経済統合については，ほかにも説があり，ティレッツがバラッサ説をベースに通貨同盟と政治同盟を加えた7段階説を提示している。ティレッツ（2017），11-12頁。
21　Baldwin（2016），pp.103-107.

22　たとえば，Chia and Plummer (2015), pp.54-55.
23　岡部 (2015)，51-52 頁。
24　ナヤ (2013)，148 頁。
25　山元 (2015)，221-222 頁。
26　助川 (2019)，24 頁。

参考文献

（日本語）

石川幸一 (2006)「ASEAN 経済共同体形成の現状と課題」『アジア研究所紀要』第 33 号，亜細亜大学アジア研究所，所収。

―― (2016)「FTA から経済共同体へ」トラン・ヴァン・トゥ編『ASEAN 経済新時代と日本』文眞堂所収。

―― (2017)「格差縮小を進める ASEAN」『世界経済評論　特集 ASEAN 新時代』Vol.61, No.5, 2017 年 9 月 /10 月号。

―― (2019)「ASEAN 経済共同体 2025 の現況と展望」石川幸一・馬田啓一・清水一史編『アジアの経済統合と保護主義―変わる通商秩序の構図』文眞堂所収。

石川幸一・清水一史・助川成也編 (2009)『ASEAN 経済共同体』日本貿易振興機構。

――・清水一史・助川成也編 (2013)『ASEAN 経済共同体と日本』文眞堂。

――・清水一史・助川成也編 (2016)『ASEAN 経済共同体の創設と日本』文眞堂。

石川幸一・馬田啓一・高橋俊樹 (2015)『メガ FTA 時代の通商戦略：現状と課題』文眞堂。

浦田秀次郎・牛山隆一・可部繁三郎編 (2015)『ASEAN 経済統合の実態』文眞堂。

岡部美砂 (2015)「ASEAN 域内貿易の進展」浦田・牛山・可部編，所収。

清水一史 (1998)『ASEAN 域内経済協力の政治経済学』ミネルヴァ書房。

助川成也 (2019)「ASEAN 経済共同体（AEC）2025 での物品貿易自由化に向けた取り組み」ITI 調査研究シリーズ No.28『深化する ASEAN 経済共同体 2025 の基本構成と実施状況』国際貿易投資研究所。

ティレッツ，カロリナ・クレハ (2017)「EU と ASEAN における地域経済統合の比較分析」市川顕編『ASEAN 経済共同体の成立　比較地域統合の可能性』中央経済社所収。

畠山襄 (2015)『経済統合の新世紀』東洋経済新報社。

セイジ・F・ナヤ著，吉川直人・鈴木隆裕・林光洋訳 (2013)『アジア開発経済論』文眞堂。

福永佳史 (2016)「ASEAN 経済共同体 2025 ビジョン」石川・清水・助川編 (2016) 所収。

山元哲史 (2015)『グローバル化するサプライチェーン自動車産業』石川・馬田・高橋編 (2015) 所収。

（英語）

ASEAN Secretariat and UNCTAD (2016), *ASEAN Investment Report 2016.*

Balassa, Bela (1962), *The Theory of Economic Integration*, George and Unwin, London (Routledge Revivals).

Baldwin, Richard (2016), *The Great Convergence, Information Technology and the New Globalization*, The Belknap Press of Harvard University Press, Cambridge.

Chia, Siow Yue and Plummer, Michael G. (2015), *ASEAN Economic Cooperation and Integration Progress Challenges and Future Directions*, Cambridge.

Pelkmasn, Jacques (2016), *The ASEAN Economic Community*, Cambridge University Press.

Severino, Rodolfo C. (2006), *Southeast Asia In Search of Community,* Institute of Southeast Asian Studies.

第2章

米中摩擦の拡大化と長期化

―貿易戦争からハイテク戦争へ―

関　　志雄

はじめに

　米国は，1972年のニクソン大統領の訪中からオバマ政権時代までは，中国に対して関与政策を取っていた。しかし，中国が西側と大きく異なる政治経済体制を維持しながら，経済大国として急速に浮上していることを背景に，トランプ政権になってから，中国を戦略的競争相手としてとらえるようになり，対中政策を大きく転換した。米国は，中国の台頭を抑えようと，米中の経済関係を切り離すことを目指すデカップリング政策を進めている。これを背景に，米中貿易摩擦は激化している。

　具体的に，2018年3月に米国が中国を対象とする通商法301条報告に基づいて，追加関税の導入を中心とする対中制裁を発表した。その後，米中両国は関税引き上げ合戦を繰り広げ，貿易摩擦は貿易戦争へとエスカレートした。また，2018年8月，米国において，対内直接投資への規制強化など，中国のハイテク産業の発展を抑えることを目的とすると思われる一連の法律が成立し，続いて2019年5月に米国政府がファーウェイの全面排除の政策を発表した。このような動きに象徴されるように，米中摩擦は，貿易戦争にとどまらずに，ハイテク戦争の様相を強めており，常態化が予想される。

　中国製品を対象とする米国の追加関税などの貿易障壁を回避するため，外資系企業による中国国外への生産移転は加速している。また，米国における対内直接投資への規制強化を受けて，中国企業が米国のハイテク企業を買収することを通じて技術を吸収することは難しくなっている。その結果，中国の経済成長率は従来と比べて低下せざるを得ないだろう。

米中両国の間で，ヒト，モノ，カネ，技術の流れに対する規制が一層強化され，経済関係のデカップリングがさらに進めば，世界経済は米国と中国を中心とする二つのブロックに分裂する恐れがある。その結果，多くの産業においてサプライチェーンが分断され，多国籍企業はグローバル展開を通じた資源の最適配分ができなくなる。また，世界貿易や直接投資，ひいては世界経済も停滞の道を辿っていくだろう。

第1節　なぜ米国は中国に貿易戦争を仕掛けたか

　米国がなぜ貿易戦争を仕掛けたのかを巡っては，中国を「不公正な貿易相手国」と批判する米国側と，米国における「中国脅威論」を批判する中国側の主張が対立しているように見えるが，どちらも一面で真実を捉えているように思われる。

　米国は，米中貿易摩擦，ひいては米中貿易戦争の原因を，中国が開放性と市場主導という世界貿易機関（World Trade Organization: WTO）の原則を順守しておらず，不公正な貿易相手国であることに求めている。このような認識に立って，米国のシェイWTO担当大使は，WTO一般理事会において，政府による「市場への不当な介入」を中心に，中国の「貿易破壊的な経済モデル」を次のように批判し，改善を求めている（Shea, 2018）。

・中国は自らを自由貿易，世界貿易体制を守る旗手であると標榜しているが，中国こそ世界で最も保護主義的，重商主義的経済体である。
・政府と中国共産党は，国有企業などの所有とコントロールや，政府指令などを通じて，引き続き資源の配分を直接・間接的に支配している。
・政府と中国共産党は数十年来，国有企業の最高責任者の任命や土地，エネルギー，資本といった重要な生産要素の優先的な提供を通じて，国有企業をコントロールしてきた。
・中国は法律を，政府の産業政策目標の実現や，個別の経済成果を上げるための手段として利用している。

・ハイテク分野における国内外市場を支配するという目標を実現するために，中国は多くの産業政策を打ち出しており，その代表は「中国製造 2025」である（BOX1 参照）。
・中国は産業政策を通じて，多くの補助金を，国内の特定産業に提供している。これは市場を歪め深刻な生産過剰を引き起こすことがある。
・中国は非合理的な政策とやり方を利用して，米国の知的財産権，イノベーションや技術開発に損害を与えている。

　米国の対中貿易赤字は年々増え続け，2018 年には 4,192 億ドル（貿易赤字全体の 47.7%）に達している（図 2-1）。中国におけるこのような政府による「市場への不当な介入」は，その主因だとされている。
　これに対して，中国は，米国が貿易戦争を仕掛けた本当の目的が，自らの覇権の地位を守るために中国を挑戦者と見なして抑え込もうとしていることにあると反論している（任平, 2018）。それによると，米国の外交政策には，「60%ルール」が存在しているといわれている。ある国の経済規模が米国の 60% に達し，しかも勢いよく成長し続け，米国を追い越そうとする可能性が現れた場合，米国は必ずその国をライバルと見做し，あらゆる手段を使って潰そうとす

図 2-1　米国の相手国別財貿易収支の推移

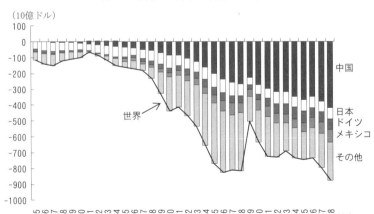

資料：U.S. Census Bureau より野村資本市場研究所作成。

る。かつての日本と同じように，現在の中国も，そのターゲットとなっている
（図 2-2）。米国にとって，今の中国はまさに「米国第一主義」の脅威になって
いる。それに対応するために，米国が取った方法は二つあり，一つは「米国を
再び偉大にする」と呼びかけ，民衆からの政治的支持を得ることであり，もう
一つはあらゆる面で中国を抑えることである。このように，米国が貿易戦争を
仕掛けた本当の狙いは，貿易赤字の縮小にとどまらず，より広い範囲で中国の
発展を抑え，阻止することだ，という。

　実際，ホワイトハウスの首席戦略官兼上級顧問（当時）のスティーブン・バ
ノン氏は，米ニュースサイト *The American Prospect* のインタビューで，「（米
国か中国の）どちらかが 25〜30 年の間に覇権を握る。このままではそれは中
国になる」と発言し，「われわれが負け続ければ，5〜10 年の間に回復不可能
な地点に達するだろう」と述べた（Kuttner, 2017）。このような「中国脅威論」
は，バノン氏個人の見解というよりも，トランプ政権の中国認識を端的に示し
ているように思われる。

　大国の興亡において，新興の大国は必ず既存の大国へ挑戦し，既存の大国が
それに応じた結果，戦争がしばしば起こってしまうことは，「トゥキディデス

図 2-2　中国と日本の米国に対する GDP の相対的規模の推移

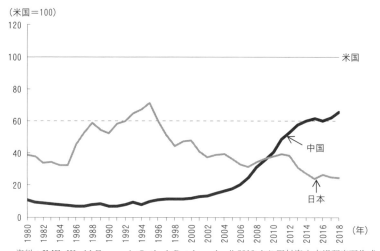

資料：IMF, *World Economic Outlook Database*, April 2019 より野村資本市場研究所作成。

の罠」としてよく知られている。1990年代初に鄧小平が決めた「韜光養晦（[とうこうようかい]目立たずに力を蓄える）」戦略を大きく転換し，「中華民族の偉大なる復興」という「中国の夢」の実現を目指すようになった習近平政権下の中国と，「米国第一主義」を掲げ「米国を再び偉大にする」と訴えているトランプ政権下の米国が衝突することは当然であろう。

第2節　「関与」から「デカップリング」へと転換した 米国の対中政策

　振り返って見ると，米国は，中国を，クリントン政権の時には「戦略的パートナーシップ」，ブッシュ（子）政権の時には「責任のある利害関係国」，オバマ政権の時は，「相互尊重と互恵とウィン・ウィンの協力パートナーシップ」と位置付け，対中政策の中心を「関与」に置いていた。その狙いは，中国を本格的に国際社会の一員として受け入れ，中国に米国と協力して国際責任の一部を担う「利害関係国」になってもらい，また，中国の経済発展を支援することを通じて，民主化を促すことであった。

　しかし，中国が西側と異なる政治経済体制を維持しながら，経済大国として台頭してきたことを背景に，米国は対中政策を大きく転換した。特に，2017年1月に誕生したトランプ政権は，同年12月に発表した『国家安全保障戦略報告』（以下，『報告』）において，経済の安全は国家の安全の基礎であると強調した上，中国をロシアとともに「戦略的な競争相手」と位置付けるようになった。『報告』は，「（米国は）世界規模で増えている政治，経済，軍事面の競争に対応しなければならない」，「中国とロシアは米国の安全と繁栄を侵食することで，我々のパワー，影響力，利益に挑戦している」，「中国とロシアは経済の自由と公平を弱め，軍隊の拡張や情報・データのコントロールを通じて，社会統治の強化と影響力の拡大を企んでいる」という認識を示している。これを受けて，米国は，中国の行動と経済成長を抑え，米国が持つ世界における主導権に脅威を与えないようにするために，ハイテク産業を中心に，中国経済を米国経済から切り離すことを意味するデカップリング政策を進めるように

なった。

　米国が中国と対立しているのは経済の分野にとどまらない。ペンス副大統領は，2018年10月4日にワシントンのハドソン研究所での演説で，中国の経済政策・制度だけでなく，政治体制，宗教政策，台湾政策，外交政策（一帯一路など），海洋進出，米国への内政干渉（中でも選挙への介入）についても厳しく批判している（Pence, 2018）。その上，米国の対抗策として，経済の面における関税の引き上げや対米投資規制の強化に加え，軍事力の増強や，インド太平洋の価値を共有する諸国との連携強化を進めるなど，中国と「全面対決」の姿勢を明確に打ち出している。多くのメディアは，この演説を米中冷戦の兆候として捉えた（例えば，Perlez, 2018）。

第3節　激化する貿易戦争

　貿易戦争と呼ばれるようになった今回の米中貿易摩擦のきっかけは，2018年3月22日に米国が「1974年通商法301条」（Section 301 of the Trade Act of 1974）に基づいて対中制裁措置の発動を決定したことである。これを受けて，米通商代表部（United States Trade Representative: USTR）は4月3日に，ハイテク分野など500億ドルに相当する約1,300品目の中国からの輸入品に25％の追加関税を課す制裁案を公表した。これに対して，中国は，翌日に米国から輸入する大豆や自動車など106品目に25％の追加関税を課す対抗措置を取る用意があると応酬した。この「中国の不当な報復」を踏まえて，トランプ大統領は追加関税の対象範囲の拡大を検討するよう，USTRに指示した。このように，米中貿易摩擦は一気に貿易戦争までエスカレートした（図2-3）。

　2018年9月までに，米国と中国は，協議を重ねていたにもかかわらず，それぞれ3回にわたって相手からの輸入に対して，追加関税を実施した。具体的に，米国は中国からの輸入のうち，2018年7月6日に340億ドル相当（第一弾）と，8月23日に160億ドル相当（第二弾）に対してそれぞれ25％，また9月24日に2,000億ドル相当（第三弾）に10％の追加関税を発動した。第三弾の2,000億ドル相当に関して，2019年1月1日に追加税率は25％に引き上

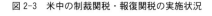

図 2-3　米中の制裁関税・報復関税の実施状況

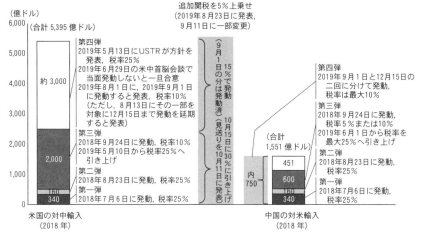

資料：米商務省統計，中国海関統計，各種資料より野村資本市場研究所作成。

げられる予定であった。米国のこのような攻勢に対して，中国は米国からの輸入を対象に，2018 年 7 月 6 日（340 億ドル相当，税率 25％），8 月 23 日（160億ドル相当，税率 25％），9 月 24 日（600 億ドル相当，税率 5％または 10％）に計 3 回の報復関税を実施した。

　貿易戦争の終結を目指すべく，トランプ米大統領と習近平中国国家主席は2018 年 12 月 1 日に首脳会談を行い，米国が 2019 年 1 月 1 日に予定していた追加関税の引き上げを 90 日間（2019 年 3 月 1 日まで）猶予することについて合意に達した。これを受けて，米中貿易戦争は一旦休戦状態に入り，2019 年 1月 30 日～31 日に両国間の閣僚級協議が約 5 ヵ月ぶりに再開された。また，2月 24 日にトランプ大統領は 3 月 1 日に予定していた追加関税の引き上げを再び延期すると発表した。

　しかし，2019 年 5 月 5 日にトランプ大統領は，突然，交渉の進展が遅すぎることを理由に，中国からの輸入品 2,000 億ドル相当（第三弾）について適用されている追加関税を，それまでの 10％から 25％に引き上げることを表明し，米中閣僚級協議がワシントンで開催されていた 5 月 10 日に発動した。これに対して，中国は 5 月 13 日に，600 億ドル相当の米国からの輸入品への追加税

率を6月1日から最大25％に引き上げると発表した。米国も同日にこれまで
追加関税の対象外だった残りの約3,000億ドル分（第四弾）の中国からの輸入
品にも25％の関税を追加する方針を発表した。

　米国政府は，交渉が行き詰まった理由について，中国政府が，米中貿易協議
の合意文書案を大幅に修正し，また知的財産・企業秘密の保護，技術の強制移
転，競争政策，金融サービス市場へのアクセス，為替操作の分野で，米国が強
い不満を示していた問題を解決するために法律を改正するとの約束を撤回した
ためであると主張した（ロイター，2019a）。一方，劉鶴副首相はワシントンで
米国との協議を終えた記者会見において，① 米国側による追加関税を全面的
に撤廃すること，② 対米追加輸入をより現実的規模に限定すること，③ すべ
ての国には尊厳があり，合意文書のバランスを改善すること，が合意の前提条
件となっていると指摘した（新華社，2019a）。

　2019年6月29日にG20大阪サミットに合わせて開催された米中首脳会談に
おいて，両国は，「第四弾」の追加関税の実施の先送りと協議の再開を中心と
する「休戦合意」に達し，協議は7月30-31日に上海で再開された。しかし，
8月1日にトランプ大統領は，中国が農産品購入の合意を実行していないこと
を理由に，「第四弾」の品目を対象に10％の追加関税を9月1日に実施すると
発表した（8月13日に，その一部を対象に，実施を12月15日まで延期する
と発表）。また，人民元が急落する中で，米財務省は8月5日に自国通貨を安
値に誘導しているとして，中国を「為替操作国」に認定したと発表した。それ
を受けて，中国は，8月23日に対抗措置として750億ドルに上る米国製品（第
四弾）を対象に最大10％の追加関税を9月1日と12月15日の二回に分けて
発動すると発表した。中国が取った対抗措置に対して，トランプ米大統領は，
8月23日に追加関税をさらに5％引き上げる（第一，二，三弾の対象品目は
10月1日から30％へ，第四弾の対象品目は9月1日または12月15日から
15％へ）と発表した（10月1月の分について，後に発動を10月15日に延期
すると発表）。このように，「休戦合意」は破綻し，貿易戦争は再燃した。

　米中閣僚級協議は，2019年10月10-11に2ヵ月半振りにワシントンで再開
され，中国が最大500億ドル分の米農産品購入を約束する一方で，米国が10
月15日に予定された追加関税の発動を見送るなど，一定の進展を見せたが，

「終戦」への着地点がまだ見えてこない。

第 4 節　米国「2019 会計年度国防権限法」の成立

　貿易戦争が長期化する中で，米中摩擦の対象は貿易の分野から技術の分野に広がっている。

　まず，米国では，ハイテク産業における中国経済とのデカップリングを実現するための法律を盛り込んだ「2019 会計年度国防権限法」が 2018 年 8 月 13 日にトランプ大統領の署名により成立した。具体的には，① 外国企業の対米投資を審査する対米外国投資委員会（Committee on Foreign Investment in the United States: CFIUS）の権限を強化する「2018 年外国投資リスク審査近代化法」（Foreign Investment Risk Review Modernization Act: FIRRMA），② 輸出管理を強化する「輸出管理改革法」（Export Control Reform Act: ECRA），③ 中国企業 5 社の通信機器などの政府調達を禁止する条項，などが含まれる（赤平大寿，2019 年）。これらの規定に基づき，中国企業を念頭に対米投資規制，輸出管理，中国製通信機器の政府調達の制限が強化された。

　FIRRMA は，重要な技術や産業基盤を持つ米国企業への外国企業による投資を規制するものである。同法により，従来の米国企業を「支配する」外国企業による投資に加え，重要技術・重要インフラ・機密性の高いデータを持つ米国企業に対する非受動的投資（少額出資でも米国企業が保有する非公開の技術情報へのアクセスが可能であったり，取締役会に参加・関与したりするといった条件を満たすような投資）も審査対象になる。

　また，輸出管理を強化する ECRA には，米国の重要技術の海外流出への対策が盛り込まれた。現行の輸出管理では捕捉できていない「新興・基盤技術」も今後は管理対象となる。当該技術の米国からの持ち出し，付加価値が一定以上含まれた製品の外国から第三国への輸出（再輸出）は，米商務省産業安全保障局の許可が必要になる。対象となる新興・基盤技術の範囲はまだ決まっていないが，その中で検討すべき新興技術として，① バイオテクノロジー，② 人工知能（AI）・機械学習技術，③ 測位技術（Position, Navigation, and

Timing），④ マイクロプロセッサー技術，⑤ 先端コンピューティング技術，
⑥ データ分析技術，⑦ 量子情報・量子センシング技術，⑧ 輸送技術，⑨ 付加
製造技術（3D プリンターなど），⑩ ロボット工学，⑪ 脳コンピュータイン
ターフェース，⑫ 極超音速，⑬ 先端材料，⑭ 先進監視技術という 14 分野が
挙げられている（Bureau of Industry and Security, 2018）。これらは，中国が
進めている「中国製造 2025」計画が示している 10 の分野と重なる部分が多い。

　さらに，中国企業 5 社の通信機器などの政府調達を禁止する条項について
は，対象企業（関連会社を含む）と製品は，① ファーウェイと中興通訊
（ZTE）製の通信機器，② 海能達通信（ハイテラ），杭州海康威視数字技術（ハ
イクビジョン），浙江大華技術（ダーファ・テクノロジー）製のセキュリティ
用のビデオ監視・通信機器，である。禁止措置は，二段階に分けて実施され
る。第一段階に当たる 2019 年 8 月以降，これら製品・サービスを主要な部品
または重要なテクノロジーとしている通信機器・サービスの政府による調達，
取得，使用，契約および契約延長・更新を禁止する。第二段階に当たる 2020
年 8 月以降，これら製品・サービスを主要な部品または重要なテクノロジーと
している通信機器・サービスを利用している企業などと政府との契約および契
約延長・更新を禁止する。

第 5 節　米国政府によるファーウェイの全面排除

　米国は，ハイテク産業における中国の切り離しに向けて，世界通信網に大き
なシェアを占め，5G 通信技術において最先端に位置するファーウェイへの締
め付けを強化している。

　まず，2018 年 4 月 17 日に米連邦通信委員会（Federal Communications
Commission: FCC）はファーウェイと ZTE を念頭に国内の通信会社に対し，
安全保障上の懸念がある外国企業から通信機器を調達することを禁止する方針
を決めた。また，8 月に前述の「2019 会計年度国防権限法」が施行された。さ
らに，12 月 1 日にファーウェイの孟晩舟副会長兼最高財務責任者（CFO）が
対イラン制裁を回避する金融取引に関与した疑いで米国の要請によりカナダで

逮捕された。

　2019 年 5 月 15 日には，米国政府は米企業のファーウェイとその関連会社 68 社に対する輸出入の禁止措置に踏み切った。米商務省はイランへの経済制裁違反などを理由に，ファーウェイを輸出管理規則に基づく「エンティティー・リスト」に載せ，同社への米国製ハイテク部品などの輸出を原則として禁止する措置を発表した。米国企業の部品やソフトウェアが原則 25% 超含まれれば，日本など，海外で生産した製品も輸出制限の対象となる。同じ日に，ファーウェイからの輸入禁止についても，米企業が，安全保障上の懸念がある外国企業から通信機器を調達することを禁止する大統領令が出された。これらの禁止措置を受け，ファーウェイとの取引停止を発表する企業が相次いだ。2019 年 8 月 19 日に，新たにファーウェイ関連企業 46 社が米商務省のエンティティー・リストに追加された。

　米国政府によるファーウェイの排除措置は，ファーウェイのみならず，米国企業を含む世界のサプライヤに打撃を与えることが避けられない。ファーウェイの 2018 年の売上高は 1,050 億ドルに達しているが，外部からの部品調達分は 700 億ドルに上っており，そのうち，クアルコムや，インテル，マイクロン・テクノロジーなど米企業からの分が合わせて約 110 億ドルを占める（ロイター，2019b）。ファーウェイとの取引規制は米国の半導体産業に市場の縮小，企業の収益減などのリスクをもたらしかねない。こうした懸念から，ファーウェイの全面排除の発表を受けて，米株式市場において，ファーウェイのサプライヤを中心に，ハイテク株や半導体関連銘柄の下落が目立った。

第 6 節　ハイテク戦争の拡大と深化

　米国は，自らファーウェイの全面排除に乗り出しただけでなく，同盟国に対しても排除への協力を要請している（Woo and Keeffe, 2018）。今のところ，米国に同調しているのは日本やオーストラリア，ニュージーランドなど数ヵ国である。

　日本の場合，政府は 2019 年 5 月 27 日に，重要な情報や技術の国外流出を防

ぐための対応として，外資による日本企業への投資に関する規制の強化策を発表した。それに従って，8月から安全保障上の理由から事前に届け出が必要な対象として，ITや通信関連の20業種を追加した。これに先立ち，政府は2018年12月に，ファーウェイ製品の排除を念頭に情報通信機器の政府の調達方針を改定している（毎日新聞，2019）。

　米国の輸出禁止の対象となる中国企業は，ファーウェイだけではない。ZTEは2016年3月から2017年3月までの間にイランや北朝鮮への違法な輸出などを理由にエンティティー・リストに追加された。その後も，宇宙開発，半導体，スーパーコンピュータ，監視カメラなどを手掛ける多くの中国の事業体（企業など）が新たにエンティティー・リストに掲載されるようになった。その中には，中国政府系のスパコン開発大手である曙光信息産業や，米半導体大手アドバンスト・マイクロ・デバイシズ（AMD）と合弁を組む天津海光先進技術投資が含まれている（いずれも2019年6月に同リストに追加された）。

　また，米政界にはかつての共産主義を排斥する「赤の恐怖」に似た動きが広がり始めた（Trivedi, 2019）。具体的に，大学による中国側の研究提案に対する審査の強化，会議や交流のために訪米する中国人科学者へのビザ発給の遅れ，ロボットや高度な製造業などをテーマに学ぶ中国人大学院生へのビザの期限の5年から1年への短縮などがある。ヒューストンにあるMDアンダーソンがんセンターは中国系の上級研究者3人を4月に解雇した。米国立衛生研究所が，3人が開示・守秘義務規定に違反した可能性があると判断したためだ。また，さまざまなテクノロジー企業の従業員が企業秘密を盗んだとして摘発されている。

　攻勢を強める米国に対して，中国も反撃に出ている。まず，米国からの輸入に対して報復関税をかけることに加え，中国は2019年5月31日に，「一部の外国のエンティティは，非商業的な目的で，正常な市場の規則や契約の精神に反して，中国企業に対して，封じ込め，供給停止及びその他の差別的措置を講じて，中国企業の正当な権益を損ない，中国の国家安全や利益を脅かしているほか，世界の産業チェーン，サプライチェーンの安全をも脅かし，世界経済に打撃をもたらし，関連の企業や消費者の利益を損なっている。」ことを理由に，「信頼できないエンティティー・リスト制度」を構築する方針を発表した（新

華社, 2019b)。

　また，人民日報は 2019 年 6 月 9 日に，中国政府が国家の安全にかかわるリスクの予防と解消を目指して，対外技術輸出の規制強化を軸とする「国家技術安全管理リスト制度」を構築すると報じた（人民日報, 2019)。

　そのほか，2019 年 5 月 23 日に，習近平国家主席が対米貿易交渉の責任者を伴ってレアアースの関連施設を視察したことを受けて，中国は対米貿易戦争での対抗措置としてレアアースにおける優位を利用する用意があると，人民日報をはじめ，中国メディアが一斉に報じた。

　このような政策の実施は，対米協議における中国の交渉力の向上につながると期待される一方，新たな摩擦の種になりかねない。

第 7 節　懸念される米中摩擦の影響

　激化する米中摩擦は，米中両国経済だけでなく，世界経済にも大きな陰を落としている。

　中国では，米国との貿易が大きく制限される中で，外資系企業による生産移転が加速している（BOX2)。また，米国における対内直接投資への規制強化を受けて，中国の企業や投資ファンドによる米国企業，特にハイテク企業の買収・出資が難しくなっている。現に，中国の対米直接投資は，2016 年の 460 億ドルから 2017 年には 290 億ドルに，さらに 2018 年には 48 億ドルに大幅に減少している（Hanemann, 2019)。米国のデカップリング政策に対して，中国は，自主開発能力の強化を図りながら，一帯一路を中心に米国と距離を置く途上国との関係強化を図っている。それでも，海外からの技術獲得が困難となることに加え，資源の配分や，市場規模が制限されるようになることから，経済成長率は従来と比べて低下せざるを得ないだろう。

　一方，米国もデカップリング政策を進めるに当たり，高い代償を覚悟しなければならない。米国にとって中国は最大の貿易相手国（輸入先としては第一位，輸出先としてはカナダとメキシコに次ぐ第三位）である上，多くの米国企業が中国に進出している。中国はグローバルサプライチェーンの要であり，米

中間貿易と米国企業の中国における生産の中には，最終消費財に加え，多くの中間財・部品が含まれている。米中経済関係のデカップリングが進めば，多くの米国企業が中国からの撤退を余儀なくされ，また，投資先と輸入先を中国よりコストの高い国々に切り替えていかざるを得ない。その結果，米国は中国市場を失うだけでなく，輸入物価が上昇し，自国産業の競争力が低下するだろう。実際，このような懸念から，アップルに加え，HP，デル，マイクロソフト，インテル（四社連名）などの米国の大手テクノロジー企業は，2019 年 6月 17 日から始まった「第四弾」の追加関税の公聴会に合わせて，関税発動に反対する声明を発表した。

　米中両国の間で，ヒト，モノ，カネ，技術の流れに対する規制が一層強化され，経済関係のデカップリングがさらに進めば，世界経済は米国と中国を中心とする二つのブロックに分裂する恐れがある。その結果，多くの産業においてサプライチェーンが分断され，多国籍企業は生産体制のグローバル展開を通じた資源の最適配分ができなくなる。また，世界貿易や直接投資，ひいては世界経済も停滞の道を辿っていくだろう。その影響は，脱グローバル化の象徴となった英国の欧州連合からの離脱よりはるかに大きいと見られる。この最悪のシナリオを避けるためにも，米中貿易摩擦の早期解決が望まれる。

BOX1　強まる「中国製造 2025」への警戒感

　米国は，中国政府による「市場への不当な介入」の内，「産業政策」，中でも 2015 年に発表された「中国製造 2025」を最も警戒している。「中国製造 2025」は，中国政府が 2025 年までの製造業の発展のロードマップを示した計画である（国務院, 2015）。その中には，製造業のイノベーション能力の向上や情報化と工業化の高度な融合の推進をはじめとする九つの戦略任務と，① 次世代情報技術，② 高度なデジタル制御の工作機械とロボット，③ 航空・宇宙設備，④ 海洋エンジニアリング設備とハイテク船舶，④ 先進的な軌道交通設備，⑥ 省エネ・新エネ車，⑦ 電力設備，⑧ 農業機械，⑨ 新材料，⑩ 生物薬品・高性能医療機器からなる十の重点分野が盛り込まれている。

　具体的に，在中国米国商工会議所は，2017 年 3 月に発表した報告書にお

いて，「中国製造 2025」の実施を，次のように批判している（U.S. Chamber of Commerce, 2017）。

　ドイツのインダストリー 4.0 など他の国の製造業の発展計画と違って，「中国製造 2025」は中国国内企業に対する資金の優先的提供を通じた研究開発能力の向上や海外からの技術導入によって競争力の向上を促そうとしている。「中国製造 2025」は，「第 13 次五ヵ年計画」，「インターネットプラス」といった他の発展計画と合わせて，大きな戦略となっており，国家資源を生かして，世界の製造業における中国の優位性を確立しようとしている。米国は，「中国製造 2025」の実施について，特に以下の三つの側面を警戒すべきである。

① 政府指導の強化

　2013 年 11 月に開催された中国共産党第 18 期中央委員会第三回全体会議で決められた，市場に資源配分における決定的役割を担わせる，という原則に反し，「中国製造 2025」は政府が経済計画における決定的役割を果たすことを強調している。

② 優遇政策と財政支援の強化

　「中国製造 2025」は，ターゲットとなる産業において，外資系企業よりも中国企業を法律と規制などの面で優遇するという中国政府の意向を示している。その上，これらの産業は，今後数年の間，政府から数千億元に上る援助を受けるだろう。それは中国国内市場やグローバル市場を歪めてしまう恐れがある。これらの援助は国内でのイノベーションへの投資だけではなく，海外からの技術獲得にも利用できる。政府の力で特定技術を取得することは，中国における産業政策の新しい特徴でありながら，従来の延長とも言える。

③ グローバル目標の設定

　「中国製造 2025」の目標は，中国最強の企業にとどまらず，世界最強の企業を育てることである。「中国製造 2025」の関連政策は，中国製品のグローバル市場における成長目標と市場シェア目標を設定している。

　「中国製造 2025」に盛り込まれたこれらの政策の影響は，中国国内にとどまらず，諸外国にも及ぶ。「中国製造 2025」は，政府の力を利用して，グ

ローバル市場での経済の競争力の核心をなす産業における中国のプレゼンスの向上を目指している。しかし，資金を特定の産業や分野に注入することを通じて，「中国製造2025」は，世界規模で市場効率の低下と生産過剰を引き起こす恐れがある，という。

BOX2 「漁夫の利」を得たベトナム

　米中貿易摩擦が激化する中で，ベトナムが中国からの生産移転の受け皿として注目されている。米国の対中追加関税が実施されてから，米国の対中輸入が大幅に落ち込んでいるが，その代わりに対ベトナム輸入が急増している（図2-4）。経済発展の雁行形態に沿って，近年，中国における衰退産業が，ベトナムに移転されつつあり，米中貿易摩擦はその流れを加速させていると見られる[1]。

　しかし，これを背景に，米国の対ベトナム貿易赤字は，年々増え続けており，2018年には，対中国，メキシコ，ドイツ，日本，アイルランドに次ぐ6番目の高水準に達している。今後，両国間の貿易摩擦は激化する恐れがある。すでに，ベトナムは，2019年5月に米財務省が発表した半期に一度の「為替報告書」において，為替政策について監視を強化する対象として指定されている（U.S. Department of the Treasury, 2019）。

図2-4　米国の対中輸入 Vs.対ベトナム輸入

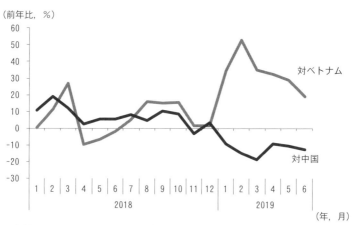

資料：U.S. Census Bureau より野村資本市場研究所作成。

注

1　雁行形態論に基づくベトナムの工業化の分析については，トラン（2010）217-234 頁を参照。

参考文献

（日本語）

赤平大寿（2019）「長期化する米中摩擦への対応策は」日本貿易振興機構，5 月 15 日。

トラン・ヴァン・トゥ（2010）『ベトナム経済発展論－中所得国の罠と新たなドイモイ』勁草書房。

毎日新聞（2019）「日本が外資規制に IT や通信関連の 20 業種追加」，5 月 27 日。

ロイター（2019a）「米中貿易交渉，中国が合意文書案に大幅な修正＝関係筋」，5 月 8 日。

──（2019b）「焦点：米国のファーウェイ排除，世界 IT 供給網に混乱必至」，5 月 18 日。

Trivedi, A.(2019)「米に再び『赤の恐怖』襲来か　ハイテク企業，中国人研究者起用に壁」ブルーム
　　バーグ，5 月 26 日。

（中国語）

国務院（2015）「『中国製造 2025』の公布に関する国務院の通知」，5 月 8 日。

人民日報（2019）「我が国は国家技術安全管理リスト制度を構築」，6 月 9 日。

新華社（2019a）「劉鶴：協力は正しい選択，重大な原則には決して譲歩せず，追加関税には断固反対
　　する」，5 月 11 日。

──（2019b）「中国商務部スポークスマンが『信頼できないエンティティー・リスト制度』の構築
　　について記者の質問に答える」，5 月 31 日。

任平（2018）「米国が貿易戦争を引き起こした本質的理由」『人民日報』，8 月 9 日。

（英語）

Bureau of Industry and Security (2018), "Review of Controls for Certain Emerging Technologies,"
　　Federal Register, November 19.

Kuttner, R. (2017), "Steve Bannon, Unrepentant," *The American Prospect*, August 16.

Pence, Mike (2018), "Remarks by Vice President Pence on the Administration's Policy toward
　　China," The Hudson Institute, Washington, D.C., October 4.

Perlez, Jane (2018), "Pence's China Speech Seen as Portent of 'New Cold War'," *The New York
　　Times*, October 5.

Shea, Dennis (2018), "Ambassador Shea: China's Trade-Disruptive Economic Model and
　　Implications for the WTO," WTO General Council, Geneva, July 26.

Hanemann, Thilo, Cassie Gao, and Adam Lysenko (2019), "Net Negative: Chinese Investment in the
　　US in 2018," Rhodium Group, January 13.

U.S. Chamber of Commerce (2017), "Made in China 2025: Global Ambitions Built on Local
　　Protections," March.

U.S. Department of the Treasury (2019), "Report to Congress, Macroeconomic and Foreign
　　Exchange Policies of Major Trading Partners of the United States," May.

Woo, Stu and O'Keeffe, K. (2018), "Washington Asks Allies to Drop Huawei," *The Wall Street
　　Journal*, November 23.

第3章

「一帯一路」構想下の GMS 経済回廊開発

石田　正美

はじめに

　現在中国が進めている「一帯一路」構想の下で，ラオス国内では鉄道建設が進められ，同鉄道は雲南省で建設中の鉄道とタイの鉄道に繋がることが予定される。また，ミャンマーとの間では，雲南省の昆明とヤンゴンおよびチャオピューを結ぶ中国－ミャンマー経済回廊の高速道路と鉄道の開発計画が練られ，中国国内の高速道路は全線で，鉄道も雲南省の大理までは完成している。他方，中国とベトナムとの間では，大メコン圏（GMS）経済協力で南北経済回廊に指定された昆明からハイフォンまでの区間で高速道路が完成している。この区間はかつてフランスによりメーター・ゲージの滇越鉄道が建設され，ベトナム国内の区間では現在も同鉄道が改修しながら運行されているが，中国側では昆明から国境の河口まで，別途標準軌（1,435mm）の鉄道が新たに開発され，現在運行されている。

　本章では雲南省の昆明を中心にカンボジアを除くメコン地域各国との間で開発されてきた道路インフラと開発ないし計画中の高速鉄道プロジェクトを紹介し，その総コストを比較するとともに，中国のインフラ支援を受ける際の各国の対応の違いを検討する。第1節では，雲南省の高速道路と鉄道建設が行われてきた3つの枠組みであるGMS経済協力プログラム，ASEANメコン流域開発協力（AMBDC），一帯一路構想と瀾滄江－メコン川協力を紹介する。第2節では，雲南省とラオスおよびタイ，ミャンマー，ベトナムとの間で開発されてきたないしは開発中および計画中の高速道路および高速鉄道のプロジェクトを紹介する。特に雲南省は，その省都昆明の標高が1,891mで，ラオスとの国境である磨憨が850m，ミャンマーとの国境である瑞麗が777m，ベトナムと

の国境がある河口は76mで，その標高差は大きくアップダウンの激しい山岳部が多い。同節では，トンネル並びに橋梁を通じ，どのようにして高速化を可能にしてきたのか，そのためのコストなどについて触れていく。第3節では，各輸送インフラの開発コストを比較するとともに，中国とその支援対象国との開発を巡るやり取りを分析する。最後に「おわりに」で全体を総括し，本章の意義と今後の課題を明らかにする。

第1節　関連する経済協力の枠組み

1. 大メコン圏経済協力の下での経済回廊開発

　カンボジア，ラオス，ミャンマー，タイ，ベトナムと中国・雲南省と広西チワン族自治区の5ヵ国2地域から成るGMS経済協力は，これまで経済回廊をキー・コンセプトに進められてきた。経済回廊のコンセプトは，1998年9月30～10月20日に開催された第8回経済閣僚会議で提案されたものである（石田，2007）。2000年1月11～13日の第9回GMS経済閣僚会議では，東西経済回廊，南北経済回廊，南部経済回廊から成る3つのルートが指定された（図3-1）。

　図3-1に示された3つの経済回廊も，すべての区間が少なくとも舗装された2車線以上の道路として整備され，渡し船に依存せざるを得なかった区間に橋が架けられることで，ミッシング・リンクとされた区間がほぼ解消された（石田，2015）。その後は，タイとミャンマーとの国境に架かるモエイ川の橋が強度不足のため，重量車両は同時に5台まで制限されていた状況も，2019年3月19日の新友好橋の竣工により，ミッシング・リンクは解消された。

　図3-1に示した経済回廊の地図の公表後，GMSの会議で経済回廊として新たな区間が加えられたなかで，例えばバンコクからダウェイに向かうルートは，ミャンマー国内の区間の舗装が終了していない。また，南北経済回廊のミャンマー－中国間の国境は，第3国人が通行できない。しかし，当初の地図で示された区間を前提とし，ハード・インフラの建設状況をみれば，3つの経

図 3-1　メコン地域の経済回廊

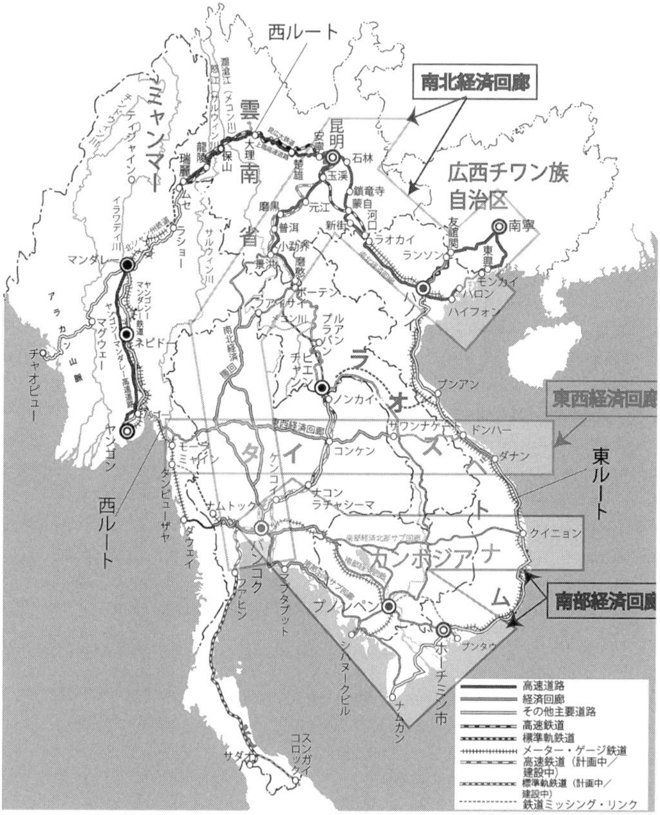

出所：ADB の過去のウェブサイトをもとに筆者作成。

済回廊は完成したと評価できる。今後は2車線の舗装道路という最低限の条件が満たされた以上，次のステップとして道路については4車線化ないしは高速道路の建設が進められる一方，鉄道建設が進められることになる。

2.　ASEAN メコン流域開発協力（AMBDC）

　ASEAN メコン流域開発協力（AMBDC）は，1995 年 12 月 14～15 日にバンコクで開催された第 5 回 ASEAN 首脳会議で，マレーシアの提案に基づき採

択された枠組みで，現在の ASEAN10 ヵ国と中国がコア・メンバーとして，その基本枠組みに1996年6月17日に合意している。AMBDC のフラッグシップ・プロジェクトがシンガポール昆明鉄道リンク（SKRL）である。SKRL プロジェクトでは，バンコクからプノンペン，ホーチミン市を通り，ハノイまで北上した後，ベトナムのラオカイを経由して昆明に至るルートに，ホーチミン市とブンタウまでと，ブンアンとビエンチャンまでの支線を含む総延長 5,382km の東ルートが，2000年10月4〜5日にバンダルスリブガワンで開催された第6回 ASEAN 交通閣僚会議で採択された。中国の提案で，ミャンマーを経由する西ルートも提案され，2004年に採択されている。

　東ルートと西ルートとは別にタイのノンカイからビエンチャンを経由して中国に向かうルートの建設が，2012年頃から脚光を浴び始めた。2010年4月7日にラオス政府と中国鉄道部との間で，ラオスの鉄道支援に関する覚書が締結された（山田，2018）。次いで，2013年4月3日にタイのインラック首相とラオスのトンルン副首相が，ラオスを経由して中国とタイを結ぶ鉄道の建設に賛意を示した。また，2014年11月9日にタイのプラユット首相と習近平国家主席との間で覚書が結ばれた。

3.　一帯一路と瀾滄江－メコン川協力

　一帯一路構想は，2013年の9月8日のカザフスタンのナザルバエフ大学での習近平国家主席の演説で「一帯」の部分に該当する「シルクロード経済ベルト」の構築が提案される一方，同年10月3日のインドネシア国会における習近平国家主席の演説で「一路」の部分に該当する「海上シルクロード」の構築の呼びかけが行われている[1]。そして，シルクロード経済ベルトと海上シルクロードの双方を盛り込んだ「一帯一路」のインフラ整備を支援するために400億ドルを「シルクロード基金」として創設・支援することが，北京でのAPEC 閣僚・首脳会議開催期間中の2014年11月8日に表明された。

　一帯一路というと，シルクロード経済ベルトのうち，中国・重慶－ドイツ・デュイスブルク間1万2,000km の区間をはじめとする中国－欧州間で運行される貨物列車「中央班列」を連想する読者が多いものと思われる。しかしなが

ら，中央班列から外れる GMS の中国を除く 5 ヵ国も，2015 年に中国国際貿易研究センターが公表した一帯一路沿道の 65 ヵ国にも含まれている。また，同 5 ヵ国は中国政府の提唱で 2015 年 12 月 25 日に設立されたアジア・インフラ投資銀行（AIIB）に関しては設立時のメンバーであるのみならず，2014 年 9 月 28 日に北京で開催された最初の設立準備会合に出席した 21 ヵ国にも含まれる。さらに，2015 年 3 月 28 日の国家発展改革委員会と外交部，商務部合作の「シルクロード経済ベルトと 21 世紀海上シルクロード共同建設に関するビジョンと行動」で，ユーラシア・ランド・ブリッジ，中国－モンゴル－ロシア，中国－中央アジア－西アジアの経済回廊とともに，中国－インドシナ半島間の経済回廊建設に焦点を当てていくことが明記されている（佐野，2019；NDRC *et.al.* 2015）。

　一方，中国主導でメコン地域 5 ヵ国を含めた瀾滄江－メコン川協力（LMC）の枠組みで 2015 年 11 月 12 日に雲南省景洪で外相会議が開催されている。この枠組みは，2014 年 11 月 21 日にクアラルンプールで開催された第 18 回中国 ASEAN 首脳会議で李克強首相が提唱した構想に始まる。提唱した時期を考えると，北京での APEC 関連会議開催時期に習近平国家主席が一帯一路構想の全容を述べた約 2 週間後に相当する。LMC では，① 政治・安全保障問題，② 社会・文化・人的交流，③ 経済と持続可能な開発，の 3 つの柱と 1）連結性，2）越境経済協力，3）生産能力，4）水資源，5）農業と貧困削減の 5 つの優先分野が指定されており，併せて「3+5 の協力枠組み」とされている[2]。

第 2 節　3 つの経済回廊開発

1．昆明－バンコク間

　昆明－バンコク間は，道路開発は GMS の南北経済回廊の枠組みで進められた。他方，鉄道に関しては，AMBDC の枠組みで示した東ルートと西ルートの進捗が遅れるなか，ラオス，タイ，中国の 3 ヵ国の意向が一致し，一帯一路構想が推進されるなかで，急ピッチで進められている。

（1）　道路開発

　昆明から磨憨に至る 692.2km の高速道路の区間は，昆玉高速，玉元高速，元磨高速，磨思高速，思小高速，小磨高速の 6 区間に分けられる（表 3-1）。昆明－玉渓間 85.7km の昆玉高速は，1997 年に建設が開始され 1999 年に完成，

表 3-1　中国・雲南省－ラオス－タイ経済回廊の輸送インフラ

〈昆明－磨憨間高速道路〉

	区間	総延長 km	建設開始	運用開始	建設費 億元	橋梁数 基	トンネル 本
昆玉高速道路	昆明－玉渓	85.7	1997 年 11 月 16 日	1999 年 4 月 17 日	25.0	n.a.	n.a.
玉元高速道路	玉渓－元江	112.1	1997 年 5 月	2000 年 10 月 29 日	39.3	197	12
元磨高速道路	元江－磨黒	147.2	2000 年 5 月 18 日	2003 年 12 月 28 日	66.5	460	46
磨思高速道路	磨黒－普洱	64.5	n.a.	2011 年 4 月 4 日	n.a.	164	4
思小高速道路	普洱－小勐养	97.7	2003 年 6 月 20 日	2006 年 4 月 6 日	40.0	342	30
小磨道路	小勐养－磨憨	185.0	2005 年 1 月 1 日	2007 年 12 月 30 日	64.0	270	34
計	昆明－磨憨	692.2	－	－	234.6	n.a.	n.a.

〈昆明－磨憨間鉄道〉

	区間	総延長 km	建設開始	運用開始	建設費 億元	駅数 基	橋梁数 基	トンネル 本
昆玉都市間鉄道	昆明－玉渓	85.7	2010 年 5 月 21 日	2016 年 12 月 28 日	74.8	n.a.	n.a.	n.a.
玉磨鉄道	玉渓－磨憨	507.4	2016 年 4 月 19 日	2022 年予定	516.1	30	122	90
計	昆明－磨憨	593.1	－	－	n.a.	n.a.	n.a.	n.a.

〈ラオスおよびタイの鉄道〉

	区間	総延長 km	建設開始	運用開始	建設費	駅数 基	橋梁数 基	トンネル 本
ラオス鉄道	ボーテン－ビエンチャン	409	2016 年 12 月 25 日	2021 年 12 月 2 日	59 億8600 万ドル	32	167	75
タイ鉄道	バンコク－ナコンラチャシーマ間	252	2017 年 12 月 20 日	2021 年	1794 億バーツ	n.a.	n.a.	n.a.
	ナコンラチャシーマ－ノンカイ間	355			約2000 億バーツ	n.a.	n.a.	n.a.

注：百度（Baidu）百科によると，ラオス鉄道の総延長は418km，駅，橋梁，トンネルの数はそれ
　　ぞれ31駅，154 基，76 本であった。

出所：百度百科，Skyscraper.com ウェブサイト，雲南道路橋梁株式会社ウェブサイト（いずれも
　　2019 年 8 月 9 日参照），山田（2019），時事速報をもとに筆者作成。

この区間は昆明近郊でもあり，6車線区間となっている。玉渓－元江間112.1kmの玉元高速では，次第にトンネルや橋梁の数が増え，標高差が888m，トンネルと橋が同区間に占める割合は20.1％になる。そして，元江－磨黒間147.2kmの元磨高速は，哀牢山と無量山，元江，阿墨江，把辺江の2座3河川を超えることから，区間の最低地点が標高450m，最高地点が標高2,050mで，標高差は1,600mの最も険しい区間となり，トンネルと橋梁が占める割合は30％に増える。このうち，ベトナム・ハノイの紅河上流の元江にかかる橋は高さ123.5mで，建設当時は世界一の高さを誇っていた。磨黒－普洱間64.5kmの磨思高速は2011年4月4日に開通した区間で，この区間の完成をもって昆明－磨憨間の昆磨高速全線が完成している。普洱－小勐养間97.7kmの思小高速からは，高温多雨気候の熱帯雨林の山岳地帯を走り，この区間のトンネルと橋が占める割合も26.4％と相対的には高い。さらに小勐养－磨憨間185.0kmの小磨道路は2車線の有料道路として2008年に完成し，4車線に拡幅され，高速道路となったのは2017年9月28日である。この区間は，思小高速の区間とともに国家級の熱帯雨林保護区のなかを通る区間で，開発に際し生物的多様性など環境に配慮して設計された区間である。この区間のトンネルと橋梁が占める割合は33％である。

　中国－ラオス間の磨憨－ボーテン国境を越えると，2車線の一般道路となる。国境から14km程南下したナトゥイで，直進するとビエンチャン方向の国道13号，右折すると南北経済回廊の国道3号となる。南北経済回廊のラオスの区間226.3kmは，ボーテン－ルアンナムター間の66.4kmは中国の支援で2004年7月29日に，ルアンナムター－ソッド間の75.9kmはADBの支援で2007年9月28日に，ソッド－フアイサイ間の84.0kmはタイ政府の支援で2007年3月31日に，それぞれ完成している。また，ラオスとタイのフアイサイ－チェンコン間の全長630mの第4メコン友好橋は，タイ政府と中国政府の支援で建設され，2013年12月12日に開通式が行われている。なお，先述の通り中国－ラオス国境の中国側の磨憨の標高が850m，ラオス区間で最も大きな都市であるルアンナムターの標高が547m，タイとの国境のあるフアイサイの標高が398mで，それぞれ標高差は303mと149mである。ボーテンからルアンナムターまでの区間はさほど険しい区間には感じられない。他方，ルアンナムター

とフアイサイとの間にはビエンプーカー周辺を頂点とする峠越えがある。

　また，南北経済回廊のルートとは別に，後述するラオスの鉄道とほぼ同じルートの高速道路開発が進められ現在ビエンチャン－バンビエン間での高速道路建設が BOT により行われている。また，ビエンチャン－パクセ間の高速道路の F／S も行われている。

（2）　鉄道開発

　昆明－磨憨間の鉄道は，昆明南駅－玉渓南駅間 85.7km で設計速度 200km/h.の昆玉都市間鉄道が 2016 年 12 月 28 日から運行されている。昆玉都市間鉄道は，昆明－磨憨間の鉄道の一部を成すとともに，後述する昆明－河口間の鉄道の一部をも成す。一方，玉渓から先で，現在建設中の玉磨鉄道は全長507km，設計速度 160km/h.の鉄道で，昆磨高速で述べた通りアップダウンの多い区間であるため，トンネルと橋梁が占める割合は 54％となっている。また，玉渓から景洪までが複線，景洪から磨憨までが単線区間となる。2019 年 7月 3 日までにトンネル 20 本，橋梁 3 基が建設されている。他方，今後は17.5km の安定トンネルを筆頭に 15km 以上のトンネルが 3 本，10km 以上のトンネルが 7 本，5km 以上のトンネルが 2 本と（2019 年 7 月時点），橋梁 3 基の建設に難工事が予想される。このうち，元江特大大橋は全長 833.2km で高さ154m の世界一の高さを誇る橋となる予定である。

　ラオスとタイにおける鉄道の区間は，GMS の南北経済回廊とは異なるルートを通る。ラオスのルートは，中国との国境ボーテンから，ルアンプラバンを経てビエンチャンに向かうもので，中国の支援により建設されている。山田（2018）によると，全長距離は 409.0km の単線である。なお，国道 13 号沿道はナトゥイ－ウドムサイ間，ウドムサイ－ルアンプラバン，ルアンプラバン－ビエンチャン間で複数の峠越えがある。このことを反映して，ラオスの鉄道のトンネル数は 75 本，橋梁も 167 基と，その距離を考えると，玉磨鉄道に引けを取らない。プロジェクト総額も，59 億 8,600 万ドルで，km 当りのコストでは玉磨鉄道を上回る（表 3-4）。それでもラオスの国会でプロジェクト実施が承認された時点での総額は 70 億ドルとさらに高かった。建設工事は，ルアンプラバン市内で 2016 年 12 月 25 日に建設開始式典が行われている。他方，建

設終了は2021年12月2日の建国46周年記念日に合わせるようトンルン首相から指示が出されている。

タイの鉄道は，中国が建設するラオスの鉄道を通じて，中国まで結ぶことを念頭に建設されている。したがって，ビエンチャンからみてメコン川対岸のノンカイとバンコクとを結ぶ870kmが対象となる。このバンコクからノンカイを経て，首都ビエンチャンのターナレンまでは既に鉄道が敷設されている。しかし，同鉄道はメーター・ゲージで，メコン川の橋も自動車道の中央分離帯の部分にレールが敷かれ，列車走行時には自動車の通行が止められるなどの課題がある。こうしたなか同区間で中国と同じ軌道の標準軌の鉄道を，中国の技術を導入しながら建設することになった。ただ，870kmのうちプロジェクトが具体化しているのはバンコク－ナコンラチャシーマ間の252kmで，残りの区間の詳細はまだ明らかにされていない。バンコク－ナコンラチャシーマ間は13区間に分けられ，各区間で入札が行われ建設が進められている。ナコンラチャシーマ郊外のクランドン駅からパンアソークまでの3.5kmの区間の起工式が2017年12月20日に行われた[3]。バンコク－ナコンラチャシーマ間には一部トンネルの建設も予定されている。一方，ナコンラチャシーマ－ノンカイ間については，詳細設計に向けたコンサルタント費用として2019年7月2日の7.51億バーツの予算を充てることが閣議で承認されている[4]。また，2019年4月25〜27日に北京で開催された第2回一帯一路会議で，タイ，ラオス，中国の3ヵ国政府は，タイのノンカイとビエンチャンとを結ぶ鉄道建設計画についてのMOUに署名している[5]。

2. 昆明－チャオピュー間

昆明からラショー，マンダレー，ヤンゴンもしくはチャオピューに向かう区間は，GMSで経済回廊に指定された区間ではなかったが，昆明からラショーまでの区間は，第4回GMS経済閣僚会議で優先道路に指定された区間であり，現在は経済回廊の指定が提案されている区間でもある（ADB, 2018）。また，昆明からマンダレーを経てヤンゴンに向かう鉄道は，AMBDCの西ルートの一部を成す。元々ヤンゴンから昆明を経て重慶に向かうルートは，第2次

世界大戦以前，英国軍が日中戦争下の蒋介石が率いる国民党政府支援のためのいわゆる「援蒋ルート」であり，かねてから中国とミャンマーの要衝を結ぶルートであった。

　チャオピューは，ミャンマー西部のベンガル湾に面したマデ島に港湾があり，ここはラカイン州沖合のシュエ海洋ガス田から中国に送られる天然ガスパイプラインと，2017 年に輸送が始まった中東産などの原油パイプラインの起点となっている。チャオピューは，ヤンゴン近郊のティラワ，バンコクから360km 離れたインド洋への窓口となる深海港ダウェイとともに，ミャンマーの経済特区に指定されている。2015 年 12 月 30 日には，中国の国有企業である中国中信集団（CITIC）を中心とするコンソーシアムが，チャオピューで大規模港湾と工業団地の開発権を取得した。

　こうしたなか，2017 年 12 月 1〜3 日にアウンサンスー・チー国家顧問が北京を訪問した折り，習近平国家主席との間で，昆明とヤンゴンおよびチャオピューを高速道路と鉄道で結ぶ中国−ミャンマー経済回廊の構築に合意，2018年 9 月 9 日には両国間で覚書が結ばれている。

（1）　道路開発

　昆明から瑞麗までの 701.8km の区間は，高速道路が既に運用されている。昆瑞高速道路は，昆安高速，安楚高速，楚大高速，大保高速，保龍高速，龍瑞高速の 6 区間に分けられている（表 3-2）。前述の通り昆明の標高が 1,891mで，瑞麗の標高が 777m，その中間都市大理の標高は 1,975m で，大理から瑞麗までの区間は基本的には下り坂であるが，その間にメコン川上流の瀾滄江やサルウィン川上流の怒江大橋（全長 2,208m）など峡谷が存在し，トンネルおよび橋梁の数も多くなっている。また，楚大高速の建設が始まったのが 1996年 2 月 1 日で，龍瑞高速が開通したのが 2015 年 12 月 31 日であるので，701.8km の区間の建設に 20 年弱の歳月を要したことになる（石田, 2019）。

　中国の瑞麗からみてミャンマー側の国境がムセである。ムセから 451km 離れたミャンマー第 2 の都市マンダレーを結ぶ道路は，1998 年に民間企業がBOT で拡幅舗装した道路である。ムセの国境の逆側の瑞麗の標高が 777m であるのに対し，マンダレーの標高は 21m であり，昆明−瑞麗間程の標高差こ

表3-2 中国・雲南省－ミャンマー経済回廊の輸送インフラ

〈昆明－瑞麗間高速道路〉

	区間	総延長 km	建設開始	運用開始	建設費 億元	橋梁数 基	トンネル 本
昆安高速道路	昆明－安寧	22.4	2004年11月	2007年2月28日	28.0	27	0
安楚高速道路	安寧－楚雄	129.9	2002年12月19日	2005年6月17日	38.5	208	12
楚大高速道路	楚雄－大理	178.8	1996年2月1日	1998年10月28日	43.9	103	2
大保高速道路	大理－保山	166.0	1998年12月18日	2002年9月29日	70.4	n.a.	n.a.
保竜高速道路	保山－龍陵	76.3	2004年12月27日	2008年4月30日	55.4	236	28
竜瑞高速道路	龍陵－瑞麗	128.4	2011年12月	2015年12月31日	107.5	100	15
計	昆明－瑞麗	701.8	－	－	701.8	n.a.	n.a.

〈昆明－瑞麗間鉄道〉

	区間	総延長 km	建設開始	運用開始	建設費 億元	駅数 駅	橋梁数 基	トンネル 本
昆広鉄道	昆明－広通北	117.1	n.a.	n.a.	n.a.	n.a.	n.a.	n.a.
広大鉄道	広通北－大理	174.5	2013年1月	2018年7月1日	139.36	8	78	42
大瑞鉄道	大理－瑞麗	330.0	2008年6月	2022年12月予定	257.3		97	57
計	昆明－瑞麗	621.5	n.a.	n.a.	396.66	n.a.	n.a.	n.a.

出所：百度百科をもとに筆者作成。

そないが，その標高差は756mで，基本的に下り坂である。しかしながら，いくつか難所が存在する。特に英領時代に建設された鉄道は高さ102mを誇るゴーテイ鉄橋を擁する。ところが，BOTの道路は架橋が施されていないため，峡谷を1度下がり，再び上っていかなくてはならない（石田, 2019）。この区間は，重量貨物を運んだトラックなどは減速を余儀なくされるためかしばしば渋滞が発生する。ヤンゴンとムセを往復するトラックを運行する物流業者は，渋滞が発生した場合はマンダレー－ムセ間の輸送に2〜3日かかることもあると話していた（石田, 2018）。

ところが，中国－ミャンマー経済回廊の枠組みでは，高速道路を別途建設する方向で検討が進められている。それによると，建設予定の高速道路は，BOT道路のムセ－マンダレー間の中間都市ラショーは通らずに，イラワディ川沿いのティジャインを通る。一方，マンダレーから先はヤンゴンとチャオピューに向かうことになるが，ヤンゴン－マンダレー間は2011年に高速道路が竣工している。このため，新たな高速道路建設はマンダレーからチャオ

ピューに向かう区間となるが，現在の計画では，ネピドーまでは既存の高速道路を活用し，ネピドーからチャオピューを結ぶルートが新設される予定である[6]。ただ，ネピドー－チャオピュー間には，アラカン山脈の峠越えが存在する（石田，2019）。

(2)　鉄道開発

　中国国内の鉄道は，昆明－大理間291.5kmの設計速度200km/h.の高速鉄道が2018年7月1日から運行されている。その先の大理－瑞麗間（330km）は2008年6月に建設が始められ，現在建設中で，2022年12月1日から運行開始となる予定である。しかし，当初5年半と見積もられた全長14.3kmの大柱山トンネルは，想定外の湧水や高地熱などにより現在では13年を要するとみられている。さらにアジア最長となる34.6kmの高黎貢山トンネルも現在建設中である。なお，大理－瑞麗間は本来高速走行が馴染まない区間であるためか，設計速度も140km/h.と見積もられている。

　ミャンマー国内は英領植民地時代に建設された全長620kmのヤンゴン－マンダレー鉄道と先述のゴーテイ鉄橋を途中に擁するマンダレー－ラショー間の鉄道が存在する。このうち，ヤンゴン－マンダレー鉄道は，現在ヤンゴン－タウングー間260kmを3時間20分で結ぶべく，JICAによる鉄道整備が円借款で行われている。このため，中国政府はムセ－チャオピュー間の鉄道敷設支援を優先的に実施すると思われる。他方，英領時代のマンダレー－ラショー間の鉄道は280kmに15～18時間を要する（石田，2019）。このためこの鉄道とは別にムセ－マンダレー－チャオピュー間の高速鉄道建設が実施されると思われる。

3.　昆明－ハイフォン間

　昆明－ハイフォン間は，仏領インドシナの時代から後述する滇越鉄道が走り，フランス軍にとっての先述の援蒋ルートであった。この区間のうち，中国の区間は高速道路が2013年に，標準軌の鉄道は2014年に完成している。また，ベトナム側もノイバイ－ラオカイ高速とハノイ－ハイフォン高速がそれぞ

れ 2014 年と 2015 年に完成しており，GMS の枠組で昆明－ハイフォン間の高速道路インフラは整備された。他方，鉄道については，ベトナム側でもようやく標準軌の鉄道が検討され始めている。

（1） 道路開発

中国国内の昆明と河口を結ぶ昆河高速は，6 車線の昆石高速，石鎖高速，鎖蒙高速，蒙新高速，新河高速と 5 区間から構成される。その全長は 401.3km で，これまで述べた昆磨高速と昆瑞高速と比べると短い（表 3-3）。しかし，

表 3-3 中国・雲南省－ベトナム経済回廊

〈昆明－河口間高速道路〉

	区間	総延長 km	建設開始	運用開始	建設費 億元	橋梁数 基	トンネル 本
昆石高速道路	昆明－石林	78.1	2000 年 12 月 8 日	2003 年 11 月 16 日	38.1	115	4
石鎖高速道路	石林－鎖竜寺	103.0	2009 年 9 月 8 日	2012 年 9 月 29 日	50.0	n.a.	n.a.
鎖蒙高速道路	鎖竜寺－蒙自	78.9	2008 年 10 月 28 日	2013 年 10 月 9 日	41.7	n.a.	n.a.
蒙新高速道路	蒙自－新街	85.0	2005 年 1 月 1 日	2009 年 8 月 7 日	57.9	155	29
新河高速道路	新街－河口	56.3	2005 年 5 月 18 日	2008 年 2 月 26 日	35.8	n.a.	n.a.
計	昆明－河口	401	－	－	223.5	n.a.	n.a.

〈昆明－河口間鉄道〉

	区間	総延長 km	建設開始	運用開始	建設費 億元	駅数 駅	橋梁数 基	トンネル 本
昆玉鉄道	昆明－玉渓	88.0	1989 年 12 月 18 日	1993 年 12 月 22 日	4.4	n.a.	45	10
昆玉都市間鉄道	昆明－玉渓	85.7	2010 年 5 月 21 日	2016 年 12 月 28 日	74.8	n.a.	n.a.	n.a.
玉蒙鉄道	玉渓－蒙自	150.0	2005 年 9 月 1 日	2012 年 8 月 14 日	45.0	35	61	35
蒙河鉄道	蒙自－河口	141.0	2008 年 12 月 19 日	2014 年 12 月 1 日	69.3	12	35	61
計	昆明－河口	379.0	－	－	193.5	n.a.	n.a.	n.a.

〈ベトナム区間の高速道路〉

	総延長 km	建設開始	運用開始	建設費 億元
ノイバイ－ラオカイ高速道路	245.0	2009 年 7 月	2014 年 9 月 21 日	1.5
ハノイ－ハイフォン高速道路	106.0	2008 年 5 月	2015 年 12 月 5 日	2.1

出所：百度百科，雲南楽居網，Skyscraper.com ウェブサイト，2009 年 2 月 15 日，2014 年 9 月 22 日，2015 年 12 月 1 日，2019 年 8 月 9 日付け *Viet Nam News* をもとに筆者作成。

ベトナムとの国境河口は，雲南省で標高が 76m の最低地点であり，昆明との標高差は 1,815m にも及ぶ。特に蒙新高速は，わずか 85km の区間の最低地点の標高が 125m，最高地点の標高が 2,070m の標高差 1,945m を高速道路で結んでいる。一方，建設に要した時間は 12 年 10 ヵ月と，総延長距離が短い分，昆瑞高速の 20 年弱，昆磨高速の 13 年強よりさらに短い。

　ベトナム側も，国境ゲートのあるラオカイとノイバイ空港までの 245km の高速道路が 2014 年 9 月 21 日に ADB の支援で建設されている。また，ハノイーハイフォン高速 106km も 2015 年 12 月 5 日に開通しているほか，広西チワン族自治区とのモンカイ国境にいずれは延長されると思われるハイフォンーハロン高速 24.6km が 2018 年 9 月 1 日に開通している[7]。

(2)　鉄道開発

　中越間では，仏領インドシナの時代にメーター・ゲージの滇越鉄道が昆明ーハイフォン間で建設されている。ラオカイーハイフォン間 394km が 1901 年に起工され，1903 年より運行されている。河口ー昆明間 465km は 1903 年に起工，1910 年 4 月 1 日から運行されている。その後，標準軌鉄道として昆玉鉄道で貨物列車が 1993 年 12 月 22 日に運行され，1998 年 12 月 10 日より同路線で旅客列車が運行されている。滇越鉄道は，ベトナム国内では現在でもメーター・ゲージのまま運行されている。雲南省の玉渓から河口までの区間は，蒙自までの 150.0km を走る蒙自鉄道が標準軌の複線鉄道として 2012 年 8 月 14 日に開業，蒙河鉄道は 2014 年 12 月 1 日に開業している。なお，蒙河鉄道の屏辺トンネル 10.4km の建設には 4 年 1 ヵ月の歳月を要している。

　ベトナム側の区間は，ハノイ近郊のイエンビエン駅からラオカイまでの 285km の区間で，摩耗したレールの交換，6 基の橋梁の新設と既存の 60 基の橋梁の強化，立体交差化や踏切整備などによる安全性の向上などを ADB の支援で改修が行われている。プロジェクトの総コストは 1 億 5,453 万ドルで，2006 年 12 月に承認され，2015 年の半ばに終了している（ADB, 2017）。次のステップとして，2015 年より高速鉄道化の検討がされ，2018 年の報道によると，現在時速 50km/h.で運行されている鉄道を客車は時速 160km/h.，貨物は時速 90km/h.で運行可能な標準軌の鉄道を建設するため，中国の中鉄第 5 勘札設

計院集団にコンサルティングを依頼しているとのことである [8]。

第3節　プロジェクト・コストと対中政府間交渉

1. プロジェクト・コスト

　表3-1〜表3-3でプロジェクトの総コストを示した。それらの多くは新聞報道ベースであるため，厳密さを欠く可能性は否めないが，参考にはなるのでドル・ベースで比較検討してみることとした。どの時点のドルを換算レートを用いるのかについては，プロジェクト終了年の年平均為替レートを適用し，合計した。また，2019年時点で終了したプロジェクトおよび建設ないし計画中のプロジェクトについては，2019年の月次平均為替レート6ヵ月分の平均値を用いた。

　表3-4は，これまでレビューしたプロジェクトの距離とドル建て総コストと

表 3-4　高速道路および鉄道の総コスト比較

	総延長 km	総コスト 10億ドル	km当りコスト 100万ドル
昆磨高速	692.2	3.2	4.6
ノイバイ－ラオカイ高速	245.0	1.5	6.1
昆瑞高速	701.8	4.7	6.8
昆河高速	401.4	3.3	8.2
ハノイ－ハイフォン高速	106.0	2.1	19.8
昆河鉄道	379.0	3.0	8.0
昆瑞鉄道	621.5	5.9	9.5
玉磨鉄道	593.1	7.6	12.8
ラオス鉄道	409.0	6.0	14.6
タイ鉄道 Phase 2	355.0	6.3	17.8
タイ鉄道 Phase 1	252.0	5.7	22.5

注：昆磨高速の磨黒－普洱間のコストについては，ほかの区間のコストを総延長距離で除し，同区間の距離を乗ずることで求めた。
出所：表1〜表3に *ADB Key Indicators* および *International Financial Statistics* をもとに筆者作成。

km 当りのコストを示したものである。km 当りコストの低い順に高速道路と
鉄道のコストを示しているが，高速道路ではハノイ－ハイフォン高速，鉄道で
はタイの鉄道のバンコク－ナコンラチャシーマ間のフェーズ 1 の km 当りコス
トが高いことがわかる。これらのプロジェクトで，トンネルや橋梁が多く用い
られているわけではなく，共通しているのは大都市とその近郊を結んでいると
いう点で，土地収用のコストが大きいことが想像される。逆に km 当りのコス
トが低いプロジェクトとしては，高速道路も鉄道も中国のプロジェクトと
ADB が支援したノイバイ－ラオカイ高速が挙げられる。また，同じ中国のプ
ロジェクトでも，プロジェクトが終了した年をみると，鉄道では既に 2014 年
にプロジェクトが完了している昆河鉄道，プロジェクトが一部終了している昆
瑞鉄道，まだ完了したプロジェクトがなく全区間で現在建設中の昆磨鉄道の順
に km 当りコストが高くなっている。また，高速道路については，km 当りコ
ストが最も安いのが 2011 年にプロジェクトが完了した昆磨高速である。他方，
昆瑞高速と昆河高速では，2013 年に完了した昆河高速の km 当りコストが，
2015 年に完了した昆瑞高速のそれを上回っている。何が要因かを考えると，
前者の方が，途中区間の標高差が大きいことが関係しているようである。鉄道
に関しては，中国国内のプロジェクトの km 当りコストが低いのは，国内の業
者にはプロジェクトの施工主が厳しく見積もるためかもしれない。

2. 各国の対中政府間交渉

　一帯一路をはじめとする中国が支援するプロジェクトについては，中国政府
が支援対象国の財政の持続性に配慮せずに貸し付け，その国が返済できない場
合，プロジェクトの対象となるインフラを中国企業が接収することで，その国
に対する政治的影響力を強めているとする，いわゆる「債務の罠」に対する批
判が 2018 年以降強まっている。その象徴的な例がスリランカのハンバントタ
港である。同港湾はラジャパクサ元大統領（現大統領の兄）の地元に近いハン
バントタに中国の借款を受けて港湾を開発したものの，寄港する船はわずかで
収益が上がらず，返済が滞ったケースである。このため，スリランカ政府は，
港湾の株式を中国企業に売却，その売却益を返済の一部に充てたが，株式を売

却したことで港湾の運営権は99年間中国企業に移管されることとなった。な
お，様々なプロジェクトでスリランカが中国から借り入れた債務の金利は2％
のものもあったが，なかには6.5％の金利に設定されていた（荒井, 2017;
2018）。他方で，マレーシアのマハティール首相は，ナジブ前政権が中国輸出
入銀行の融資などの支援を受けた同国の東海岸鉄道に関して，費用が不当に高
いとして政権に就いた途端に中止を宣言，しかし違約金が生じないよう中国側
と交渉し，プロジェクトの費用を当初の655億リンギから440億リンギに削減
することに成功している[9]。これまでみてきたところでは，ラオスもタイも，
ベトナムもミャンマーも，いずれの国も中国から何らかの支援を受けている。
そこで，中国側から支援を受ける場合に，各国はどのような交渉をしているの
かをみていくこととする。

(1) ラオス

ラオスの鉄道に関しては，中国政府の強い要望というよりは，鉄道建設がラ
オスにとって悲願であったという性格が強い。中国によるラオスの鉄道建設を
支援するとの合意は2010年に遡る。2010年4月7日に両国政府間の覚書が締
結され，2012年10月18日にラオス国会で，高速鉄道プロジェクト実施案が
承認されている。(山田, 2018)。

2012年時点で，設計や初期調査に基づく経済・技術分析報告書が完成して
いたが，国会承認後すぐに建設が進められたわけではなかった。中国政府とラ
オス政府が鉄道建設の合意文書に調印したのは2015年の11月13日であった。
3年にも及ぶ遅延の理由として，財政赤字が悪化しているラオスに2012年時
点で建設費として見積られた70億ドルの返済能力がなく，中国側がプロジェ
クトに難色を示したことなどがあったためとされる。また，他方で2015年に
締結された理由としては，建国40周年を2015年12月2日に迎えるラオス側
の強い意向が働いたこと，2014年に一帯一路構想を発表した中国が，より一
層東南アジアのインフラ建設を重視するようになったことが挙げられる（山
田, 2019）。加えて，後述するように2014年5月22日のクーデタで成立された
プラユット暫定政権が，政権成立後間もない同年7月10日に，中国との連結
を考慮してタイ国鉄の軌道を標準軌に変更することを指示したことが挙げられ

る。このタイ政府による中国との連結への強い意向は，中国からすれば，ラオスに建設した鉄道がタイに繋がれば，採算が取れる良い機会になると考えても不思議ではない。

　プロジェクト実施は両国出資の合弁企業により行われ，負担割合は中国が70％で，ラオスが 30％となる。建設費 59 億 8,600 万ドルのうち，60％は合弁企業が金融機関の融資により支払いが行われる一方，40％は合弁企業への出資金から支払われる。つまり建設費 59 億 8,600 万ドルの 40％である 23 億 9,400 万ドルが出資金となり，ラオスの負担はその 30％で，約 7 億 1,800 万ドルとなる。しかし，ラオスは予算上の制約で 2021 年まで 5 年間で 2.5 億ドル（年間 5,000 万ドル）しか拠出できないため，その差額の約 4 億 6,800 万ドルは金利 2.3％で中国輸出入銀行の融資を受けることになっている。なお，ラオスの返済不履行の場合の保証には，ラオスのボーキサイトやカリウムなどのプロジェクトの収入が充てられる（山田，2019）。

　一帯一路沿線国 68 ヵ国のソブリン信用格付けと，2016 年末の公的債務残高と対中債務残高，一帯一路関連プロジェクトに伴う借入見込み額をもとに米国の研究機関である世界開発センター（CGD）が各国の債務リスクを分析している。それによると，ラオスは「67 億ドルの中国－ラオス鉄道が，GDP のほぼ半分を占め，IMF は同プロジェクトがラオスの債務返済能力を脅かすかもしれないと警告している」とし，最もリスクが高い 8 ヵ国のうちの 1 つとしている[10]。ここで挙げられているプロジェクト費用が 67 億ドルから 59.86 億ドルまで下がられた点を考慮しても，ラオスが負う債務返済リスクは今後とも注視する必要性はあろう。また，後述するタイやミャンマーが諸条件について交渉したのと比べると，中国国内のトンネルと橋梁をふんだんに使用したコストも高い輸送インフラ仕様となっている。債務返済不能のリスクを顧みずに，ラオス政府は時速 200km/h.の高速鉄道建設を求めたが，中国側から技術的に難しいとの回答が示されたようである（山田，2019）。

(2)　タイ

　ラオスを間に挟んで，中国とタイは互いに鉄道で結ぶことで，市場拡大を目論んでいるようである[11]。中国が対外的に一帯一路構想を表明した時期に開催

されたAPEC首脳会議に出席するため北京を訪問したプラユット首相は，2014年11月9日に習近平国家主席と会談，鉄道複線化事業で中国と協力する考えを伝えている。これを受け，2014年12月19日に中国とタイとの間で覚書が締結された。それによると，① 東部ラヨン県マプタプットとケンコイ，ナコンラチャシーマ経由でノンカイに至る総延長731kmと② バンコク－ケンコイ間133kmの標準軌の鉄道を建設することと[12]，協力方式はタイと中国による合同委員会で協議することが盛り込まれた。

　その後，中国側は協力方法として，中国からのソフト・ローン融資，官民連携投資（PPP），政府間投資の方法もあるとしながら，結果的に中国輸出入銀行の融資を提案した。しかしながら，その融資条件は，返済期間が据え置き4年を含む20年で，金利は2〜4％に設定されていた。さらに中国側は，資材や技術供与，設計，工事，運行業務の引き受けも提案した。これに対し，タイのアーコム副運輸相（現運輸相）はJICAがタイの空港リンク鉄道整備に資金供与した際の金利は1.5％であったとし，中国側に金利の引き下げと据え置き期間延長を要請，運行業務を担う会社はタイが設立すると表明した。その後金利に関しては，中国側が中国輸出入銀行の2.5％の金利を示す一方，タイ側は2％を上回る金利は受け入れられないと折り合わなかった。また，中国側は設計（engineering），調達（procurement），建設（construction）を自分達が請け負うEPC契約を主張したのに対し，タイ側は車両購入や鉄道運行など目的別に特定目的会社（SPV）を設立，SPVにタイ政府が40％，中国政府が60％出資する案を提示した。タイ政府は，EPC契約にすると資金の負担が大きくなる一方，中国側は運行に投資したいなか，建設が全体に占める割合が80％で運行は20％という状況でのSPVへの出資を，中国政府は拒否したとされる。

　2016年3月24日，プラユット首相は李克強首相と会談し，タイ側は第1期工事は，中国側との共同整備ではなく，タイ単独で官民連携（PPP）により財源を調達することを表明，中国人技術者にはノウハウの伝授のため残ってもらう案を提示した。その結果，2016年8月24日に中国政府とタイ政府との間で調印された覚書では，① ノンカイ－マプタプットと中部ミンブリ－バンコク間の2区間の総延長873kmのうち，バンコク－ナコンラチャシーマ間の区間を優先工事区間として9月着工に向け両国は最大限努力する，② 財源はタイ

の政府予算およびタイによる内外からの借り入れで賄われる，③中国が担当する分野の財源には中国輸出入銀行の融資パッケージの活用も検討する，ただし④中国輸出入銀行からの借り入れに際しては，タイ国内の金融機関が提供する融資期間や条件よりも有利なものにする，との一文も付け加えられた。

　こうして先述の通り2017年12月20日に起工式が行われた。これまでのプロセスをみる限り，タイは中国との交渉で，総コストなどに配慮し，中国側が提示した金利に妥協することなく，バンコク−ナコンラチャシーマ間に集中することで，オーナーシップを維持したといえよう。ただ，起工から完成までに要する時間は，ラオスの鉄道の方がタイの鉄道より短くなると思われる。

（3）　ミャンマーとベトナム

　ミャンマーに関しては，中国−ミャンマー経済回廊の下で，ムセからマンダレーを経由してチャオピューに至る高速道路と鉄道の双方が検討されている。しかし，先述の通りムセ−マンダレー間は基本的に下り坂で，途中難所が存在する一方，ネピドーからチャオピューに向かう道路・鉄道もアラカン山脈の峠越えが存在する。したがって，中国の高速道路の基準に従えば，ラオスの鉄道のようにトンネルと橋梁の占める割合が高くなる可能性がある。また，マンダレーは第2の都市でもあり，土地収用コストが高くなる可能性もあろう。ただ，ムセを通じた国境貿易は，ミャンマーの総輸入の約1割，総輸出の約3割を占め，ヤンゴン−マンダレー区間の輸送インフラ整備はミャンマーにとってのメリットも大きい。しかし，高規格の高速道路と鉄道の双方の同時建設は，ミャンマーの経済的負担が大きくなる可能性がある。

　ただ，ミャンマー政府が，中国政府の要請通りに従っているわけでもない。実際のところ，チャオピュー経済特区の深海港のバースの数は当初は10基が予定されていたが，その数はミャンマー政府の要請で2基まで減らされ，総工費も73億ドルから13億ドルまで縮小されている。

　他方，ベトナムについては，現時点では標準軌鉄道を採用するにあたっての技術面でのコンサルタントを中国に依頼している。したがって，タイと中国との関係に類似した部分も認められる。しかし，今後鉄道を建設ないし改修する場合の資金をどうしていくかなどは，注視していく必要がある。しかし，元々

中国に対する警戒心はどの国と比べても強いようにも思われ，したたかに対応するのではないかと思われる。

おわりに

　以上，雲南省の昆明を中心にラオスとタイ，ミャンマー，ベトナムと結ばれる道路ないし鉄道について，その開発の枠組みを整理し，各ルートの現状を示し，それらをコスト面から比較検討したうえで，各国が中国とどのように向き合っているかを述べてきた。本章を通じ明らかになった点は，中国・雲南省の道路および鉄道がトンネルと橋梁をふんだんに使い，山岳区間の高速走行を可能にしている点である。また，メコン地域各国が中国との標準軌の鉄道連絡に前向きな姿勢を示しているのは，中欧班列とつないで，欧州向け輸出に要する時間の短縮を目論んでいるようにも思われる。

　しかし，同レベルの輸送インフラ開発を，隣国で行った場合，少なくともラオスでは債務返済リスクが小さくないことが示された。また，タイは中国と交渉をするなかで，オーナーシップを維持し，コストを一定範囲に抑えるよう配慮したこともわかり，その点からタイの対応はラオスとは対照的なものであった。ミャンマーも，基本的に中国の構想に乗る姿勢は示すものの，要所ではコスト削減に努めていることも示された。ただ，高速道路と鉄道建設は今後の交渉次第であり，その成り行きは注視する必要があろう。

注
1　どちらの演説も在京中国大使館のウェブサイトを参照（2019年6月24日参照）。
2　瀾滄江－メコン川協力（LMC）のウェブサイト（2019年8月6日参照）に基づく。
3　*The Nations*, 21 December 2017.
4　*Thailand Construction News*, 3 July 2019.
5　*Bangkok Post*, 26 April 2019.
6　*The Myanmar, Times*, 20 April 2018.
7　*Vietnam Investment Review*, 1 September 2018.
8　*Viet Nam News*, 7 April 2018.
9　2019年4月12日付け『日本経済新聞』。
10　世界開発センター（CGD）のウェブサイト（2019年8月8日参照）および佐野（2019）に基づく。
11　以下の記述は，『時事速報』の記事に基づいてまとめている。

12　ケンコイはバンコクとナコンラチャシーマとの間に存在し（図3-1参照），マプタプットからの
　　鉄道が合流する地点であるが，後にマプタプット－ケンコイ間はプロジェクトの対象から外される
　　こととなる。

参考文献

（日本語）

荒井悦代（2017）「バランス外交と中国回帰で揺れるスリランカ」『アジ研ワールド・トレンド』
　　No.257，アジア経済研究所，44-51。

──（2018）「99年租借地となっても中国を頼るスリランカ」『IDE スクエア 世界を見る眼』アジア
　　経済研究所。

石田正美（2007）「大メコン圏経済協力と3つの経済回廊」石田正美・工藤年博編『大メコン圏経済
　　協力─実現する3つの経済回廊』アジア経済研究所，16-33。

──（2015）「メコン地域における物流事情：インフラ整備の経済効果」『BTMU Global Business
　　Insight Asia & Oceania』三菱東京 UFJ 銀行国際業務部，2-8。

──（2016）「メコン河流域諸国の開発と ASEAN」トラン・ヴァン・トゥ編著『ASEAN 経済新時
　　代と日本：各国経済と地域の新展開』文眞堂，272-300。

──（2018）「ベトナムとミャンマーの物流企業調査」石田正美・梅﨑創編『メコン地域の輸送イン
　　フラと物流事情』アジア経済研究所，1-32。

──（2019）「試される一帯一路「債務の罠」の克服：中国－ミャンマー経済回廊の建設状況」『IDE
　　スクエア 世界を見る眼』アジア経済研究所。

工藤年博（2012）「中国の対ミャンマー政策：課題と展望」アジア経済研究所政策提言研究レポート。

佐野淳也（2019）「一帯一路：沿線諸国による見直しの動きをどうとらえるのか」『JRI レビュー』
　　Vol.4 No. 65，72-90。

山田紀彦（2018）「ラオス・中国高速鉄道プロジェクト：これまでの経緯，進捗状況，問題点」『IDE
　　スクエア 海外研究員レポート』アジア経済研究所。

（英語）

ADB (2017), "ADB Completion Report on Viet Nam: Greater Mekong Subregion Kunming-Hai
　　Phong Transport Corridor: Yen Vien-Lao Cai Railway Upgrading Project", Manila: ADB.

── (2018), "Review of Configuration of the Greater Mekong Subregion Economic Corridors",
　　Manila: ADB.

National Development and Reform Commission (NDRC), Ministry of Foreign Affairs, Ministry of
　　Commerce of People's Republic of China with State Council Authorization (2015), *Vision and
　　Actions on Jointly Building Silk Road Economic Belt and 21st-Century Maritime Silk Road.*

第4章

マレーシアの工業化再考

穴沢　眞

はじめに

　本章ではマレーシアの工業化を取り上げ，これまでの経緯と現状，そして課題について検討を加える。中進国となったマレーシアは先進国入りを標榜しているが，政府も中進国の罠に陥っていると認識しており，経済成長の先行きに不安がある。また，製造業にはかつてのような経済成長のエンジンとしての機能が低下している。GDP に占める製造業のシェアも低減しており，未熟な脱工業化も懸念されている。一方で，マレーシアの後を追うように豊富な低賃金労働力を武器に急速にキャッチアップを進めるベトナムなどに海外直接投資は向かっており，他の発展途上国にとってマレーシアはキャッチアップの対象でもある。

　外資主導で進められたマレーシアの工業化は踊り場に来ている。次なるステージに進む段階ではキャッチアップの天井が立ちはだかる可能性がある。近年マレーシアでは第2次輸出指向工業化の進展が資源ベース産業である石油，化学の生産と輸出の伸びにより進みつつある。第1次輸出指向工業化の柱となった電機・電子産業も引き続き，工業製品輸出の中心であり続けている。産業構造の変化は産業の高度化を伴うものではあるが，内在する課題や問題点も指摘される。今一度マレーシアの工業化を考えてみたい。

　以下ではまず第1節でこれまでの製造業の推移や特徴を確認する。第2節では第1節で確認した製造業の変化を独立以降の主要な政策とともに振り返る。第3節ではマレーシアの工業化の課題となる外資主導の工業化，生産性，人材開発と外国人労働者を取り上げる。第4節は結語である。

第 1 節　マレーシア製造業の概要

1. 経済構造の変化

　1957 年の独立以降，マレーシアの経済成長を牽引してきた産業が製造業であった。表 4-1 はマレーシアの GDP の内訳の推移を示したものである。ゴムと錫に依存する典型的なモノカルチャー型の経済から出発したマレーシア経済の課題は産業構造の転換であった。そしてその役割を担った産業が製造業であった。1960 年には農業が GDP の 37.9％を占め，圧倒的な地位にあり，錫を中心とした鉱業は 5.9％，製造業は 8.7％であった。ただし，この時期の製造業の中心はプランテーションで採取したゴムの簡単な加工であった。商業などの第 3 次産業の GDP シェアは比較的安定的であったが，独立以降 2000 年代初めまでの経済構造の変化は農業のシェアの低下と製造業のシェアの増大により特徴付けられていた。農業の GDP シェアは継続的に低下し，2000 年には8.2％となっていたが，その後は安定している。一方，製造業は順調な成長を

表 4-1　マレーシアの産業別 GDP シェア

	1960年	1965年	1970年	1975年	1980年	1985年	1990年	1995年	2000年	2005年	2010年	2015年	2017年
農業	37.9％	31.5％	32.3％	30.0％	24.6％	20.9％	18.4％	13.3％	10.0％	8.2％	7.4％	8.9％	8.1％
鉱業	5.9％	9.0％	5.8％	4.0％	4.6％	10.5％	9.6％	7.2％	5.4％	6.7％	7.1％	8.8％	8.4％
製造業	8.7％	10.4％	12.3％	14.4％	19.2％	19.9％	26.5％	32.2％	36.0％	31.4％	27.6％	22.9％	23.0％
建設	3.0％	4.1％	4.5％	4.7％	4.8％	4.8％	3.5％	4.3％	4.7％	2.7％	3.3％	4.4％	4.6％
電気・水道	1.3％	2.3％	2.3％	2.4％	2.4％	1.7％	1.9％	2.3％	2.5％	4.1％	3.0％	2.6％	2.6％
運輸・通信	3.6％	4.3％	5.7％	7.2％	7.1％	6.4％	6.8％	7.1％	7.9％	8.8％	8.1％	9.2％	9.7％
商業	15.7％	15.3％	13.5％	13.7％	13.9％	12.2％	10.9％	11.8％	12.2％	14.7％	13.4％	14.7％	15.1％
金融・不動産	6.1％	6.0％	7.9％	7.3％	8.0％	9.0％	9.6％	10.4％	11.4％	15.1％	17.0％	11.5％	11.2％
政府	6.5％	6.2％	7.5％	7.9％	12.6％	12.3％	10.5％	9.5％	7.8％	7.6％	7.3％	8.6％	8.7％
その他	11.4％	10.8％	8.2％	8.1％	2.8％	2.3％	2.1％	2.0％	2.0％	7.8％	8.5％	4.4％	5.3％

　資料：2000 年までは Malaysian Government, *Malaysia Plan* 各号，2005 年以降は Ministry of Finance, *Economic Report* 各号によった。

示し，1990年には農業を抜き，2000年にはGDPシェアは36.0%に至り，この間マレーシア経済の主導産業であり続けた。しかし，その後，製造業のGDPシェアは減少に転じ，2005年には31.4%，2010年には27.6%，そして2015年には22.9%にまで低下している。先進国でみられた製造業の相対的な地位の低下がマレーシアではすでにおこっており，急速な工業化とその後の漸進的なシェアの低下がみられる。Rajah *et al.* (2015) はこれと工業化の深化が進んでいない「早すぎる製造業の停滞（Premature plateauing of manufacturing）」と呼んでいる。先進国では長い時間をかけて進んだ経済構造の変化が，マレーシアでは主に外資の導入による急速な工業化により非常に短期間におこり，今や製造業は成長のエンジンの座をサービス産業，特に商業や金融・不動産に明け渡した。

　マレーシアはその狭隘な国内市場ゆえに，貿易依存度が109.9%（2017年）と非常に高い国である。イギリスの植民地時代から独立直後までゴムと錫の輸出が経済を牽引してきた。独立後，農林水産業内での輸出品目の多様化によりパームオイル，木材の輸出が増大し，ゴムの相対的地位は下落した。鉱業内では錫の輸出が資源の枯渇もあり，1980年代に入り急速に減少し，これに代わって石油や天然ガスの輸出が拡大した。ただし，2000年以降，原油の輸出から石油製品の輸出にシフトしている。

　しかし，これらの輸出を大きく上回ったものが工業製品の輸出であった。1960年には全輸出の8.3%のみを占める存在でしかなかった工業製品は，後述するように電機・電子産業への米国や日本の企業の進出による輸出基地の形成により，1980年代半ばには他の主要な輸出品目を抑え，最大の輸出品目となった。その後も工業製品の輸出に占めるシェアは増大を続け，2000年には85.0%を占めるに至り，マレーシアは電機・電子関連製品の一大輸出国となったのである。その後，工業製品のシェアは若干低下するが，現在も輸出の8割近くを占めている。

　マレーシアの工業製品輸出の中心である電機・電子産業は2000年には工業製品輸出の71.1%を占めるに至ったが，その後，同産業のシェアは50%を切るに至っている。これに対し，2000年以降，化学製品の輸出が着実に増大し，9%程度で推移している。さらに石油製品の輸出が2000年代に入り増加し，

2017 年には 10％に近づきつつある。一部の輸出指向的な産業が生産額，輸出額で圧倒的な地位にあり，マレーシアの製造業全体の輸出比率も 5 割を超えている。電機・電子産業では半導体などの主要製品の輸出比率は軒並み 8 割以上であり，輸出を急増させた石油製品も 8 割近い輸出比率となっている。もともと国内市場向けが中心であった化学産業は 3 割から 4 割の輸出比率であり，電機・電子産業や石油産業ほど輸出比率は高くない。

2.　製造業内の変化

　マレーシアの製造業の急速な成長は製造業内の産業構造の変化を伴うものであった。表 4-2 はマレーシアの製造業内の産業別の生産額のシェアをみたものである。1980 年代半ばまでは食品が常にトップに位置していた。また，木材，ゴム，石油など資源ベース産業が上位に入っていた。1980 年代初めには電機・電子産業はすでに食品に次ぐ産業となっていたが，1980 年代後半以降急速にシェアを拡大し，2000 年には 32.9％，2005 年には 40.4％を占めるに至った。しかし，2010 年以降，電機・電子産業の生産に占めるシェアは 25％から 30％の間で推移している。電機・電子産業の生産額自体は増大しており，これをし

表 4-2　製造業内の主要産業別生産シェア

産業	1968年	1973年	1981年	1985年	1990年	1995年	2000年	2005年	2010年	2015年	2017年
食品	22.7%	24.6%	25.9%	26.1%	16.7%	13.8%	11.1%	9.9%	5.0%	5.4%	5.9%
繊維	2.4%	5.2%	5.4%	4.2%	5.5%	4.7%	5.6%	2.0%	1.4%	1.3%	1.4%
木材	8.1%	10.7%	7.2%	4.7%	5.5%	4.5%	7.7%	3.2%	3.5%	3.6%	3.7%
化学	6.8%	5.5%	4.1%	9.5%	7.0%	5.8%	15.5%	22.1%	14.8%	14.7%	14.4%
石油	n.a.	3.0%	11.2%	8.9%	4.9%	2.3%	1.4%	1.1%	15.0%	18.4%	17.5%
ゴム	3.6%	15.0%	7.6%	6.0%	5.5%	3.9%	5.3%	4.8%	3.3%	2.7%	2.7%
電機・電子	1.9%	5.4%	12.0%	12.9%	25.4%	34.6%	32.9%	40.4%	26.3%	26.5%	28.1%
輸送機器	2.7%	3.0%	3.4%	3.1%	4.8%	5.3%	3.7%	3.9%	5.4%	7.0%	6.3%

　注：2000 年，2005 年の食品は飲料とたばこを含む。2000 年と 2010 年以降の繊維は靴を含む。
　資料：1968 年から 1981 年は Department of Statistics, *Census of Manufacturing Industries*, 1985 年から 1995 年までは *Annual Survey of Manufacturing Industries* 各号によった。2000 年以降は Ministry of Finance, *Economic Report* 各号によった。

のぐ勢いで増大した産業が化学と石油である。

　マレーシアの製造業は資源ベース産業中心の構造から電機・電子産業を中心とする機械工業中心の構造へと急速に変化し，製造業自体が電機・電子産業に大きく依存する構造となり，輸出についても同様な傾向がみられた。そして，これらの変化を主導してきた企業は国内企業ではなく，米国や日本の多国籍企業に代表される外資系企業であった。

　2000年以降の電機・電子産業のシェアの低下を製造業の中の多くの産業によって補っているのであれば，これは産業の広範な多様化を意味し，より望ましいことであるが，実際には石油産業と化学産業の拡大が電機・電子産業のシェアの減少分を相殺している。まず，石油産業のシェアが2005年の1.1％から2010年には15.0％，2015年には18.4％へと大きく増大した。石油産業については外資系のみならず，国営のペトロナス社も石油精製を行っている。また，石油産業は輸出指向的であり，2015年の輸出比率は79.0％となっている。また，化学産業も堅調にシェアを拡大し，維持している。そのシェアは1995年の5.8％から2000年には15.5％へ，2005年には22.1％と急増した。2010年には10.1％とシェアを落としたが，その後も15％前後で推移している。電機・電子産業のシェアは20％代の半ばにまで低下しているが，依然として工業製品輸出の約5割を占め，製造業の中心に位置している。マレーシアでは資源ベース産業の代表である石油と化学（パーム油の加工を含む）が生産と輸出を伸ばしており，韓国や台湾のような天然資源を持たない国とは異なった資源ベース産業に依拠した第2次輸出指向工業化が進んでいるといえよう。

3. マレーシア製造業の特徴

　マレーシア製造業の特徴として，外資系企業の比重の高さ，政府系企業のシェアの一時的拡大，中小企業の脆弱性などがあげられる。特に大規模な外資系企業と地場中小企業の格差は二重構造を生み出している。以下にその概要を示す。

　マレーシアの工業センサスなどから外資系企業の生産額に占めるシェアをみて行くと1960年代以降ほぼ4割以上を占め，2000年にはほぼ5割にまで達し

たことがある。2015年の工業センサスでは38.7％と4割を切ったが，依然として製造業に占める外資系企業の割合は高い。このことは製造業，特に電機・電子産業の急速な拡大と輸出の急増というプラスの効果をもたらし，マレーシア政府も外資系企業の誘致に積極的であった。当初，外資系企業の参入はマレーシア国内の製造業の中心であった同国の華人系企業へのカウンターパワーという意味合いもあった。

　マレー系（ブミプトラ），華人系，インド系の民族が共存する多民族国家であるマレーシアでは民族間問題から派生したブミプトラ政策[1]が強く進められ，1971年に始まる新経済政策（NEP）[2]ではブミプトラの商工業部門への参入促進が目標に掲げられ，中央政府と州政府は自ら製造業に参入していったのである。その結果，政府系企業は1980年代初めには生産額の約3割を占めるに至った。しかし，1990年代に入り，民営化が進むにつれ，相対的な地位は低下していった。

　マレーシアの製造業は外資を中心とした一部の大企業と多くの地場中小企業[3]が相互に関係を持つことなく併存する二重構造となっているという特徴を持つ。数の上では圧倒的多数を占める中小企業は依然として，国内市場向け，低生産性という特徴を持っている。

　当初，製造業内の中小企業の多くが華人系企業であったため，マレーシアのブミプトラ政策に照らして，積極的な支援が行われることはなかった。2015年時点で中小企業は製造業の企業数の約9割を占め，従業員数では42.1％を占めていた。また，労働生産性も零細企業（5人未満）では200人以上の大企業の26.6％，小規模企業（5人から74人）では54.1％とその差は非常に大きい。

　政府は1980年代末からベンダー育成などの中小企業の支援に乗り出しているが，顕著な効果がみられたわけではない。後述するように，マレーシア政府が2018年に公表した第4次産業革命（Industry 4WRD）でも中小企業に光があてられている。

第2節　マレーシアの工業化政策[4]

1. 工業マスタープラン

　マレーシアの工業化の基本政策は工業マスタープランに示されている。これまで第1次工業マスタープラン（1986−1995）[5]，第2次工業マスタープラン（1996−2005），第3次工業マスタープラン（2006−2020）が公表され，その中で具体的に産業ごとの分析や，方向性を示している。それぞれのマスタープランの特徴は下記の通りである。

　第1次工業マスタープランは最初のマスタープランであり，UNIDOの協力を得て作成された。基本的なアプローチは政府が市場を活用しながら一定の目標に沿う形で資源配分を行う誘導的政策であった。産業を資源ベース産業と非資源ベース産業に分け，特に後者では輸出指向的な電機・電子産業の振興と国民車計画が掲げられていた。また，いち早く情報化時代を見据えた点も特徴的であった。

　第2次工業マスタープランはASEAN内での自由貿易を見据えたものとなっていた。その中では産業間の前方，後方連関の強化，付加価値の増大，生産性の向上による競争力の強化があげられていた。価値連鎖やクラスターの概念を導入し，産業集積と地理的な近接性を強調していた。クラスターは電機・電子産業など国際的にリンクした多国籍企業に主導されるクラスター，石油などの資源ベースクラスター，輸送機器などの政府による政策主導クラスターに大別された。

　第3次工業マスタープランは第2次工業マスタープランを基礎としたうえで，国際競争力の強化が主要なテーマとなっている。また，中小企業や製造関連サービス，ブランドの強化，さらにはハラル[6]製品について単独の章を設けるなど，これまでにない，より包括的な内容を含むものとなっている。

2. 各年代の政策

　次に輸入代替工業化，輸出指向工業化の観点から年代ごとに主要な政策を抽出し，前節で述べた産業構造の変化の背景にある政府の政策をみて行く。

　独立後まずマレーシアが導入した政策は輸入代替工業化であった。関税などにより輸入製品を制限し，これを国内生産で置き換えていったのである。1960年代末には食品，木材，たばこ，ゴムなどの輸入代替が終了しつつあり，製造業の成長率が低下し始めた。いわゆる輸入代替の「安易な局面」が終了したのである。輸入代替工業化は保護に由来する生産効率の低下，コストの上昇，さらにはマレーシアの狭い国内市場により規模の経済が機能しないという問題があった。

　そのため，政府は1960年代末に輸出指向工業化を目指すこととなった。しかし，一般的にみられた輸入代替を完了した後に輸出指向に向かった産業は食品，木材，ゴムなど一部に限られていた。そのため，マレーシア政府はすでにシンガポールに進出していた半導体などの電機・電子産業に属する多国籍企業を誘致し，急速な外資主導による輸出指向工業化を目指したのである。Lee（1981）はこれを「接ぎ木」された輸出指向工業化と呼んでいる。そして，これらの企業の受け皿として1970年代初めに自由貿易地区[7]がマレー半島北部のペナン，首都クアラルンプール近郊，マラッカに設立された。その結果，工業製品輸出，特に半導体などの電機・電子製品の輸出が急増したのである。欧米や日本の多国籍企業が進出し，彼らは輸出入関税が付加されないという自由貿易地区の利点をいかし，部品や原材料のほとんどを輸入し，製品もほぼ100％輸出された。そのため自由貿易地区は関税上の飛び地だけでなく，国内企業とのリンケージがほとんどないという意味で経済的な飛び地ともなっていたのである。

　1970年代の自由貿易地区を用いた輸出指向工業化とそれ以外の産業で継続されていた輸入代替の併存は複線型工業化[8]や輸出振興と輸入代替の結合[9]と呼ばれていた。そしてこの傾向は1980年代にも継続されたのである。

　1980年代に入ると政府主導による重化学工業化が推進された。政府による

特定産業の輸入代替であり，選択的輸入代替ともいわれている。そして政府は重工業における輸入代替を促進するため，1980年にマレーシア重工業公社（HICOM）を設立した。同公社は自動車，オートバイ，鉄鋼，セメントなどで主に日本企業との合弁企業を設立した。日本企業との合弁はマレーシアの東方政策[10]に呼応するものでもあった。政府が直接これらの産業に参入することは，同国の新経済政策（NEP）の中で掲げられたブミプトラの商工業部門への参入促進とも関連するものでもあった。

　1980年代中ごろには半導体不況がありマレーシアの半導体の生産と輸出もその影響を受けた。その後，1980年代後半からは円高の進行に伴い，電機・電子産業を中心に日本企業の進出が相次ぎ，日本はマレーシアに対する最大の投資国となった。この時期，マレーシアの電機・電子産業の生産と輸出は急増している。国内市場向けの国民車の生産も1985年から開始されたが，国際市場に向けた輸出を行う電機・電子産業と自動車などの国内市場指向産業とでは政策的な重要度は後者に置かれたが，製造業に占める比重は前者が圧倒的なものであった。

　1990年代に入っても1980年代の工業化政策は継続された。電機・電子産業を中心とした輸出指向的な産業は依然として主に外資系企業により牽引され，堅調に推移した。一方，マレーシアの輸入代替産業は継続的な政府の保護により成長し，自動車産業では国民車メーカーによる国内シェアは60%を超える高水準で推移した。しかし，その背後でAFTAが1992年に発効し，将来的な域内の貿易自由化が進みつつあった。

　マレーシアでは1997年のアジア通貨危機を契機として外資に対する規制が大幅に緩和された。これにより，ほとんどの分野で外資100%での出資が可能となり，新たな外資の進出を促した。マレーシアではこれまでの輸出指向工業化の中心であった電機・電子産業での集積が進んでいたため，新規の進出も電機・電子産業が中心であった。マレーシア経済は比較的短期にアジア通貨危機による景気後退から回復したが，この面でも外資の貢献が大きかったといえる。

　2000年以降，電機・電子産業のシェアの低下と新たな成長産業として資源ベースの石油産業と化学産業の拡大がみられた。石油産業は国営のペトロナス

社が中心であるが外資系企業も進出しており，産油国である強みを生かし，近年，石油精製とその輸出で成長を続けている。化学産業は分野が広いが石油を原料とする分野だけでなく，マレーシア産のパーム油の加工も生産が拡大している。両産業はマレーシアの資源を活用し，輸出指向的である点が特徴である。

　これまでの工業化を振り返ると，1960 年代の当時の主要産業における第 1 次輸入代替，1970 年代の自由貿易地区に進出した電機・電子産業に属する多国籍企業に牽引された第 1 次輸出指向，1980 年代の政府主導による自動車などの輸送機器，鉄鋼などの第 2 次輸入代替，そして，1990 年代の電機・電子産業を中心として第 1 次輸出指向の継続，2000 年以降の化学，石油という資源ベース産業における第 2 次輸出指向という大きな流れがみてとれる。

　一方で，2000 年代に入ると産業政策自体が過去のように特定の産業にスポットを当てるものではなくなってきており，人材育成，中小企業支援など製造業を下支えする領域に移行してきている。ただし，国民車を持つマレーシアでは自動車産業については国が様々な政策を提示している。

　工業化政策の変化の背景には AFTA（2015 年末以降は AEC）や日本との EPA を含む各国との自由貿易協定，さらには TPP11 による貿易自由化の促進がある。一般的に輸入代替工業化が進めにくい状況が貿易自由化により作り出されているといえる。貿易の自由化，外資規制の緩和はマレーシアが実施できる産業政策の幅を狭めており，政府が主導する政策は自動車産業などに限られるようになった。

3.　自動車政策 [11]

　マレーシアの工業政策の特徴の一つは国民車プロジェクトであろう。1983 年に設立されたプロトン社と 1993 年に設立されたプロドゥア社の 2 大国民車メーカーを中心にマレーシアの自動車産業は発展を続けた。国民車プロジェクトがモータリゼーションを促進したことは否めないが，長きにわたり保護された国民車メーカー，特にプロトン社とその地場のサプライヤーの競争力は弱い。1990 年代に外資の自由な活動を認め，彼らを中心に自動車産業の発展を

企図したタイとは大きな差が生まれている。

　国民車の存在は AFTA のもとでの貿易自由化や日本との EPA 提携の際にもその保護が問題となった。2000 年代に入り，2004 年に関税を軽減し，さらに政府は 2006 年国家自動車政策（National Automotive Policy, NAP）の策定に合わせて関税の引き下げを実施したが，これらを相殺するように物品税を課し，保護は継続された。2006 年に締結された日マ EPA でも国民車と競合する 2000cc 以下のクラスの乗用車の関税の引き下げを段階的なものにし，地場の部品メーカーへの支援を行うなどの配慮がみられた。2010 年には新 NAP が，そして 2014 年にも NAP2014 が公表され，2019 年には NAP2019 が公表されることとなっている。2010 年までは数値目標もなく，方向性を示すにとどまり，域内での乗用車のハブとなることや外資との戦略的提携，ブミプトラの参加拡大が明記されていたが，NAP2014 は EV や省エネルギー車へのインセンティブを導入する一方で，野心的に過ぎる数値目標を設定していた。自動車産業は製造業に占める比重は低いものの政策的には注目を集める産業である。国民車の生みの親であるマハティール首相は第 3 国民車構想を打ち出しており，今後の動向が注目されている。

4.　Industry 4WRD

　これまで指摘したように製造業の GDP シェアは低下しており，脱工業化にマレーシアも向いつつあるといえる。次節で述べるが，マレーシアの製造業の生産性の伸びは低下傾向にある。第 4 次産業革命はある意味，脱工業化が進む中での製造業の復権を目指すものともいえる。

　2018 年に政府は今後 10 年間を見据えた Industry 4WRD : National Policy on Industry 4.0 を公表した。政策の方向性は労働者のスキルの向上，中小企業の参加拡大，イノベーション，政府の資金援助，デジタルインフラの整備である。政策の目的はステークホルダーの参加とマレーシアの製造立地としての魅力拡大，望ましいエコシステムの醸成，マレーシア製造業の変革であり，ターゲットとなる成果は製造業の GDP への貢献の拡大，より高い生産性，継続的投資の受け入れである。これらを達成するために 4 つの国家のゴール，5 つの

戦略的 enablers，13 の戦略，38 のアクションプランが作られ，多くの省庁が参加する国を挙げての政策となっている。

　国家のゴールは進歩と変革のゴールの提示であり，労働生産性の向上，製造業の経済への貢献，イノベーション能力，高いスキルを擁する職業の 4 つである。具体的数値として 2016 年の数値をもとに 2025 年までに労働生産性を 1 人当たり 10 万 6,647 リンギ[12] へと 30％向上させ，製造業の生産額を 2,540 億リンギから 3,920 億リンギに拡大するとしている。また，世界イノベーション・インデックスのランキングを 35 位から 30 位に押し上げ，高スキルワーカー（マネージャー，専門職，エンジニアからなる）を 18％から 35％に引き上げることも掲げられている。また，主要な対象産業は電機・電子，機械，化学（含む石油），医療機器，航空宇宙産業の 5 つである。

第 3 節　工業化の課題

　本節では改めてマレーシアの工業化の課題を抽出し，考察を加える。具体的には外資主導の工業化，生産性，人材開発と外国人労働者を取り上げて議論する。

1.　外資主導の工業化[13]

　マレーシアの製造業において外資系企業は独立以降重要な役割を果たしてきた。長年にわたり全生産額の 4 割以上を維持してきており，近年若干低下したが，2015 年時点でも 38.7％であった。輸出の中心であった電機・電子産業は特に外資系企業が集中する産業である。政府は 1970 年代以降の輸出指向工業化において半導体を中心とする電機・電子産業の誘致を積極的に行い，同産業は製造業の急速な成長を牽引してきた。マレーシアは電機・電子産業の一大輸出基地となり，工業国としての地位を確立した。その過程での「時間の圧縮」ともいえる急成長は外資系企業なしには実現しなかった。国内市場という制約がなく，既存の国際市場を持つ多国籍企業のこの面での貢献は非常に大きいも

のがあった。一般に外資系企業の進出は資本形成，生産，雇用，輸出，技術移転などのプラスの貢献を受入国に対してもたらすものであり，マレーシアもこの恩恵を充分に享受してきた国である。

マレーシアは外資に対して比較的寛容な政策をとってきただけではなく[14]，1980年代半ばの不況期，1990年代のアジア通貨危機後の景気後退期には規制を大幅に緩和し，外資を積極的に誘致し，景気回復の起爆剤ともしていた。

一方で，外資の参入により，産業構造は電機・電子産業に偏ったものになっただけでなく，大規模な外資系企業と地場の中小企業が接点を持たず併存するという二重構造が形成された。政府主導の重化学工業化はある意味，外資主導の工業化との調和を模索するものであったともいえる。

外資主導の工業化は多国籍企業の進出により一気に加速され，急速な工業化を可能にするものではあり，特にマレーシアのような小国においてこのことはよくあてはまる。他方では，外資への依存は地場企業中心の工業化と異なり，長期的な産業政策の有効性や浸透度を減じる可能性があるといえる。外資系企業にとっては受入国の政策が彼らの戦略と合致するものでなければ，彼らは他国に移る自由を持っている。また，受入国は工業化への持続的な貢献を外資系企業に期待するのであれば，彼らを引き留める状況を常に提供し続けなければならない。それはインセンティブだけではなく集積の利益や良好なビジネス環境など多岐に渡る。事実，多国籍企業などによる投資は最適立地を求め，既存の工場の老朽化などがおこった場合には賃金や国内市場，インセンティブなどを勘案し，他国に投資されるケースがみられる。多国籍企業の活動の配置に関わる問題であり，長期的に特定産業において投資を受け入れ続けることは容易ではない。

マレーシアでおこっている製造業の早期の停滞も外資主導の急速な工業化の裏返しともいえる。地場企業による着実な工業化を推進したわけではなく，多国籍企業が持ち込む経営資源に依存し，両者のリンケージも限られているため，地場企業の成長が進んでいない。その上，AFTAとそれに続くAECは域内の貿易，経済活動の自由化を促進し，一国レベルの産業政策の影響力を弱める可能性があり，特に多国籍企業を含めた外資系企業の動向が各国の産業構造や成長の方向性に大きな影響を及ぼしかねない。一部の産業での寡占化がそ

れに拍車をかけており，他の発展途上国も外資の誘致による工業化を目指している。まさにマレーシアが過去に採用し，ある意味成功例となった工業化を後発国が踏襲しているのである。マレーシアがキャッチアップする側からされる側に立場が変わったとき，多国籍企業を含む外資系企業の ASEAN での域内戦略がマレーシアの政策や工業化の方向性の制約となる可能性もある。特に同国のような小国においてはその影響が大きくなることが懸念される。

2.　生産性

　図 4-1 にあるように 2018 年のマレーシアの全産業の労働生産性（1 人当たり）は 6 万 8,321 米ドルでありトップのシンガポールには大きく遅れをとっているが，日本や韓国と比べるとその差は大きいとはいえない。一方で，タイ，中国，インドネシアの 2 倍以上の労働生産性の高さを誇っている。この図からはマレーシアの労働生産性はすでに先進国レベルに近づきつつあることがみてとれる。

図 4-1　労働生産性の国際比較（2018 年）

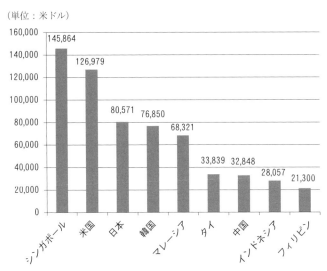

資料：Malaysia Productivity Corporation (2019) p.4 の図表をもとに筆者作成。

　前述の Industry 4WRD によれば 2016 年の製造業の 1 人当たりの労働生産性は 10 万 6,647 リンギであった。当然のことながら，その数値は産業や企業規模によって大きく異なる。ここでは企業規模（従業員数）による違いをみる。2015 年の工業センサスから，従業員数別の生産性を算出した。従業員数 5 人未満の零細企業では 1 人当たりの労働生産性（付加価値 / 従業員数）は 3 万 9,097 リンギ，5 人から 74 人までの小規模企業では 7 万 9,598 リンギ，75 人から 200 人未満の中規模企業では 11 万 741 リンギ，200 人以上の大企業では 14 万 7,120 リンギとなる。これらの数値からも零細企業，小規模企業の生産性の低さが際立っていることがわかる。

　マレーシアではすでにある程度の生産性の高さに達しているが，詳細にみて行くと生産性の伸びが鈍化しており，今後のさらなる工業化の進展にとっての不安材料となっている。Rajah *et al.* (2015) によれば，1980 年代末（1988 年から 1990 年）の製造業における労働生産性の年平均増加率は 6.53％であった。比較的規模が大きい産業では輸送機器が 11.26％，石油関連が 33.37％，ゴムが 10.19％であった。電機・電子は 4.97％と全体の伸びには達していない。機械は 6.47％とほぼ製造業の平均に近い数値であった。1990 年代（1990 年から 1997 年）の数値をみると全体では 5.87％であったが，電機・電子と機械という大規模産業においてそれぞれ，11.79％，8.60％という高い労働生産性の成長が確認されている。アジア通貨危機前という時点であることも高い成長率の一因であろう。1980 年代末から 1990 年代末まではともに高い労働生産性の伸びを示していたが，その後，マレーシアの労働生産性の伸びは鈍化して行く。2001 年から 2005 年の変化をみると製造業全体ではその数値は－1.46％とマイナスになっている。多くの産業でマイナスとなるなか，石油関連のみが 28.15％と高い数値を示していた。アジア通貨危機までは比較的安定的な経済成長を示していたことを考慮するとこの数値の持つ意味は大きい。2005 年から 2010 年はリーマンショックの時期を含むため，労働生産性は 1.75％という低い成長率にとどまっていた。産業別では電機・電子が 0.04％と成長が停滞しており，機械は－2.62％となっている。輸出産業において生産性の伸びが停滞または後退していたのである。

　労働生産性の成長率のみですべてを把握することはできないが，資本装備率

などその背後にある要因を勘案すると楽観できない状況にあるといえよう。

3.　人材開発と外国人労働者

　2015 年の工業センサスにより就業者のスキルの状況をみると，マネージャー，専門職，エンジニアなどで構成される高スキルの就業者は 17.7％であり，事務職，工場のオペレーターで構成される中スキルの就業者が 75.1％と大半を占めている。マレーシアの全産業では高スキルが 25.5％，中スキルが 60.7％となっている。製造業の場合，工場労働者が多いために中スキルの就業者の比率が高まるが，マレーシア全体と比較すると高スキルの属する層が薄いといえる。

　また，製造業の就業者の学歴をみると大学院卒が 0.6％，大学卒が 6.9％，短大・高専卒が 8.6％であり，高学歴者の比率が総じて低い。マレーシア全体では大学卒が 11.9％，短大・高専卒が 9.8％であり，ここでも製造業はマレーシア全体の数値を下回っている[15]。大まかな分類ではあるが，スキルのレベルと学歴とをあわせてみると，製造業の実態が浮き彫りになる。人材開発は分野を問わず重要であり，現状の高スキル就業者の比率や学歴は長期的な製造業の発展の足かせとなる可能性がある。

　人材開発についてはペナン州のペナン・スキル開発センター（PSDC）が先駆的な取り組みを行ってきた。学位の取得も含め，技能形成のためのコースが作られ，企業との協力により，企業内研修の一部も行われている。各種の補助金も導入され，製造業における人材開発のベンチマークとなっており，他の州にも同様な人材開発のためのセンターが設けられている。

　また，外国人労働者も重要な課題である。マレーシアの労働力不足は構造的な問題であり，外国人労働者は同国にとって不可欠な存在となっている。製造業でも総就業者数，約 212 万人（2015 年）のうち，25.9％に当たる 54.8 万人が外国人労働者である。彼らの男女比は男性 73.9％，女性が 26.1％であった。女性は特に電機・電子産業や繊維・衣類産業に多く見られる。外国人労働者の絶対数では就業者数の多い，電機・電子産業が最大であるが，比率では木材（53.6％）やゴム（36.9％）が上位を占める。

　外国人労働者についてはその貢献について様々な意見があることも事実である。GDP の引き上げや外国人が低スキルの職に就き，マレーシア人はよりスキルの高い職に就くため，マレーシア人のスキルアップに貢献するという意見もある。しかし一般に外国人労働者はマレーシアの労働者を補完するものである[16]。

　経済成長の結果として賃金水準は ASEAN 域内ではシンガポールに次いで高く，もはやマレーシアの労働集約的な産業は比較優位を持たなくなっている。失業率も低く，労働力不足も深刻化している。外国人労働者の受け入れによりこれまで労働力不足を緩和してきたが，より長期的な観点から外国人労働者に依存することについてはさらなる議論が必要であろう。日系企業でも外国人労働者を多く抱える企業もある。地場企業においても工場のオペレーターの大半が外国人労働者によって占められている場合もある。単純労働については外国人労働者を用いることは合理性を持つが，企業内の技能の継承という観点や自動化，今後の Industry 4WRD でのスマートファクトリー化のなかで議論される必要がある。

第4節　結　　語

　マレーシアの製造業は成長のエンジンとして独立以降，長期にわたりマレーシア経済を牽引し，マレーシアは工業国としての地位を確立した。しかし，2000 年代初頭以降，製造業の GDP シェアは低下し始め，停滞がみられる。ただし，先進国でみられたような就業者の減少はおこっていない。

　これまでの工業化の過程を振り返ると，輸入代替工業化，輸出指向工業化を産業を変えながら推し進めてきた。特徴的な点はまず第1次輸出指向工業化が外資主導の電機・電子産業に大きく偏り，その後も製造業の中心であり続けたことである。次に第2次輸入代替工業化を政府主導で行い，依然として国民車を中心とした自動車産業政策が進められていること。そして，第2次輸出指向工業化が石油，化学という資源ベース産業を中心に進んでいることである。

　産業構造も変化し，高度化しているが，前述のように製造業の相対的地位は

低下している。マレーシアの発展段階からすると脱工業化は当然の方向性でもある。しかし，これまでも指摘したようにマレーシアの製造業では早期の停滞が進行しており，そこには第 3 節で指摘したような課題が複合的な要因として内在しているといえる。

　最後に今後のマレーシアの工業化を考えるうえでポイントとなる点を指摘したい。一つはシンガポールの存在であり，もう一つはマハティール首相の存在である。

　マレーシアは製造業でのさらなる高度化や脱工業化を進める必要があり，その際，キャッチアップの対象としている国はシンガポールである。シンガポールも外資主導というマレーシアとの共通点を持つ。また，マレーシアのこれまでの工業政策をみると，資源ベース産業や自動車産業を除くとマレーシアは常に一歩先を行くシンガポールを意識し，類似の政策をタイムラグをもって導入するケースが多くみられた。地域統括本部や研究開発拠点，宇宙・航空関連産業の誘致，ICT 関連の導入もシンガポールを追随するものであった。シンガポールに研究開発や地域統括本部などの機能を置き，生産はマレーシアにという多国籍企業による両国の間での棲み分けにマレーシアは活路を見出してきた面もある。地政学的な要因でもあるが，シンガポールはマレーシアにとって製造業の高度化や脱工業化の際にキャッチアップの天井[17]として立ちはだかる可能性がある。

　第 2 節で触れた第 3 国民車構想は 2018 年に復帰したマハティール首相が推し進めようとしているプロジェクトである。マレーシアの工業化を考えるうえで，1981 年から 2003 年まで首相としてマレーシアの経済成長，そして工業化を強力に推進してきた同氏の動向を注視する必要がある。

注
1　ブミプトラはマレー語で「土地の子」を意味し，マレー系と他の少数民族が含まれる。マレーシア政府は経済的に劣っていたブミプトラを優遇する政策をとっている。
2　新経済政策は 1971 年に 1990 年を目標年として出された経済政策であり，2 大目標は貧困の撲滅と社会の再編であり，特にブミプトラの経済的地位の向上が企図されていた。
3　マレーシアにおける中小企業の定義はこれまで何度も変更されてきたが，現在，製造業では販売額が 5,000 万リンギ未満もしくは従業員数が 200 人未満の企業を指す。
4　マレーシアの工業化政策における税制上の優遇措置，関税，インフラ整備などの基本政策については穴沢（2010）の第 3 章を参照のこと。

5 正式名称は Medium and Long Term Industrial Master Plan Malaysia 1986-1995 であるが，その後の工業マスタープランと併記するため，第1次工業マスタープランとした。
6 ハラルとはイスラム教で許可された項目を意味し，具体的にはイスラム教徒が食することができる食材や料理を指すことが多い。
7 マレーシアの自由貿易地区については Anazawa (1986) を参照のこと。
8 複線型工業化については今岡 (1982) を参照のこと。
9 輸出振興と輸入代替の結合については世界銀行 (1994) を参照のこと。
10 ルック・イースト政策とも呼ばれ，日本や韓国の労働倫理に学ぼうとする政策。
11 マレーシアの自動車産業とその政策の詳細については穴沢 (2016 b) を参照のこと。
12 リンギはマレーシアの通貨単位。
13 外資主導の工業化の課題等についてはトラン (2019)，苅込 (2019) を参照のこと。
14 マレーシアの外資政策については穴沢 (2010) 第4章を参照のこと。
15 マレーシアで一般的な Degree 取得者を大学卒，Diploma 取得者を短大・高専卒とした。
16 外国人労働者については World Bank (2015) を参照のこと。
17 末廣 (2014) 第4章を参照のこと。

参考文献
（日本語）
穴沢眞 (2010)『発展途上国の工業化と多国籍企業―マレーシアにおけるリンケージの形成―』文眞堂。
――― (2016a)「マレーシア経済―先進国入りを目指す多民族国家」トラン・ヴァン・トゥ編著『ASEAN 経済新時代と日本―各国経済と地域の新展開』文眞堂。
――― (2016b)「マレーシアの自動車・部品産業」西村英俊／小林英夫編著『ASEAN の自動車産業』勁草書房。
今岡日出紀 (1982)「輸出指導型成長と安定」篠原三代平編『第三世界の成長と安定』日本経済新聞社。
苅込俊二 (2019)「高位中所得国としてのタイとマレーシア：外資主導型発展の功罪」トラン・ヴァン・トゥ／苅込俊二著『中所得国の罠と中国・ASEAN』勁草書房。
熊谷聡 (2018)「ポスト・マハティール期の経済概観―高所得国入り目前も構造改革に遅れ―」中村正志／熊谷聡編『ポスト・マハティール時代のマレーシア―政治と経済はどう変わったか―』アジア経済研究所。
末廣昭 (2014)『新興アジア経済論　キャッチアップを超えて』岩波書店。
世界銀行（白鳥正喜監訳／海外経済協力基金開発問題研究会訳）(1994)『東アジアの奇跡―経済成長と政府の役割』東洋経済新報社。
トラン・ヴァン・トゥ (2019)「FDI 主導型成長と持続的発展の条件」トラン・ヴァン・トゥ／苅込俊二著『中所得国の罠と中国・ASEAN』勁草書房。
（英語）
Anazawa Makoto (1986), "Free Trade Zones in Malaysia", HOKUDA (Hokkaido University) ECONIMC PAPERS, Vo.15.
Department of Statistics (2016), *Economic Census 2016 Manufacturing*, Department of Statistics, Putrajaya, Malaysia.
Jomo. K. S. ed. (2007), *Malaysian Industrial Policy*, National University of Singapore Press, Singapore.

Lee Eddy (1981), "Export-Led Industrialisation in Asia: An Overview", in Lee Eddy ed., *Export-Led Industrialisation and Development*, ILO Asian Employment Programme, Singapore.

Malaysia Productivity Corporation (2019), *Productivity Report 2018/2019*, Malaysia Productivity Corporation. Petaling Jaya, Malaysia.

Ministry of International Trade and Industry (Malaysia) (2108), *Industry 4WRD: National Policy on Industry 4.0*, Malaysian Government.

Rajah Rasiah (2011), "Industrialization and Export-led Growth", Institute of Strategic and International Studies (ISIS), *Malaysia Policies & Issues in Economic Development*, ISIS, Kuala Lumpur.

Rajah Rasiah, Vicki Crinis and Hwok-Aun Lee, (2015), "Industrialization and Labour in Malaysia", *Journal of the Asian Pacific Economy*, Vol.20, No.1.

Rodrik Dani, (2015), "Premature Deindustrialization", NBER Working Paper 20935.

World Bank (2015), *Malaysia Economic Monitor: Immigrant Labour*, World Bank, Kuala Lumpur.

第5章

外国直接投資と経済への波及影響
—外資企業の投資効果：日系企業のデータから—

堀　　史郎

はじめに

　外国直接投資が途上国の経済発展に寄与するかどうかは，途上国が持続的な経済政策を考えるうえで重大なテーマである。このテーマについてすでに多くの研究が行われてきたが，その結果は一定の合意を得られておらず，効果は必ずしも明らかになっていない。

　外国直接投資と経済成長の関係は，教育水準や経済規模等多くの要因があり，外国直接投資が一義的に経済成長に効果があるわけではない，と考えられている。アフリカを対象に外国直接投資と経済成長の関係を調べた結果，外国直接投資は産業化プロセスに全く貢献しなかった，というような論説もでている（Gi-Diby and Renard 2015）。国連は，2019年版持続可能な成長報告書で，中進国の経済成長は進んだが，最貧国の経済成長は進んでいないことを明らかにしている。同報告書では，地政学的位置（内陸国であること），国のガバナンス，汚職の有無，人的資本など多くの要因が経済成長に影響を及ぼすことを指摘している。このため，外国直接投資が一義的な経済成長要因にはならないことは推測できる。

　近年，マクロ統計の分析により，直接投資の成長や厚生に寄与する要因が分析され，発展段階に応じた誘致の時期や誘致した企業のタイプによって経済に与える影響が変わってくることが指摘されている（戸堂，2008，97頁）。外国直接投資の効果は，部品・原材料などの調達による後方連関効果や技術のスピルオーバーによる技術力の向上につながることが知られているが，単に外資を導入すればよいわけではなく，受け入れ国の技術レベルや産業のレベルによっ

て，効果が変わってくると指摘されている。

　そこで，本章では，日系企業のデータを使い，いくつかの産業において，雇用に伴う効果や地場企業からの調達がどのように異なるのか，について整理し，アセアンにおける外国直接投資の効果を分析する。まず第 2 節で投資の経済への影響について整理を行い，課題を提示したうえで，第 3 節でデータにより課題への回答を試みる。第 4 節は，第 3 節の結果からベトナムにおける示唆を考える。

第 1 節　外国直接投資と経済成長の関係

　外国直接投資の経済効果をマクロデータを使って調べることは，いままで，数多く行われた。しかし，こうした研究の結論は，相反する結果が得られており，これは，多様な受け入れ国の状況から直接投資が経済成長に必ずしも結びついていないケースもあり得ることを示している。

　直接投資の効果に影響を与える条件の 1 つとして，受け入れ国の条件，特に受け入れ国の人的資本が注目され，分析がなされてきた。しかし，人的資本の効果についてもその結論はまちまちである。人的資本が，国の成長に必要な要素であることは論を待たないが，既存の分析の一つの問題は，人的資本の代理変数として初等・中等教育を使っていることがあると考えられる。企業の生産活動に必要な人的資源は，学校教育のみによって醸成されるわけではなく，企業に入社，あるいは企業との取引によって醸成される OJT（On the job training）的な教育も非常に重要である。従って，人的資本の要素として，進出企業が行う人的資源育成をどのように推計するかが重要となる。もう一つの問題点は，産業別に人的資本の要求度が異なることである。繊維縫製に要する知識・技術レベルと精密機械に要する知識・技術レベルは異なるであろう。また，進出企業の求める人的資本のレベルは，産業のみならず，その生産形態（組立のみ工程か，多機能の工程か）によっても異なることが予想され，教育レベルで図られる人的資本が，必ずしも当該国の進出企業の経済効果に結び付いていないことを示唆している。

　各国の進出企業のミクロデータを使って調べる研究も，先進国のデータを中心に，TFP（Total factor productivity）などの指標を使い，成長への効果を測る分析がなされている。しかしながら，これらの計算の結果も相反したものが多く，また，定量的にどのような条件であれば効果的なのかは明確になっていない。この理由として，観察できない企業の固定効果が大きいとみなされている（戸堂，2008, 105頁）。

　こうした既存研究の結果から，マクロデータ分析の唯一の結論は，直接投資の経済効果は，技術吸収力の弱い途上国においては，ほとんどないというものである（戸堂，2008）。もし，これが正しければ，技術吸収力のない，後進国は永遠に直接投資の恩恵を受けられないことになるが，果たしてそうであろうか。直接投資の結果，だんだん技術レベルが上昇することがありうるのではないだろうか。それにはどの様な条件が必要であろうか。

　外国直接投資の経済効果は，理論的には，地場企業への部品・原材料などの発注による経済効果や技術移転効果が認められている。地場企業へ原材料や部品などを発注することにより消費者余剰の増加が生じ，後方連関効果があることが，Markusen and Venables（1999）によって示されている。また，こうした地場企業からの調達を通じて，進出企業から地場企業への技術指導が行われ，地場企業の技術力をあげる効果も生じる。こうした，外資からの技術移転効果は，Wang and Blomstrom（1992）によって，理論的に示されており，地場企業の技術吸収力は，外資と地場企業との品質競争によって加速されることが示されている。

　外国直接投資の効果が地場企業からの調達及びそれに伴う技術移転によって生じることは，産業連関表を用いた分析によっても明らかにされた（Javorcik, 2004）。すなわち外資の進出は産業連関によって，地場企業の育成になり，投資の経済効果に大きく貢献する。地場企業が育っていくことは，地場企業が人的資本の育成をはじめとする投資効果を大きくしていくことになる。Todo and Miyamoto（2002）は，社内研修を行っている外資企業では技術移転が進むことを示した。これは，進出した企業での社内人材の育成が重要な役割を果たすことを示している。それでは，外資企業の社内人材の育成がどのように地場企業への技術移転につながるのか。この問いに対して何らかの示唆をあたえ

る必要がある。

　そもそも直接投資の直接効果（雇用効果，設備投資効果，地場企業からの調達効果）については，定量的に測定可能であるが，その分析はあまりされていない。特に，雇用効果や地場企業からの調達については，産業別に異なることが予想され，産業別の分析が重要になる。さらに，産業が同じでも，製品製造過程における費用支出割合が異なることも予想され，当該国に与える経済効果の内容が異なってくると予想される。外国直接投資のミクロ分析の研究は多く行われているが，地場企業への部品や原材料などの発注や企業内の人材育成などのプロセスについては十分な分析がなされていない。

　次節では，この様な点について，経済産業省海外事業活動基本調査（2001～2015）によって，日本企業の産業別の投資に伴う効果の違いと時系列的な変化を見てみたい。

第 2 節　外国直接投資が経済に与える影響
―日系企業のデータから―

　外国直接投資の効果をみるための，雇用や地場企業からの調達のデータは，個々の企業の財務データなどから読み取ることが可能である。そのためには，企業の有価証券報告書などによって調べることができるが，外国直接投資を行った日本企業の財務データは，経済産業省海外事業活動基本調査にみることができる。この節では，同調査から，日本企業のアセアンへの直接投資が当該国に及ぼす直接効果を，人件費，設備投資額，現地調達額から調べる。

　人件費は，従業員に対する給与の支払いによって，雇用の増大と共に，給与が当該国の消費に回ることによって，経済効果が生じる。設備投資額は，直接的な投資効果となって示される。現地調達額は，現地企業に対する発注であり，後で述べるように，地場企業への発注機会が増えることは，それを通じた技術指導，品質管理など様々な支援が受けられ，サポーティング産業の育成につながる。

　なお，一般的には，直接投資の効果として，輸出や国内販売による当該国へ

の経済効果が測れるが，このうち，どの割合が投資受け入れ国に利益になっているかはわからない。しかし，給与や原材料費の支払いは，当該国の労働者や企業への資金の流れとなる。

　経済産業省海外事業活動基本調査（2015）によれば，日本企業の全世界向け直接投資で，売上高が高いのは，輸送機械 67 兆円，情報通信機械 14 兆円，化学 10 兆円，食料品 6 兆円，電気機械 6 兆円である。

　以下では，アセアン 4 か国（タイ，マレイシア，フィリピン，インドネシア）に対する日本企業の投資のデータを見ていく。

1.　売上高

　2015 年の売上高は，輸送機械 14 兆円，情報通信機械 2 兆円，化学 1.5 兆円，電気機械 1.4 兆円である。2001 年の数字は，それぞれ，2.4 兆円，2.8 兆円，5,700 億円，8,300 億円であり，製造業全体の売上が 8.7 兆円から 25 兆円に約 3 倍に増加している中で，輸送機械の売上高増加が著しいことが分かる。

2.　人件費

　人件費では，2015 年で，輸送機械 3,800 億円，情報通信機械 1,600 億円，電気機械 300 億円を支払っている。2001 年では，420 億円，760 億円，310 億円であり，13 年間で輸送機械，情報通信機械の人件費が大きく増加しているのに電気機械の人件費は横ばいである。

　図 5-1 は，業種別の人件費割合の変化を示したものであり，通信機械の人件費割合が高いことを示している。輸送機械は横ばい，電気機械は人件費割合が低くなっている。輸送機械，電気機械とも売上高は高くなっているため，売上高当たりの人件費の低下は，生産の自動化が進んだため売上高に比して雇用者の割合が低くなり，人件費が低くなっていると思われる。また，通信機械の人件費比率が年々高くなっている。雇用者数を見ると，2001 年から 2015 年に対して，輸送機械は 2.7 倍に増えたのに対し，情報通信機械は 2 割減，電気機械は 3 割減となっており，人件費と比べた 2001 年から 2015 年の賃金上昇率を見

図5-1　アセアン4か国における日系企業での人件費が売り上げ全体に占める割合の推移

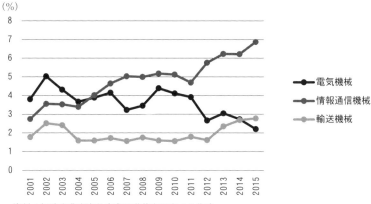

資料：経済産業省海外事業活動基本調査より作成。

ると，輸送機械が3.3倍，情報通信機械が2.7倍，電気機械が1.3倍に上昇している。

　これは，輸送機械では雇用者が大きく増え賃金も上昇しているため，人件費が大きく増大した。しかし，人件費比率は一定のため，制御など高度な技術を有する人員の割合が増えているものと思われる。情報通信機械では，賃金は上昇しているが，従業員数はむしろマイナスとなっており，人件費比率は上昇している。したがって，より高度なソフトウェアなどの人員が増えていると思われる。電気機械では，賃金の上昇はわずかであり，従業員数も人件費比率も低下している。したがって，ここは，単純に人員が削減されており，自動化が進んでいると推定される。

　このように，投資企業内での労働の質にも変化がみられる。この様な変化は，どう生じているのだろうか。社内研修によって，労働の質が向上した可能性，あるいは，新たに技術力が高い労働者を雇用した可能性がある。日本企業のOJTによる社内教育は，欧米企業におけるそれよりも高いといわれる（大内，2016）。日本企業における研修の機会は非常に高い。この点は次節でベトナム進出企業の事例で見てみる。

3. 設備投資

　設備投資額では，2015年に輸送機械5,300億円，情報通信機械1,200億円，電気機械400億円となっている。2001年には，それぞれ，820億円，1,100億円，420億円であった。輸送機械の設備投資が飛躍的に増えているのがわかる。売上高に占める設備投資額比率を見ると，輸送機械3.8%，情報通信機械6%，電気機械2.9%と情報通信機械の設備投資額比率が高い。

　ただ，設備投資は，国内外のどの企業に発注しているのか，数字が示されていないので，投資受け入れ国への資金流入額は不明であり，設備投資額が大きい産業が受け入れ国に利益をもたらす割合が高いとは断言できない。ただ，輸送機械の設備投資額がとびぬけて高いので，輸送機械の設備投資に伴う資金流入は大きいと思われる。

4. 現地調達額

　次に，地場企業からの仕入れの状況を見てみる。これによって，サプライヤーの構造の変化を見ることができる。

　図5-2は，アセアン4の産業別に全仕入高における地場企業からの仕入の割合を示したものである。アセアンにおいては，全製造業平均は3割であるが，食品，パルプ，生産機械などの比率は5割を超えて高い，低いのは鉄鋼，金属，業務用機械となっている。

　2015年のアセアン4の輸送機械，情報通信機械，電気機械を見ると，現地企業からの購入費は，輸送機械7.4兆円，情報通信機械6,800億円，電気機械4,700億円である。そのうち，地場企業からの購入費は，輸送機械3.6兆円，情報通信機械2,000億円，電気機械1,500億円である。

　図5-3は，アセアン4か国における日本企業の全仕入額に占める現地での仕入額の割合の推移である。これを見ると輸送機械における現地調達が高いことがわかる。通信機械における現地調達は低い。また，輸送機械の調達率が年々高くなっており，ローカルでの調達が進んでいることがわかる。仕入高／売上

図 5-2　アセアン 4 か国における日系企業での産業別の地場企業からの仕入の割合

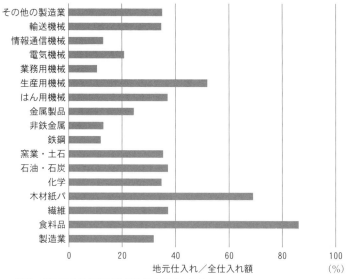

資料：経済産業省海外事業活動基本調査より作成。

図 5-3　アセアン 4 か国における日系企業での産業別の売上高に占める現地調達比率の推移

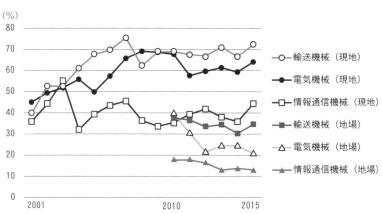

資料：経済産業省海外事業活動基本調査より作成。

高比率は輸送機械では増加しており（72%⇒74%），現地調達率も増加している（40%⇒72%）。これは固定費が減少し，オペレーションコストが増加し，現地の技術レベルが向上したためと考えられる。

　もっとも地場企業への発注比率を見るとやはり輸送機械で高いが，現地仕入割合70%に比べると地場企業からの仕入が30%台にとどまっている。輸送機械が，地場企業への発注率が高いということは，そうした産業が進出すれば，地場への発注の機会が増えるということになる。

5. まとめ

　現地仕入額による効果が大きい（輸送機械），人件費効果が大きい（輸送機械，情報通信機械），設備投資比率が高い（情報通信機器），と産業別に国の経済に与える影響は異なっている。受け皿となる現地企業の存在が外資の技術移転を促進するとする既存研究の結果に立てば，輸送機械の投資に伴う技術移転は大きなものとなると推測される。こうした地場企業への発注が増えることで，人的な素質の向上も図れ，それによって，人的資本の向上にもつながる。

　ちなみに，現地仕入れ額の効果が大きいのは輸送機械，人件費効果が大きいのは情報通信機械，ということは，アセアン4のみならず世界全体の日系企業データにおいても，同様の傾向がみられる。したがって，人件費，設備投資費，現地購入費，地場企業からの購入の比率は産業に固有のものであると推定できる。

第3節　外国直接投資の変化―ベトナムでの予想―

　前節では，データから産業別の経済への直接効果を概観し，その要因を推定した。本節では，外国直接投資の効果はどのように変化しているのか，ベトナムにおける企業事例から考察したい。

　図5-4は，ベトナムへ投資した日本企業の売上高の推移である。2000年以降，輸送機械の売上高が急増しているのがわかる。輸送機械は，地場企業への

図5-4　ベトナムにおける産業別の売上高

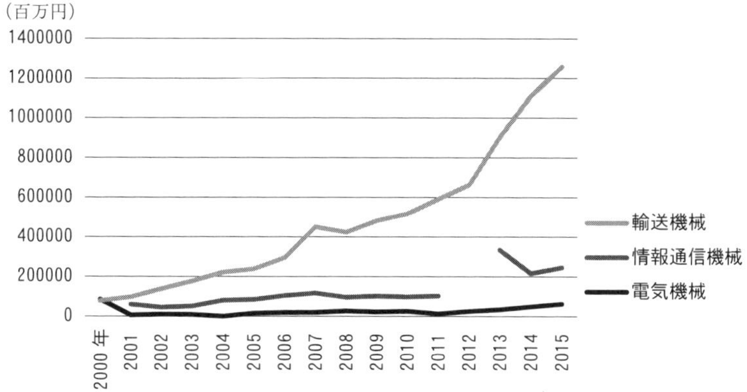

資料：経済産業省海外事業活動基本調査より作成。

発注が大きいことがアセアンのデータから推測できる。よって，ベトナムでも，今後，地場産業への発注が増えていくであろう。

　ただ，アセアン4の傾向とベトナムが違うであろうことが，情報通信機械の現地調達率であろう。アセアン4においては，現地調達率は横ばいかむしろ低下している。しかし，ベトナムではプリンターや通信機などの情報通信機器製品の工場進出が1990年代から急速に進んでいる。1995年に富士通がベトナムに工場を開設した。この製品は，2010年まで中国に輸出していた。サムスン電子は，2009年に携帯電話工場（第1）を建設した。電池生産のサムスンSDIも進出している。2013年3月には第2工場の建設にあわせて，同10月に部品工場も建設した，このようにサムソン電子の後方連関効果は大きくなったと思われる（国際貿易投資研究所，2018）。主要部品であるプリント配線基板は当初，中国から輸入したが，2014年，サムソンは，プリント配線基板工場をベトナムに作ることを決めた。このように，ベトナムの通信機器の現地調達率の向上は，今後，向上していく可能性がある。

　ベトナムの輸送機械のヒアリングを行った前田（2016）によると，輸送機械は，ローカル企業への現地調達の機会を提供している。また，オートバイ産業はローカル企業とのコスト競争の観点から，コスト上，現地調達を上げなければならいない状況にある。

　現在の，ベトナムの現地調達率は36.4％と，インドネシア（42％），タイ（57.2％），中国（66.3％）と比べるとまだ低い水準にある（ジェトロ，2018）。しかし，ここ5年間のベトナムでの現地調達率は13％上昇しており，上記の他の国よりも上昇率は高い。今後，ベトナム企業の現地調達率の更なる上昇のため，どのような技術移転や人的資本の向上が行われるのか，さらなる検証が必要である。

　こうした状況を踏まえ，投資受け入れ国は産業政策を行っていく必要がある。例えば，輸出型企業の誘致が奨励されるケース，特に輸出加工区のような進出企業が隔離されたケースにおいては，地場企業からの購入や技術移転が行われず，長期的な経済効果が生じない可能性もある。内需型の企業進出は，地場企業の市場を奪うマイナス効果があると指摘されていたが，地場企業からの部品や原材料などの購入や技術移転が進むのであれば，長期的には，受け入れ国の技術レベルの向上となって経済効果が生じる可能性が高い。そのためには，進出企業が OJT によって人的資本の拡大を支援すること，例えば，管理職クラスの育成を企業が図っていくことを奨励しなければならない。大内（2016）は，日本企業は欧米企業に比べて中間管理職の育成に積極的であることを示している。これは，他の国の企業が労働者と管理職を別採用するのに対して，日本企業では労働者の中から管理職を育てていくシステムがあるからである。大内（2016）が行ったベトナム企業へのアンケート結果によれば，社内管理職への登用（すなわち，社内での人的資本の向上）を図っている企業は，複合加工や精密加工，自動車製造である。こうした産業においては，労働者の問題意識，自意識意欲も高いことが示されている。企業でのアンケートでも教育方法として OJT が最も適していると示されている。こうした技術は学校教育では教えきれない事項であり，企業における OJT，研修などの重要性を示している（大内，2016）。

おわりに

　外国直接投資の経済に与える効果は，いまだ十分わかっていない。しかし，

近年の分析からは，投資企業の社内研修や地場企業のレベルが，経済効果を高くすることが示されている。もちろん，教育によって質の高い労働者を育成することは不可欠であるが，同時に，そうした労働者が能力を発揮し，さらなる技術の向上を図る機会を増やさなくてはならない。直接投資を経済成長につなげるためには，教育による人的資本の育成という受け入れ国の内生的条件のみならず，途上国への技術移転を促進する外生的条件，すなわち，受け入れ国の段階によった選択的な企業誘致や技術導入を積極的に奨励する政策が必要である。例えば，より地場企業の発注が高い企業を誘致すること，従業員教育としてのOJTを行うための企業の労働環境，などにも注目していくことが求められる。

　外国直接投資の直接的な効果として人件費（雇用），設備投資，地場企業への発注がある。特に，地場企業の育成は，直接効果の観点からも間接効果の観点からも重要である。産業別の分析から，輸送機械の地場企業からの調達率が高く，雇用効果は情報通信機械が高いなど，産業別の効果は違うことがわかる。また，産業によって求める人的資本の質も異なる。投資受け入れ国においては，こうした産業別の傾向を見ながら，誘致すべき産業選択を行っていくことが重要であろう。

謝辞：トラン・ヴァン・トゥ先生には，研究を行う上で，分析枠組みということを重視されていた。分析枠組みとは仮説とそれを裏付ける理論であり，それによって結論が一般化され有益な示唆になり得る，という研究者としてのあるべき姿を教えていただいた。また，安積敏政先生には，企業の行動を考える上で，企業の財務データから状況を読み取っていくことの大切さを教えていただいた。厚く，お礼申し上げる。

参考文献
（日本語）
大内寛子（2016）「日系企業での産業人材育成」前田啓一他編『ベトナムの工業化と日本企業』同友館。
経済産業省（2001-2015）『海外事業活動基本調査』。
国際貿易投資研究所（2018）『ASEANの新輸出大国，ベトナムの躍進課題と展望』。
ジェトロ（2018）『アジア，オセアニア進出日系企業実態調査』。
戸堂康之（2008）『技術伝播と経済成長』勁草書房。
前田啓一（2016）「ベトナム北部での進出日系企業の存立形態とベトナム地場企業の勃興」前田啓一他編『ベトナムの工業化と日本企業』同友館。
（英語）
Gui-Diby, A. L. and Renard, M. (2015), "Foreign direct investment inflows and the industrialization

of African Countries", *World Development*, Vol.74, pp.43–57.

Javorcik, B. S. (2004), "Does foreign direct investment increase the productivity of domestic firms? In search of spillovers through backward linkage", *The American Economic Review*, Jun. 94. 3, pp.605–627.

Markusen, J. R. and Venables, A.J. (1999), "Foreign direct investment as a catalyst for industrial development", *European Economic Review*, vol.43, No.2, pp.335–356.

Todo, Y. and Miyamoto, K. (2002), "Knowledge spillovers from foreign direct investment and the role of R&D activities: Evidence from Indonesia", *Economic Development and Cultural Change*, vol.55, No.1, pp.173–200.

Wang, J-Y. and Blomstrom, M. (1992), "Foreign investment and technology transfer: A simple model", *European Economic Review*, vol.48, No.4, pp.817–838.

第6章
社会の高齢化と東アジア

松本　邦愛

はじめに

　10年ほど前に日本との経済連携協定（Economic Partnership Agreement: EPA）に基づき，日本の看護師国家試験を目指して来日したインドネシアの人たちを支援していたことがある。彼女らは，国家試験に合格するまで，日本の病院で看護助手として就労するわけだが，彼女らが日本の病院で驚いたと話してくれたのは「病院がお年寄りだらけ」ということであった。2010年頃の日本の高齢化率（65歳以上人口割合）は23％ほど，当時のインドネシアの高齢化率が4.9％だったから，そう感じたのも仕方のないことかもしれない。しかし，国連の人口予測によれば，東南アジアの中でも人口構成が若いとされているインドネシアでさえ，2020年の高齢化率は5.9％となっている。推計ではインドネシアは2025年には高齢化率が7％を超え，高齢化社会（ageing society）に到達することが予想されている。東南アジアを含む東アジアの国にとっては，社会の高齢化は対岸の火事ではなく自分の国に近い将来起こることとしての実感が高まりつつあるといえよう。

　東アジア諸国は，近年目覚ましい経済発展を遂げてきた。アジアNIEsと呼ばれる国々は1970年代から，ASEAN諸国も1980年代から急速な工業化と高い経済成長率を達成してきた。これらの国に共通するのは，経済成長が製造業品の輸出によってもたらされたものであった点である。これらの目覚ましい経済発展には，「多産多死」から「少産少死」へ向かう人口転換の過程で生産年齢人口（15歳から64歳までの人口）の割合が上昇するいわゆる「人口ボーナス」の期間が大きな影響を与えたとする指摘がなされている[1]。経済発展の初期の段階で，豊富な労働力こそが労働集約財の国際的競争力を高めてきたので

あり，その輸出は経済発展の牽引役として大きな役割を果たしてきたのである。

　しかし，NIEsだけではなくいくつかのASEAN諸国でも，すでにその局面は終わりを告げ，現在では生産年齢人口の割合は下降局面に入ったものと考えられている。東アジアで現在進行している少子高齢化による生産年齢人口の相対的・絶対的減少は，社会の発展に対して二つの意味で大きな影響を与える。一つは，労働力の減少によってこれまでのように労働集約的な産業が競争力を保てなくなることである。製造業の多くは，15歳から64歳までの生産年齢人口の中でも比較的若い労働者を必要としており，機械によって代替できない工程も多い。少子化の影響で，こうした若年層のマンパワーが減ってしまうのであれば，産業構造の転換は急務となる。二つ目は，増加する高齢者を支えるための社会保障制度の整備が急務になることである。これまで経済成長のために用いてきた社会的資源の一部を，高齢者を支えるための仕組みに回さざるを得なくなり，経済成長にマイナスの影響を与える可能性がある。生産年齢人口が相対的に小さくなっていくのであれば，特にその社会的負担は大きくなる。

　本章では，このような人口動態の変化が，東アジアの社会・経済にどのような影響を与えるか，経済成長，社会保障の両面から検討することを目的とする。第1節においては，現在進行している東アジアの高齢化の様子を国連の人口データ・将来人口推計から概観する。東アジア諸国の高齢化の特徴は，他の地域に比べて高齢化の速度が極めて速く，それは少子化に原因があることを説明する。第2節においては，これまで東アジア諸国の経済成長を牽引してきた製造業に高齢化がどのような影響を与えるのか検討したい。一般に生産年齢人口とは15歳から64歳までの年齢の人口を指すが，製造業の現場で多量に必要とされる労働力は，この中でも若い労働力に偏っており，この若い労働力は少子化の影響で比較的早く減少が始まることを指摘する。第3節においては，高齢化で需要が高まる社会保障制度の現状について取り上げる。1970年代以降，社会保険等の福祉制度を十分に整えてきた国は世界的に見てもほとんどなく，公的医療保険の皆保険化を達成できた国も東アジア地域に偏っている。上昇する高齢化率に比して東アジア各国が現在どのような制度を整えているか，今後どのような方向に向かっていくかについて検討する。第4節は，こうした東ア

ジア諸国の間で行われている協力について触れる。特に，高齢化の最先端を行く日本と急速な高齢化に対する社会的不安が進展してきたタイの協力について取り上げる。日本においても，増加し続ける高齢者を支えて持続可能な仕組みを作るためには，これまでの社会保障のあり方では資源も足りなければ，人々の需要にもあっていないことになる。そのような日本と，社会資源が必ずしも十分とは言えない中で高齢化を迎え始めたタイとは共通点が多いことを指摘したい。

第1節　東アジアの高齢化の現状

　1970年代の東アジアは，日本を除けばみな若い国であった。平均寿命がそれほど長くなかったということもあるが，何よりも出産数が多く，人口構造はピラミッド型で，むしろ人口爆発が問題となるほどであった。しかし，それは1970年代後半から1980年代にかけての高度経済成長をもたらす豊富な労働力を準備し，労働集約財の輸出を通じた「アジアの奇跡」を実現する原動力となった。人口転換理論[2]では，社会の発展状況が進むにつれ，「多産多死」の状態から「多産少死」の状態へ，そして「少産少死」の状態へ転換していくとされる。東アジア諸国は経済発展により，第2段階の「多産少死」から第3段階の「少産少死」へ転換することに成功したといえよう。東アジア諸国はこの転換が他の地域に比べて大変早かった。しかし，それがゆえに急速な高齢化を迎えることになってきたのである。

　図6-1は東アジアの主要国の高齢化率（65歳以上人口の割合）がどのように変化してきたのかの推移，そしてこれからどのように変化していくかの将来予測を国連の World Population Prospects 2018 から中位推計でまとめたものである。現在，高齢化の先頭を走る日本ではすでに高齢化率が28%を超えていると推計され，世界でも最も高齢な国家となっている。しかし，日本の後を追っている他の東アジア諸国の高齢化のスピードは速い。日本は2007年に世界で初めて超高齢社会（Super-aged Society：高齢化率が21%以上の社会）[3]に突入したが，国連の推計では韓国は2027年に，シンガポールは2028年に，

図6-1：東アジア諸国の高齢化率の推移と将来推計

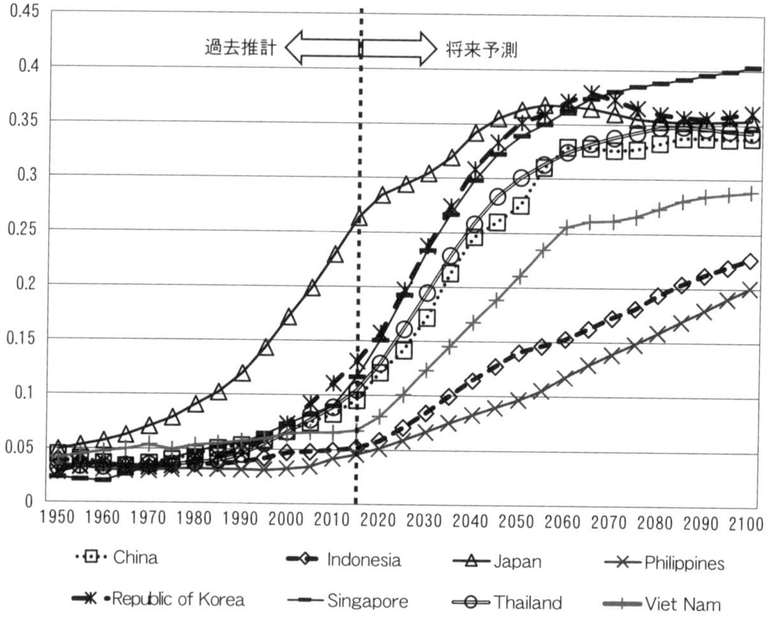

出所：UN World Population Prospects 2018 より作成。

　タイは2033年に，中国は2035年に，ベトナムも2050年に超高齢社会に突入すると考えられている．

　このように日本の後を追った急速な高齢化が進んでいる背景には，出生率の急速な低下がある。国連推計では，日本の2015年から2020年までの合計特殊出生率（Total Fatality Rate: TRF）[4] は1.37 であるのに対して，韓国とシンガポールは日本よりも低い1.11 と1.21，タイは1.53，中国は1.69，ベトナムでも2.06 にまで低下している。合計特殊出生率は15歳未満で死亡する女性の少ない先進国でも，およそ2.07 が「人口置換水準」（長期的に人口が一定となる水準）となっているので，上に挙げた東アジア諸国はすべて長期的には人口が減少することになる。経済発展とともに少子化が進むのはよく知られたことであるが[5]，東アジアの場合，この速度は他の地域と比較して極めて速い[6]。しかも，高齢化の先頭を走る日本よりも韓国やシンガポール，香港，台湾などの少子化の速度は速く，特に都市部における少子化が深刻である。

　このように少子化によって東アジア諸国の高齢化率は継続的に上昇しているが，高齢化率の上昇は当然ながら永続するものではない。日本では2055年頃に36.8％ほどでピークを迎えると考えられ，今後はピークに向かって高齢化率の上昇の速度が鈍くなることが予想されている。図6-2は日本，韓国，タイ，ベトナムを取り上げて，人口構成が今までどのように変化してきたか，これからどのように変化するかを比較した図である。4か国に共通するのは，人口構造の変化が始まるまで，年少人口（0−14歳人口）はおよそ40％，生産年齢人口（15−64歳人口）はおよそ60％，老年人口（65歳以上人口）はほとんどない状況で定常状態であったことである。さらに，将来的には，年少人口およそ15％，生産年齢人口およそ50％，老年人口およそ35％で新たな定常状態になっていくということも共通している。すなわち，現在の高齢化は古い定常状態から新たな定常状態までの「移行期」であるということが考えられる。高齢化の先頭を走る日本は，2050年頃に新たな定常状態に入るものと見込まれるが，他国も続々と新たな定常状態に突入するものと見込まれる。新たな定常状

図6-2：東アジア4か国の人口構成の変化

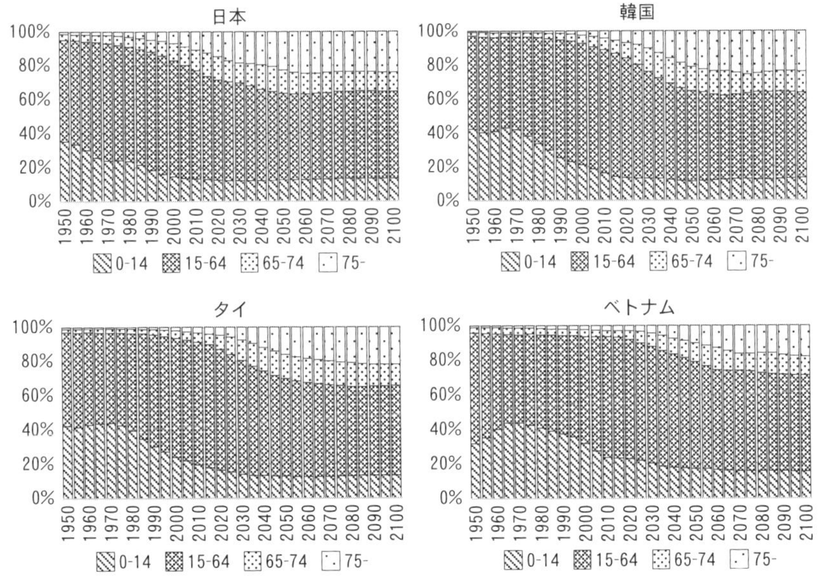

出所：UN World Population Prospects 2018より作成。

態では人口構造は一定となるので，社会・経済発展は人口ボーナス・オーナスの影響を抜け出ることになる。それまでの「移行期」の間に，人口構造の変化から社会・経済発展がいかなる影響を受けることが想定されるか次節以降で検討していきたい。

第2節　高齢化と製造業

　東アジアの経済発展は，豊富な労働力を背景に労働集約的な産業の発展，特に製造品の輸出の拡大を通じて達成されてきた。世界銀行の World Development Indicators によると，東アジア太平洋地域全体で1985年から2015年までに GDP は約3.6倍になっているが，輸出額は約7.2倍にまで拡大しており，輸出主導の経済成長が進んだことがうかがえる。さらに，輸出に占める製造品の割合は同時期に約60％から80％に拡大している。こうした製造業は多くの若い労働者を必要とするといわれている。

　もちろん，製造業といっても縫製業のような労働集約的なものから，化学工業のような資本集約的な産業まで様々な産業があり，そこで必要とされる労働力もさまざまである。必ずしも若い労働者だけが雇用されているわけではなく，一つの産業の中でも多様な年齢層の労働者が必要とされる。実際日本における産業別の40歳以下の人口の割合は，製造業に分類される様々な産業でばらつきがあるが，概ね30％から40％の範囲に収まっており，全産業の平均34.9％と大きく離れてはいない。しかし，東アジアのこれまでの経済発展は，まず労働集約的な製造業の発展から始まったものであるし，産業の高度化はそう簡単に達成されるものではない。少なくとも ASEAN 各国では，いまだに若い労働力を多量に必要とする労働集約的製造業の役割は大きいと考えられる。

　さらに，こうした労働集約的産業の特徴として，視力を要する業種が多いことが若い労働力の需要を生み出している。部品の製造などにおいて，細かな部品の手作業による製造には当然よい視力を持った若い労働力が必要であるが，たとえ製造自体は機械化されていてもできた製品の検品には多くの労働力が必

要であり，製品が精密であればあるほど，より細かな作業，よりよい視力が必要となっている[7]。

　しかし，東アジア諸国は出生率の低下が他の地域に比べても著しく速く進行しており，その結果，生産年齢人口のうち若い人口の減少が素早く進行することが懸念される。実際，15 歳から 29 歳までの人口は，絶対数で日本では 1975 年頃から低下傾向にあり，韓国，中国では 1995 年頃から，タイでは 2000 年頃から，ベトナムにおいても 2015 年頃から減少がすでに始まっている。このまま出生率の低下が続いていけば，東アジア諸国は「目の喪失」に直面せざるを得ない。

　東アジアでは，これまで多国籍企業が生産ネットワークを構築し，それによる企業内分業を推進してきた。各国はそうした生産ネットワークに参加することで経済発展を達成してきた[8]。まずは，生産ネットワークに参加できるように自国の産業を成長させ，さらにネットワークの中で独自の地位を占めることができるように産業を高度化させていくことが重要であることは広く指摘されてきたことである。各国の労賃の急激な上昇に加え，若年の生産年齢人口がすでに減少傾向にあるならば，各国は今まで以上に産業高度化に対しての圧力が高くなることになる。少なくとも ASEAN 先発国はこれまでのような産業構造からの転換を強く迫られることになるのではないだろうか。

第 3 節　高齢化と保健医療・社会福祉

　社会の高齢化が進んでいけば，社会的な関心は保健医療や社会保障に向かっていかざるを得ない。高齢者介護や年金の問題は当然として，保険医療サービスに対する需要も大きく伸びることになる。現在，日本の場合，65 歳以上の一人当たり医療費は 64 歳以下のおよそ 4 倍である。

　図 6-3 は世界銀行の World Development Indicators を使って，各国の高齢化率と GDP に占める医療費の割合をプロットしたものである。東アジアの国（ASEAN ＋日中韓）はドットを黒く塗りつぶしてある。黒い直線は回帰式を表し，世界平均を表している。世界全体でみれば，高齢化率と GDP に占める

図6-3 医療費と高齢化率

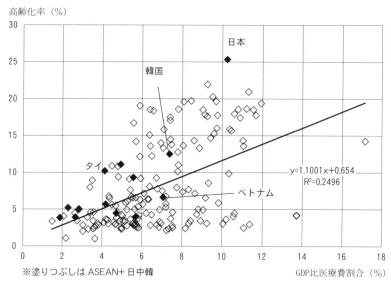

高齢化率（%）

※塗りつぶしは ASEAN＋日中韓

GDP比医療費割合（%）

出所：World Development Indicators 2018 より作成。

医療費の割合には緩い正の関係がみられるが，東アジア13か国中10か国で，世界平均と比して高齢化率の割には対 GDP 医療費が低いことが分かる。

　しかし，東アジアの諸国では高齢化に先立ち，公的医療保険の整備に努力してきた国は少なくない。欧米先進国では，1960年代までに国民皆保険（Universal Health Coverage: UHC）を達成した国がほとんどであるが，1970年以降に新たに UHC を達成した国は数か国にとどまっている。そのほとんどが東アジアの国であり，1961年に UHC を達成した日本を筆頭に，韓国（1989年），台湾（1995年），タイ（2002年）などが医療の国民皆保険化を達成している[9]。また，中国，インドネシア，ベトナムなどの国も UHC を目指しており，公的医療保険のカバー率は上昇している。

　このように医療に対するアクセスは東アジア全体で改善しているのであるが，介護に関してはまだ十分な制度が整っている国は少ない。現在のところ，公的介護保険の導入に成功しているのは，日本（2000年），韓国（2008年）だけであり，台湾は2019年度からの開始が見込まれていたが，7月時点ではま

だ開始されていない。公的介護保険は欧米諸国でも導入しているところは多くないが，東アジアの国，特に ASEAN の国では高齢化の進展が早いため，大きな関心は集めつつもまだ具体的な制度の検討に入っている国はない。高齢化の進展と社会環境の変化によって，近い将来何らかの「介護の社会化」が必要になるのは確かであろうが，介護の社会化は順を追って進展していく必要がある。最も高齢化の進んだ日本の場合を振り返ってみよう。

　日本の場合は，「介護の社会化」が必要になった原因には，① 世帯人員の減少，② 社会意識の変化，③ 都市化，などが考えられよう。日本では，従来高齢者介護は家族内で担当する傾向にあったのだが，戦後世帯数が一貫して増加してきたために世帯内の人員数が減少し，家族での介護が困難になってきた。1960 年には 1 世帯当たりの平均人員数は 5.5 人を超えていたのであるが，2015 年時点では 2.5 人を切っている。5 人家族で仮に 1 人が要介護状態になっても，家族間の協力で介護は成立するかもしれない。しかし，世帯人員が 3 人では介護を担当するものの負担は重く，最悪「介護離職」と呼ばれる状況になる可能性もある。さらに，高齢者夫婦世帯，高齢者単独世帯も 2015 年時点でそれぞれ世帯の 9.8 ％，11.1 ％を占めており，家族での介護が不可能な状況となっている。また，子供が年老いた親の面倒を見なければならないという社会意識も薄らいできているといわれる。しかし，実際親の平均寿命がどんどん延びる中では，いくら子供が親の面倒を見たいと思っても，負担を負いきれない状況になっていると考えられる。さらに，大都市への人口の集中が進めば，世帯当たり住居の面積も狭くならざるを得ず，家庭で介護をすることがどんどん困難になってきている。このようなことが背景となって，家族だけで高齢者を見るのではなく，社会全体で見ていくといった「介護の社会」が進展してきた。現在の東アジアの国でも日本が経験してきたこのような社会変化はすでに起こりつつある。「介護の社会化」の要請は以降さらに大きくなるものと考えられる。

　日本で公的介護保険制度ができたのは 2000 年であるが，介護保険導入に向けた環境の整備はもっと前から進展してきた。1989 年には当時の大蔵省，厚生省，自治省の合意で高齢者保健福祉推進 10 ヵ年戦略（ゴールド・プラン）が開始されている。この中で，特別養護老人ホーム整備，ホームヘルパー・デイサービス・ショートステイの整備など，施設と介護人材の確保が進められて

きた。1989年時点では日本の高齢化率は11％を超えるくらいであった。現在，タイなどはすでに高齢化率がこの水準にあると考えられる。ゴールド・プラン開始後，1994年には高齢化の速度が予想より早かったために，訪問看護ステーション5,000箇所設置，ホームヘルパー17万人確保など具体的な数値目標を設定した高齢者保健福祉5ヵ年計画（新ゴールド・プラン）が開始された。ここで，介護保険導入に耐えうるような施設数と介護人材の確保が行われたのである。

　2000年に介護保険が導入され「介護の社会」が達成されたものの，日本ではその後若干の揺り戻しが起きた。介護保険導入当初の介護保険給付費は，3兆2,430億円程度だったもののその後継続的に増大し，2016年時点では9兆2,290億円にまで達している。わずか15年で2.8倍にまで拡大したのである。しかも，ゴールド・プラン，新ゴールド・プランで整備したはずの施設も慢性的に不足状況に陥った。そこで，2014年には医療介護総合確保推進法が成立し，医療・介護両方を確保するために，入院から在宅への流れの中で在宅医療の充実を図るよう，地域包括ケアシステムを構築することが謳われた。地域包括ケアシステムは，各地域に住んでいる高齢者が，住み慣れた地域で自分らしい生活を人生の最後まで持続できるように，介護や医療，さらには住まいや生活支援といった，高齢者を支えるサービスを一体的に提供するシステムと厚生労働省は説明している。しかしこの計画は，国が主体となって各地で同じシステムを構築しようとするのではなく，地方自治体に介護サービスの主体を委ね，各自治体の状況にあったシステムを構築してもらうことに特徴がある。自治体によって様々な「地域包括ケアシステム」が存在するわけである。

　このように，高齢化が最も進んだ日本が経験したのは，高齢者の保健医療・社会福祉は家族を主体としたシステムでも成り立たず，完全に社会化することでも成り立たないということである。両方のバランスをとって，高齢者が実際に住んでいる社会全体で支えていくシステムが設立されなくてはならないということであろう。こうした日本の経験は，これから高齢化を迎え，高齢者を支える新たな保健医療・社会福祉を整えなくてはならない東アジアの各国にとって大いに参考になる経験と考えられよう。

第 4 節　日本とアジアの協力

　前節では，日本においても高齢者を支えるための社会システムは試行錯誤を
繰り返し，現在も模索が続いていることを見たが，こうした日本の経験を生か
した国際協力が行われている。ここでは，タイと日本との協力を取り上げた
い。

　高齢社会に対しての社会システムの整備に関する国際協力は，日本がこれま
で行ってきた，いわゆる「ハコモノ」援助とも技術供与とも異なる新しいタイ
プの国際協力といえよう。なぜならば，日本が与えたり，教えたりできるもの
ではなく，その国・地域の実情に合わせて日本の経験を参考としつつもその
国・地域独特のシステムを構築していかなければならないからである。

　日本の国際協力事業団（JICA）はタイの保健省，社会開発・人間安全保障
省，地方自治体等と協力して，2007 年からタイの高齢者のためのプロジェク
トを行っている。2007 年から 2011 年までは，「コミュニティにおける高齢者
向け保健医療・福祉サービスの統合型モデル形成プロジェクト」(Project on
the Development of a Community Based Integrated Health Care and Social
Welfare Services Model for Thai Older Persons: CTOP)，2013 年から 2017 年
までは，「要援護高齢者等のための介護サービス開発プロジェクト」(Project
on Long-term care service development for the frail elderly and other
vulnerable people: LTOP)，そして 2017 年からは「高齢者のための地域包括
ケアサービス開発プロジェクト」(Project on seamless health and social
services provision for elderly persons: S-TOP) が実行されている。この一連
のプロジェクトが始まった 2007 年のタイの高齢化率はおよそ 8 ％であったが，
2018 年の高齢化率は 12 ％と推計されており，プロジェクトが行われている間
にも高齢化は急速に進行してきている。それに呼応するように，タイの高齢者
ケアのシステムは着実に根付いてきていると考えられる。

　CTOP が始まった時，タイの社会保障制度は非常に脆弱なものでしかなく，
来るべき高齢社会を迎えるには心もとないものであった。その中で，CTOP

は4つのパイロット・プロジェクト・サイトを設け，まずサイトの高齢者の状況や何が問題なのかをアンケート調査等を通じて明らかにしつつ[10]，活用できる資源として地域のコミュニティや，地域にいる保健ボランティア（保健省管轄）や高齢者ケアボランティア（社会開発・人間安全保障省管轄）を見出して，パイロット・プロジェクト・サイトごとに高齢者支援のシステムの構築を目指した。サイトごとにシステムの形が違うのは，その地域で最も重要と思われる課題が異なり，利用できる資源も異なるためである。また，プロジェクト名に「統合型」とあるのは，複数省庁及び地方自治体が参加するプロジェクトであり，保健医療と社会福祉，行政と住民が一つになって取り組むということを意味している。

　CTOPではコミュニティでの活動をベースに主として予防に力を入れた活動が多かったが，CTOPの後を継いで始まったLTOPでは要介護高齢者に主体が移った。要介護高齢者に対してのサービスの提供は，さすがにコミュニティ・ベースだけでは限界があるので，制度的に整った公的サービスとしての介護のモデル・ケースを作ることが目指された。プロジェクト・サイトも6か所に拡大し，持続的なモデル・サービスの提供を目指しながら，ケア・ワーカーとケア・コーディネーターの養成も図られた。この活動は，規模も予算も違うが日本が経験した介護保険導入前のゴールド・プラン，新ゴールド・プランの活動と共通するものがある。コミュニティだけでは賄いきれないケアを一部社会化していく活動であると考えられるだろう。このプロジェクトの進展と並行して，タイではケア・ワーカーとケア・コーディネーターの養成が進み，現在では近隣諸国から視察が来るまでに至っているという。

　このような動きを受けて現在進行中なのがS-TOPである。メイン・サイトだけでも8か所にまで拡大した。S-TOPはプロジェクト名の中に「地域包括ケアサービス」と入っている通り，現在日本の自治体で進行している地域包括ケアシステムの構築と類似している。急性期の疾病で病院に入院して治療を受けた高齢者が，その後どのようにリハビリを受け，どのように施設もしくは自宅に帰り，どのように介護を受けるかという流れは共通している。日本の場合は，介護の社会化がある程度まで進んでから，揺り戻し的に地域，コミュニティを含むようにシステムが再構築されてきているのであるが，タイの場合は

制度も資源もほとんどない状況から初めて，ある程度の公的サービスと地域，コミュニティを生かしたシステムを構築するようになってきており，到達地点は非常に似通ったシステムになってきている。これは，日本がタイに知識や経験を供与するだけではなく，タイ側からも学ぶことができることを意味している。実際，日本の厚生労働省のホームページには，各地方自治体の地域包括ケア実践事例が多く掲載されている。この中に，タイの地方自治体での事例が掲載されても違和感はないだろう。むしろ，医療資源の少ない日本の地方自治体は，同じような状況のタイの経験から学ぶことが多くあることが予想される。

　実際，JICA のプロジェクトとは異なるが，NPO 法人が仲介役となって，タイの地方自治体が日本の地方自治体と直接協力する例も出てきた。2019 年 7 月には，神奈川県湯河原市が，NPO 法人野毛坂グローカル（奥井利幸代表）を仲介にタイ国パトムタニ県ブンイトー市と直接「相互協定に関する覚書」に調印した。情報共有を図ることで，地方自治体同士が相互の試みから学びあうという画期的なものである。今後の進展が注目される。

　また，JICA のプロジェクトはタイだけではなく，他の東アジア諸国からも注目を受けている。タイでの成果を受けて，ベトナムがプロジェクトに関心を示しており，S-TOP プロジェクト関係者がベトナムで説明会を行うことが決まっているという[11]。高齢者を支えるシステムの構築ということは東アジア共通の課題であり，これからより多くの東アジア諸国間での協力が期待されるところである。

終わりに

　東アジア諸国は，1980 年代半ばより国際貿易の拡大，多国籍企業の自由な活動による生産ネットワークの拡大によって未曽有の経済発展を遂げてきた。いわば市場による統合（market-led integration）であり，事実上の経済統合（de facto integration）が進んできたわけである。その結果人々の生活水準は改善し，栄養状態や環境の改善など様々な要因によって平均寿命が伸びてきた。その一方，出生率は急速に低下し，東アジア地域は人類史上未曽有の社会

の高齢化を迎えるに至っているわけである。

　社会の高齢化は，検討してきたように経済成長にはマイナスの影響を与える
かもしれない。しかも，多くの高齢者を支えるためには社会システムの根本的
改革が行われなければならず，今までに成功モデルがない問題に向かい合わな
ければならない。

　しかし，東アジア地域の各国が持つ課題は共通しているので，そこに協力の
大きな可能性が残っているといえる。日本は最も高齢化が進んだ国であるが，
その日本でも課題を解決できたわけでなく，他の国から学ぶこともできる。こ
れからの日本は高齢化に対する政策がどのような議論を経て成立（または頓
挫）し，どのように工夫してきたかのプロセスを書き留めて東アジア諸国と情
報共有し，ともに協力をすることで大きな国際貢献ができる余地があるといえ
るのではないだろうか。

注

1　人口ボーナス論は，大泉（2007）第2章「経済発展を支えた人口ボーナス」に詳しい。
2　人口転換，疾病転換，経済発展などを複合的にとらえて，「健康転換」とする見方もある。詳し
　くは，長谷川（1999）参照。
3　高齢化率が7％を超えると高齢化社会（Aging Society），14％とを超えると高齢社会（Aged
　Society）と呼ばれる。高齢化社会から高齢社会に至るまでかかった年数が倍加年数。
4　一人の女性が一生の間に出産する子供の数の平均値。
5　H. Leibenstein（1974），G. S. Becker（1960）等参照。
6　例えば，同データによる欧米諸国の2015-2020のTFRは，アメリカが1.78，カナダ1.53，ドイ
　ツ1.59，フランス1.85，スウェーデン1.85，イギリス1.75と東アジア諸国よりは大きい値を示して
　いる。
7　筆者が行ったベトナム，タイでの聞き取り調査によれば，検品は製品の品質を保つのに高い重要
　性を持っており，しかもそのために多くの若い労働者が必要となるということであった。
8　例えば，トラン・松本（2010）等参照。
9　シンガポールは賦課方式の保険制度はないが，中央積立基金と呼ばれる個人単位の積立保険制度
　があり，事実上UHCを達成している。
10　筆者は2008～2011年に短期専門家としてCTOPに参加し，アンケートの作成・分析等に携わっ
　た。
11　JICA・タイ国地域包括ケア開発プロジェクトチーフ・アドバイザー小出顕生氏へのヒアリング
　調査による。

参考文献
（日本語）
大泉啓一郎（2007）『老いてゆくアジア―繁栄の構図が変わるとき』中公新書。
長谷川敏彦（1999）「日本の健康転換とこれからの保健医療システム」石川昭・奥山眞紀子・小林敏

孝編『サイバネティック・ルネサンス——知の閉塞性からの脱却』工業調査会。

トラン・ヴァン・トゥ／松本邦愛（2010）「世界経済危機と東アジアの貿易」馬田啓一・木村福成・田中素香編『検証・金融危機と世界経済　危機後の課題と展望』勁草書房。

（英語）

Becker, G. S. (1960), "An Economic Analysis of Fertility", National Bureau of Economic Research, *Demographic and Economic Changes in Developed Countries*, Princeton, N. J., Princeton University Press.

Leibenstein, H. (1974), "An Interpretation of the Economic Theory of Fertility: Promising Path or Blind Alley?", *Journal of Economic Literature*, Vol. XII, No.2, June.

第7章

経済発展とサーキュラーエコノミー

橋　　徹

はじめに

　近年，サーキュラーエコノミー（Circular Economy，以降 CE）という考え方が，持続可能な経済発展を検討する上で重要な概念のひとつとなりつつある。従来から日本では，循環型社会形成を環境政策上のテーマとして各種のリサイクル法を整備・運用してきた。従来の循環型社会がマテリアルの循環を中心とした社会システムであるのに対し，CE は，社会全体の資源効率性を高めるために，所有から共有，製品ではなくサービス機能の提供，あらゆる製品，部品，素材，資産の循環的な利用，環境設計といった革新的な取り組みを包摂した経済社会像である。

　EU では，CE の実現を EU 経済の 2030 年に向けた成長戦略として位置づけ，2015 年には CE パッケージが公表されている。その目的は，国際競争力の向上，資源枯渇や資源価格の変動による経済への悪影響の防止，新規ビジネスや雇用の創出，廃棄物発生の最小化などであり，環境保全や資源確保を通じた経済政策となっている。

　途上国においても，大量生産・大量消費・大量廃棄型の経済発展パターンから持続可能な発展パターンへの転換が課題となっている。途上国では，先進国よりも工業的な製品の希少性が高いために，製品や部品，素材の価値をより長く保持しようとする。したがってリユースやリサイクルは経済的な合理性のもとに進められており，相当な規模の市場と雇用がある。つまり，途上国経済の中には，既に CE 実現の芽があるといえる。しかし，現状ではその質が問題である。途上国では，リサイクルや適正な廃棄物処理に関する制度，技術，産業が不充分であるために，不適正な処理が横行し，汚染や健康被害が生じてい

る。本章は，途上国において，こうした問題の克服を通じた，健全な CE の発展プロセスの分析と考察を行うものである。特に，CE の要素の中でもリサイクルセクターに焦点を当てた分析を行う。

第 1 節　経済開発におけるサーキュラーエコノミーの意義

1. 経済発展の基盤としての CE

　CE は従来の循環型社会よりスコープの広い考え方である。循環型社会は，物質循環について 3R（Reduce, Reuse, Recycle）という視点を取り入れ，特にリサイクル機能を強化してきた。CE は，リサイクルに加えてその上流工程での対処として，環境配慮設計，製品使用の長寿命化，製品のサービス化，シェアリングなどを重視し，その実現のために 5R（Reuse, Repair, Redistribute, Refurbish, Remanufacturing）に関連する産業の重要性を強調している。さらに，こうした取り組みをサプライチェーン全体で取り組むことで競争力強化や雇用創出を図る経済政策となっている。

　製品使用の長寿命化とは，製品の細かな修理（Repair）や，製品を分解して，再販（Redistribute）されたリユース部品やリサイクル素材を活用し機能を維持する（Refurbish）ことで実現する。さらには，製品を完全に分解して，リユース部品やリサイクル素材を活用して機能を元の製品以上に更新する（Remanufacturing（再製造））。例えば自動車メーカーのルノー，重機メーカーのキャタピラ社，航空機エンジンンメーカーの GE やロールスロイス，印刷機器メーカーのリコーなどは，リユース部品やリサイクル素材を利用して製品の機能維持や再製造を行っている。製品のサービス化とは，製品ではなく必要とするサービスを提供するという考え方である。例えば，ミシュランは，タイヤを製品として販売するのではなく，走行距離に応じて課金し，5R の取り組みにより常に一定のタイヤ性能を維持するサービスを提供している。フィリップスは，顧客の工場やオフィスに対して，5R の取り組みにより最適コストでの照明を維持するサービスを提供している。シェアリングは，自家用車をタク

シーとして，自宅の空き部屋を宿泊施設として，ビルの空き部屋を会議室として活用するなど，未稼働の製品や資産を多数の利用者で共用するサービスである。いずれもタイムリーな修理や部品交換，需給マッチングを行うために IoT の果たす役割が大きい。以上のような革新的なビジネスモデルを導入することで，従来のリサイクル産業に加えて，5R に関連した付加価値の高い経済活動が創出されることを想定している。

　さて，CE は，途上国の経済発展においてどのような意義があるのだろうか。まず，CE の取り組みは資本が減価する速度を抑制することに通じることから，資本の蓄積速度が高まることが考えられる。また，途上国では，所得水準が低い段階では，新製品やバージン資源よりも安価な中古製品やリサイクル資源に大きな需要がある。実際に，中古製品や部品，リサイクル資源に関する市場が相当な規模で存在し，関連する産業として，回収業，修理業，解体業，リサイクル業，流通業などがある。つまり，途上国では，CE 実現の芽となる活動が，既に経済合理性のもとに展開されているのである。特に先進国の工業製品を取り扱う修理業や解体業は，技術の浸透や学習という点で重要な存在であり，工業化のための能力形成に向けて適正に育成を図る必要がある。また，リサイクル産業は，自国の素材産業がより安価なリサイクル資源を調達し，資源を海外から調達することによる資本流出を防ぐという機能も果たす。さらに，現状の途上国の CE に関連する産業が労働集約的であることから，相当な規模での雇用を創出しているのである。以上のような関連産業を健全に育成することで，製品の長寿命化や製品のサービス化，シェアリングといった市場も成長していく。CE は，製品や資産，素材の稼働率を高める取り組みであることから，物質的な豊かさが過剰となった先進国の景気対策と見ることもできるが，同時に，これから物質的な豊かさを追求する途上国の資本蓄積や生産性を高める方策としても重要なのである。

2.　途上国における CE の問題点

　途上国における現状の CE には大きな問題点がある。それは，途上国の CE がインフォーマル経済であり，零細な経営主体が太宗を占め，十分な資本や技

術を有していないことである。その結果，廃棄物の回収や廃棄物からリサイクル資源を抽出する作業などで，環境汚染や健康被害が生じている。また，貧困層が中心であるために児童労働が発生している。以下に，こうした問題が深刻な使用済みの電気・電子機器（e-waste）の問題構造を示す。

　e-waste には，資源として価値のある金属類が含まれる。例えば，PC には，金，銀，銅，鉄，アルミニウム，タンタル，インジウムなどがある。一方で，重金属などの有害物質も含まれており，途上国では，廃棄物の不法投棄や不十分な技術や装備による処理により，汚染や健康被害などが生じている。

　途上国における e-waste の処理の流れと主なアクターを図 7-1 に示した。使用済みの家電製品やコンピュータ，携帯電話などとして排出されたものをウェイスト・ピッカーと呼ばれる回収人が，各戸や企業などを訪問して回収する。各家庭や企業は，使用済み製品や廃棄物をウェイスト・ピッカーに引き渡すことで現金収入が得られ，また，それらの廃棄物を適正に処理する時間と費用を省くことができる。ウェイスト・ピッカーは，回収物を仲買人に引き渡し，仲買人から修理・改造業に引き渡され，修理・改造後に中古品市場を通じて再利用される。それ以外の回収物は，解体業に引き渡される。解体業では手による解体がほとんどであり，十分な装備がないために事故や怪我などが生じやすい。そして分別・解体された部品や素材がリサイクル事業者に引き渡される。リサイクル事業者は，回収物からプラスチックや鉄，銅，アルミニウム，

図 7-1　途上国における資源循環の流れ（e-waste を主な例として）

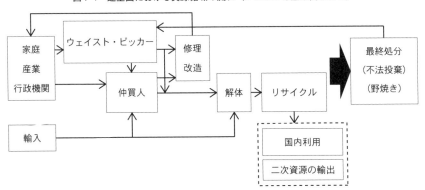

出所：Skinner et al. (2010) の図を踏まえて筆者作成。

その他貴金属などの素材を抽出しリサイクル資源として，国内での利用や海外への輸出が行われる。このリサイクル事業者もインフォーマルな零細事業者である場合が多く，十分な装備や設備，技術を有していない。例えば，廃ケーブル内の銅線を抽出するための野焼き，プラスチックの直接溶解，酸を使ってプリント基板から金属を抽出，ハンダ付け溶解などの作業によって，有害物質や汚染物質が環境中に放出され，健康被害や汚染の発生リスクを高めることになる。

　修理・改造や解体，リサイクルの過程で生じた残渣，あるいは各発生源からの直接的な投棄物が最終処分場に集積する。最終処分場は，オープンダンピング（野積，投棄）状態である。最終処分場では，さらに有価物を拾い出すためにウェイスト・ピッカーが集まり，劣悪な環境下で居住している場合もある。残渣中にも重金属などの有害な物質が含まれ，最終処分場からの浸出水に有害物質が混入することで，周辺環境の汚染や健康被害が生じる。以上の整理の中で登場した，ウェイスト・ピッカー，仲買人，修理・改造業，解体業，リサイクル業者は全てインフォーマルセクターであるが，国によっては例えば行政による認定事業者などフォーマルな主体として存在する場合がある。しかしその数は相対的には少なく，存在したとしても，汚染処理コストなどを負担するフォーマルな主体よりも，そうした処理を行わないインフォーマルな主体の価格競争力が高いために，フォーマルな主体が増加しない。

　以上が途上国の国内で発生する e-waste の流れであるが，これに先進国からの中古品の輸入や e-waste の偽装貿易による輸入の流れが加わる。その一部が先に示したインフォーマルなリサイクル流通に流れる。

第 2 節　健全なサーキュラーエコノミーの発展を阻む要因

1.　二重経済構造がもたらすインフォーマル経済

　以上の問題の背景として，途上国の発展過程における二重経済構造という状況下で都市貧困層が発生するという現象がある。途上国におけるインフォーマ

ルセクターの発生メカニズムに関する理論的枠組みを示したのが Harris and
Todaro（1970）である。都市部門と農村部門の二重構造のもと，都市部門の
賃金率は農村部門の賃金率よりも高く，この賃金率格差によって農村部門から
都市部門への労働移動が生じる。しかし，都市部門の賃金率がかなり高いため
にその雇用力も限られており，農村部門からの過剰な移入によって失業が発生
する。そこで，農村部門からは失業の可能性も含めた期待賃金率と農村部門で
の賃金率との格差によって労働移動が行われる。しかし，実際の都市部門の賃
金率で雇用できる労働力と，期待賃金率をインセンティブとして農村部から流
出した労働力の差が失業となってしまう。図 7-2 に，各国の非農業セクターの
従業者に占めるインフォーマルセクターの従事者割合と，一人当たり GDP と
の相関図を示す。これらの 2 つの指標間にはある程度の相関がある。その傾向
は，所得水準が低い国ほどインフォーマルセクターの従事者割合が高くなると
いうものである。つまり，工業的な発展の初期段階では，Harris and Todaro

図 7-2　各国の非農業部門におけるインフォーマルセクター従事者割合と所得水準

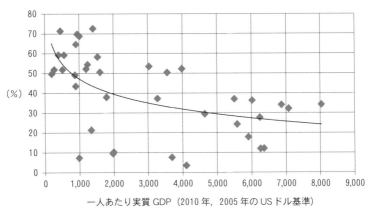

一人あたり実質 GDP（2010 年，2005 年の US ドル基準）

推定式

$Y = -11.08 \mathrm{Log}（X）+123.75$，$R^2 = 0.309$

Y ＝非農業部門におけるインフォーマルセクター従事者割合（％）

X ＝一人あたり実質 GDP（US ドル）

Log（X）の係数の P-値＜0.01，切片の P-値＜0.01

出所：インフォーマルセクター従事者割合は ILO（2013），各国の一人あたり実質
　　　GDP（2005 年の US ドルを基準とした 2010 年の値）は World Bank。

（1970）が示す都市部門と農村部門間の賃金率の格差が大きく，都市部を中心にインフォーマルセクターも発生しやすいことが確認できる。

2. インフォーマルリサイクルセクターの基本的な内部構造

　リサイクルセクターの関連主体については，各国で各段階の様々な名称がつけられているが，基本的には，廃品回収人（ウェイスト・ピッカー），中間流通業，再生事業者（リサイクル事業者）に区分できる。Chi et al.（2011）は，最終処分場での廃品回収人，街路での廃品回収人，中間流通業の順にインフォーマル度が高い傾向があることを分析している。特に廃品回収は社会的地位が弱く，仲買人とのパトロン・クライアント関係から貧困の温床になることが主な問題である。中間流通業は，リサイクル資源の流通を司る主体として，インフォーマルリサイクルセクターの中でも最も影響力のある主体である。しかし，回収人とのパトロン・クライアント関係や，同業者間での新規参入排除のためのレント追求などによって，インフォーマルセクター内の社会分断や市場の非効率化を助長していることが問題である。再資源化，再製品化については，不適正な処理技術や不十分な装備による作業により，汚染や健康被害リスクが高いことが問題となっている。

3. 日本の経験

　日本にもかつてインフォーマルリサイクルセクターが存在していた。藤井・平川（2008）は，日本の廃棄物収集の形態変容とリサイクル産業近代化の歴史的分析において，インフォーマルなウェイスト・ピッカーが消滅したのは，日本の高度成長によってリサイクル資源の価格が低下したこと，転業機会の増大により機会費用が上昇したことなどの点をあげている。こうした条件により，インフォーマルなウェイスト・ピッカーが減少したのは 1960 年代中頃からであるという。ところで，日本におけるルイス・モデルの転換点，すなわち労働力の分配が限界原理で決定される経済への転換点は，南（1970）の分析によれば 1960 年前後である。当時の日本の一人あたり実質 GDP は 7,079US ドル

（2005 年の US ドル基準），都市人口率が 63 ％，製造業の GDP 構成割合が
34.6 ％である。吉川と宮川（2009）によれば，1950 年～1960 年は高度成長の
第一期であり，テレビ，電気洗濯機，冷蔵庫など耐久消費財が普及していった
時期でもあった。また，鉄鋼業における技術革新と耐久消費財に対する需要の
爆発的な増大を反映し，一次金属・機械産業に傾斜した成長がみられたとして
いる。つまり，日本の経験をふまえると，全ての部門で労働力の分配が限界原
理で決定される経済へと転換すること，そして転換以降にも近代部門を中心と
した経済発展が持続することが，インフォーマルなリサイクルの根本的な解消
に向けた必要条件であると考えられる。

　以上のように，インフォーマルリサイクルは，長期的には経済発展によって
消滅する可能性があるが，実際には，先進国として高度成長を遂げた国よりも
低・中所得国として留まる国の方が圧倒的に多い。中所得国でも発展が長期に
わたって停滞している場合には，インフォーマルリサイクルセクターの存在も
長期にわたっている。

第 3 節　経済発展段階別のサーキュラーエコノミーのリスク

　第 2 節をふまえて経済発展段階別の CE のリスクに関する仮説を設定した。
図 7-3 はトラン（2016）が経済発展段階を市場経済の発展過程との関係から 4
段階に区分することを提示したものに，各段階におけるインフォーマルリサイ
クルセクターの状況を加えたものである。

1. インフォーマルリサイクルセクターの拡大

　工業化の進展とともにハリス＝トダロ・モデルが示すメカニズムによって都
市失業が発生し，参入障壁の低いインフォーマルリサイクルセクターが拡大す
る。インフォーマルリサイクルセクターの形成期は，図 7-3 の AB の後半から
BC の初期段階に対応する。BC から CD にわたり増加期であり，BC は急増
期，CD は増加率が逓減する期間である。トラン（2016）は，BC から CD に

図表 7-3　経済発展段階別の都市インフォーマルリサイクルセクター

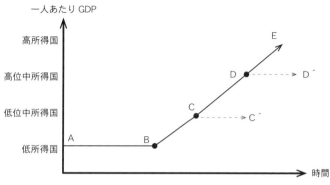

	経済発展段階	インフォーマル リサイクルセクター	分析対象国
AB	伝統社会，貧困の悪循環	形成期	
BC	経済発展の初期段階 市場経済の段階的形成 貧困からの脱出	増加期 （急増）	ナイジェリア ガーナ
CD	経済発展の進展 （低位から高位中所得国へ） 市場経済の進展 ルイス転換点（D）	増加期 （増加傾向の逓減）	中国 （D に近い，あ るいは D を越 えている）
DE	高所得国への持続的発展	減少・消滅期	
CC'	経済停滞（低位の中所得国の罠）	定常化	
DD'	経済停滞（高位の中所得国の罠）	定常化	アルゼンチン

出所：図の概念提示及び経済発展段階の基本的な定義はトラン（2016）による。

わたる期間を市場経済が機能するための制度やインフラが構築される期間であるとしている。インフォーマルリサイクルセクターは，市場経済形成期において自然発生的に形成されるが，低賃金や労働市場の閉鎖性などから貧困の温床となり，不十分な技術や装備によって環境汚染や健康被害が生じるという問題点を孕んだ市場となる。

2．インフォーマルリサイクルセクターの減少・消滅

　さらに経済成長が持続することで，産業規模の拡大や多様化が進展し転業機

会も増加する。その結果，次第にインフォーマルリサイクルセクターは消滅していく。こうした現象は，ルイス・モデルが示すように，産業全体が労働力不足経済へと転換する時点から生じる。この転換点が図表 7-3 の D に当たり，高所得国に向けて成長する DE が，インフォーマルリサイクルセクターの減少・消滅期に対応する。しかし，インフォーマルリサイクルが消滅しても社会におけるリサイクル機能が消滅するわけではない。公的なシステムとして，あるいはより高い付加価値を生み出す産業組織として発展していく。この高度化したパターンが先進国における CE である。

3. インフォーマルリサイクルセクターの長期定着

　工業化による発展過程で経済成長が長期にわたり停滞する場合がある。トラン（2016）も指摘しているように，実際に D を迎える所得水準は国の地理的あるいは歴史的条件などによって異なるが，概ね，ルイス・モデルが示す労働過剰から労働不足経済への転換点，あるいは速水（2000）のいう要素投入型発展から全要素生産性中心の発展への転換点といった近辺である。つまり，DD´ にある国は，労働過剰から労働不足経済へ，あるいは要素投入型発展から全要素生産性中心の発展への転換が停滞し，高位中所得国の罠に陥った状態である（トラン, 2016）。長期の経済停滞は D の近傍に限らず，BD の間のどの水準でも生じ，例えば CC´ の水準で長期的な停滞に陥る可能性もある。CC´ は要素市場の歪みにより低廉な労働力や豊富な天然資源を活用した要素投入型の成長が十分に果たせない場合であり，低位中所得国の罠に陥った状態である（トラン, 2016）。以上のような場合には，インフォーマルリサイクルセクターが，長期的に定着することとなる。

第 4 節　経済発展段階別の事例分析

　以上の仮説について，西アフリカのガーナとナイジェリア，中国，アルゼンチンを対象として分析を行った。ガーナとナイジェリアについては（Basel

Convention, 2011)，中国は（Wang et al., 2013），アルゼンチンは（Lindhqvist et al., 2008）の分析成果をもとにしたものである。この結果をもとに，分析対象国の状況を図表 7-3 と図 7-4 に位置づけた。

1.　西アフリカ（ガーナ，ナイジェリア）

　西アフリカ諸国は工業化による経済発展の初期段階であり，農村と都市間の労働移動はあるものの，都市部の工業部門が未発達であるがために，都市部においてフォーマルな就業機会を獲得できない都市貧困層が発生している。実際に，低位中所得国であるナイジェリアとガーナでは，都市部のインフォーマルリサイクルの従事者は，ほとんどが両国の北部の農村部からの移住者である。また，ベルンやリベリアのような低所得国でも，都市部の工業部門が未発達であるため，都市貧困層であるインフォーマルリサイクルセクターが形成されている。これらのインフォーマルリサイクルセクターは，十分な装備や設備を有しないため，処理過程で汚染や健康被害が生じる。主に，手解体や金属の抽出，電線ケーブルの野焼の作業でそうした問題が生じている。

　以上の国は，農業や鉱業が主要産業であり一次産品輸出依存型の経済である。大野（2013）は一国の天然資源の豊かさは長期的には成長と負の相関があることを確認している。主な理由は，天然資源部門の拡大が製造業部門の縮小を招くためである。天然資源輸出によって得られる外貨収入が非貿易財の価格を押し上げることで，貿易財のコストが上昇し国際競争力を失う。熟練労働者も天然資源部門に集中するために，総じて製造業部門は生産要素コストが上昇し，国内の製造業は衰退する（大野, 2013）。また，平野（2009）は，世界の資源国の名目 GDP が一次産品価格と非常に高い相関を示すことを検証し，資源依存型経済で一次産品価格の高騰に支えられた成長は脆弱であり，長期的には維持できないと指摘している。

　西アフリカ諸国は，一次産品依存型の経済構造であるために，工業部門の成長が遅く国際経済情勢の影響を受けやすい脆弱な経済である。こうした状況からから脱しない限り，都市貧困層であるインフォーマルリサイクルセクターに伴う問題は長期化することが考えられる。

　e-waste から回収される金属類の直接の需要として，ナイジェリアとガーナでの鉄鋼産業がある。e-waste から回収した鉄スクラップは粗鋼生産原料として流通していると考えられる。この流通において，都市貧困層がインフォーマルな回収とリサイクルに携わっている。また，西アフリカ諸国は中古の電気電子機器についてヨーロッパとの貿易が盛んであり，ガーナやナイジェリアにはこうした貿易の拠点都市が存在する。この背景には，経済発展とともに電気電子機器や自動車などの耐久消費財需要が高まるものの，国内にその生産能力はほとんどなく，所得水準が低いために中古品の輸入が活発化したことが挙げられる。こうした中古品輸入の中に違法な e-waste 輸入も紛れている。

　つまり，西アフリカ諸国では，素材産業による金属のリサイクル資源需要が存在するものの，一次産品依存型の発展であるために工業部門全体の発展が遅く，金属のリサイクル資源流通はあまり多くない。これは，国内の家庭や産業から回収する金属のリサイクル資源もあまり多くはないためである。一方で，中古品輸入の急増によって中古品に偽装した e-waste 輸入が増加しており，インフォーマルリサイクルセクターは，こうした中古品貿易関連の e-waste のリサイクルに従事する割合が高いと考えられる。

2.　中国

　高位中所得国である中国は，資源に恵まれた国であるとともに，その低廉で豊富な労働力を活かすことで世界の生産工場としての発展を遂げてきた。これまでの発展過程では，沿海都市部を中心とした急激な工業的発展により，農村部から都市部への労働移動が活発化していった。こうした移動労働層は「農民工」（農村戸籍のままで都市部に就業する労働者）と呼ばれている。都市部のインフォーマルリサイクルセクター従事者もこうした農村部からの移住者が多い。現在，中国はルイス・モデルの転換点を迎えた可能性があることから，今後は全要素生産性の向上による発展パターンへのシフトが課題である。

　ところで，中国統計年鑑（2013）によれば，国内の東部ではかつての日本で転換点が生じた時の所得水準に達しており，西部地域との間で2倍近い所得格差がある。そして，中国の e-waste のインフォーマルリサイクル拠点は，東

部地域の沿海部に点在しているのである。

　e-waste のインフォーマルリサイクル拠点の沿海部地域立地は，工業地域で金属スクラップ類の需要が急増していること，一方でリサイクル資源の国内供給量が少ないために海外からの輸入に依存せざるを得ないこと，といった要因によるものと考えられる。ただし，インフォーマルリサイクルの主体は，資本力がないために地価の高い都市部ではなく都市郊外の農村部に立地する。都市近郊農村の中には村全体がインフォーマルリサイクル集積拠点となるケースもある。つまり，農工間労働移動の一部は沿海部地域内の都市近郊農村が村ごとインフォーマルリサイクル拠点となるという形態で生じているのである。これらの村では，回収された e-waste の中から有用な金属類を抽出する零細なリサイクル事業者が集積している。西アフリカ諸国と同様に，資本力の乏しい経営主体が不充分な技術や装備での処理を行うために汚染や健康被害などの問題が生じている。

　国内の e-waste の一人あたり発生量は，西アフリカ諸国よりは多いため，国内での金属のリサイクル資源回収量も西アフリカ諸国よりは多いものと考えられる。中国において，家電リサイクル法，自動車リサイクル法が整備されたのも，国内での金属資源の回収量とその需要が拡大したことに対応したものと捉えることができる。一方で，海外からの e-waste の輸入は政府の規制があるにもかかわらず盛んである。これは，非常に旺盛な金属のリサイクル資源需要があるものの，e-waste などの国内蓄積量が相対的に少ないために，輸入に依存せざるを得ない状況にあると考えられる。中国政府による 2000 年，2009年の e-waste 輸入規制強化によって，中国本土への直接的な流入は見られなくなったが，雑品スクラップや中古品輸入への e-waste の混載や，香港やベトナム経由でのルートによる輸入が増加していったのである。これに対し中国政府は，2018 年に雑品スクラップについて，異物混入率によって厳しい輸入制限を開始している。つまり中国政府は，輸入依存型のリサイクルから脱却し，国内の健全なリサイクルセクターの育成を図ろうとしているのである。今後は，中国の沿海部地域の高所得地域では転業機会にも恵まれ，インフォーマルリサイクルが少なくなり，次第に企業的なフォーマルセクターにシフトしていく可能性もあると考えられる。

3.　中南米（アルゼンチン）

　アルゼンチンは高位中所得国であり，まさに日本が転換点を迎えた所得水準に近づきつつある。アルゼンチンを含めブラジルやメキシコは，その発展過程で長期的な経済停滞を経験しているという特徴がある。この詳細な原因は様々であろうが，資源輸出依存型の成長の限界，すなわち製造業の伸び悩みとともに産業の多様化や高度化が進展せず，国内での所得格差が拡大することで，内需による成長力も損なわれてしまうというジレンマに陥ったものと考えられる。さらにこれらの国々の特徴として，相当な所得水準にあるにもかかわらずインフォーマルリサイクルセクターが相当な規模で残存しているという点があげられる。これは長期の経済停滞によって所得格差が十分に是正されずにいる結果であると捉えることができる。アルゼンチンのインフォーマルリサイクルセクターは，主にガラスびんや古紙，廃プラスチック類などを扱っており，長期にわたって存在しているために，自らの活動や政策的な措置によって，社会的な機能として定着している。西アフリカ諸国や中国と異なり，インフォーマルリサイクルセクターによる e-waste の処理は行われておらず，ベースメタルのスクラップの抽出はフォーマルな金属スクラップのリサイクル事業者によって行われている。また，今後は，貴金属のリサイクルも含めて e-waste 処理専門のフォーマルなビジネスセクターの振興が期待されている。つまり，中南米においては，伝統的なインフォーマルリサイクルセクターによる e-waste 処理がないために，西アフリカ諸国や中国のような深刻な外部不経済は発生していない。むしろ，所得水準が高く技術力も備えているために，e-waste 処理を新たなフォーマルなビジネス機会として生かしていく可能性も高いと言える。

4.　経済発展段階別の e-waste リサイクル状況

　図 7-4 に各国の報告年における e-waste リサイクルの状況と一人あたりGDP（2010 年の US ドルを基準とした実質値）を示した。経済発展段階が進

図 7-4　分析対象国の e-waste リサイクル状況

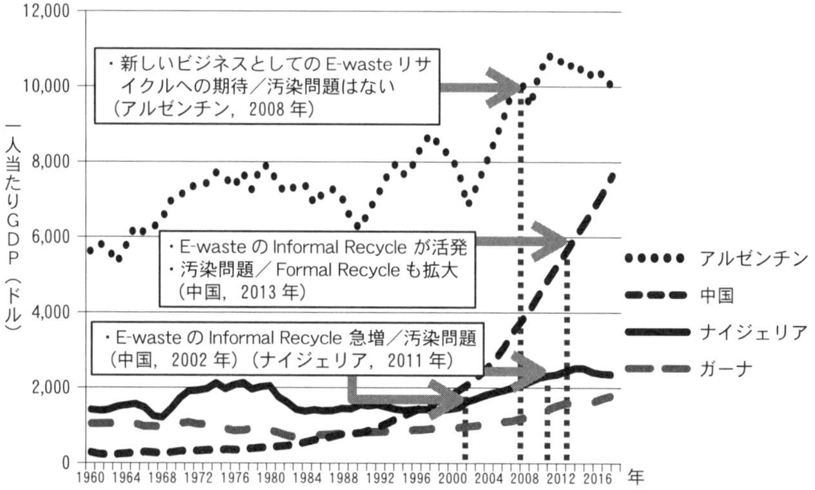

出所：一人あたり GDP（2010 年の US ドルを基準値）は World Bank。

展するとインフォーマルリサイクルセクターによる問題も改善されていく。中
国では 2000 年以前から e-waste 処理による汚染や健康被害の問題が生じてい
た（Puckett et al. 2002）。この時の中国の所得水準はナイジェリアの報告年と
同程度である。現在の中国の所得水準は当時の 4 倍以上となり，適正なリサイ
クルセクターへのシフトが進められている。

第 5 節　健全なサーキュラーエコノミーの発展に向けて

　以上の分析から，工業化に伴う農工間労働移動で都市貧困層としてのイン
フォーマルリサイクルセクターが生じ，経済発展とともに増加→減少（淘汰）
→消滅という変化を遂げることが考えられる。この変化は，経済発展に伴い人
件費が上昇し転業機会が増加すること，フォーマルなリサイクルシステムが整
備されていくことなどでもたらされる。

　インフォーマルリサイクルセクターは高所得国になると消滅するが，多くの
途上国は成長速度が鈍化し，インフォーマルリサイクルセクターも長期的に社

会の中に定着した存在となる。したがって，経済発展による自然消滅を待つのではなく，CE を担う健全な産業組織として育成を図っていく必要がある。こうした点から，Medina（2007）は，インフォーマルリサイクルの機能や社会的な役割を評価し，フォーマルなセクターとして育成することを提唱している。重要な点は，個人生業的なインフォーマルセクターの活動の産業組織化や，公的な廃棄物管理システムへの統合化である。また，先進国のように拡大生産者責任（Extended Producer Responsibility, 以降 EPR）という政策原則を導入しリサイクルを制度化することも考えられる。EPR はメーカーが，自社の製品が廃棄後にリサイクルされ残渣が適正に処分される段階まで責任を持つ制度である。この制度のもとでメーカーの投資や技術支援によって健全なリサイクル産業を育成することができる。ただし，そうした資力のあるメーカーが途上国内に立地していることが前提となる。加えて，リサイクル資源を需要する素材産業に対して CSR 調達を義務化することも考えられる。素材産業の調達先に環境や社会面で適正な経営主体であることを義務付けることで，素材産業からの投資や技術支援で健全なリサイクル産業を育成する。さらには，冒頭に示した革新的な CE のサプライチェーンのハブとなる大企業にも CSR 調達を義務付け，5R の担い手となる健全な修理業やリサイクル産業に対する投資や技術支援を促進することが考えられる。

　本章は，途上国の経済発展と CE の関係を分析し，発展促進的な CE の育成に関する考察を行った。途上国の CE は，第 1 節で示した IoT 活用型の革新的な取り組みの実現の前に，各国のインフォーマルリサイクルセクターの能力形成が大きな課題である。インフォーマルリサイクルセクターが貧困の温床であることや環境汚染などの外部不経済をもたらすという問題発生の根源は，経済発展による要素賦存構造の変化がもたらす労働や資源市場の歪みである。こうした問題に対処するためには制度と技術が必要である。個人生業的なインフォーマルリサイクルセクターの産業組織化を促す制度として EPR 制度や CSR 調達制度を提示した。以上の制度の導入によって，メーカーからの投資や技術支援を引き出すことを想定したものである。

　本章では途上国のリサイクルセクターに着目したが，冒頭で示した 5R の途上国での実態と産業組織化の可能性の分析は今後の研究課題である。また，

IoT 活用型の革新的な CE は労働節約的な取り組みである場合が多く，導入可能かどうかは対象途上国の特性による。したがって途上国の特性に応じた革新的な CE のあり方に関する分析も重要な研究課題である。

参考文献

（日本語）

大野健一（2013）「第1章 開発のわな」『産業政策のつくり方—アジアのベストプラクティクスに学ぶ』3-31 頁，有斐閣。

中国統計年鑑 Science Portal China web-site（2013）(http://www.spc.jst.go.jp/)，国立研究開発法人科学技術振興機構。(2016.1.12 閲覧)

トラン・ヴァン・トゥ（2016）「アジアダイナミズムの中の ASEAN 経済」『ASEAN 経済新時代と日本』2-25 頁，文眞堂。

速水佑次郎（2000）『開発経済学』（新版）創文社。

平野克己（2009）『アフリカ問題—開発と援助の世界史』日本評論社。

藤井美文・平川慈子（2008）「第1章 日本の分別収集システム構築の経験と途上国への移転可能性—タイにおける実験的調査からの検討—」『アジアにおけるリサイクル』研究叢書 No.570，25-80 頁，アジア経済研究所。

南亮進（1970）『日本経済の転換点—労働過剰から不足へ』創文社。

吉川洋・宮川修子（2009）「産業構造の変化と戦後日本の経済成長」RIETI Discussion Paper Series 09-J-024，独立行政法人経済産業研究所。

（英語）

Basel Convention (2011), *Where are WEee in Africa? - Findings from the Basel Convention E-waste Africa programme*, Secretariat of the Basel Convention.

Chi, X., M. Streicher-Porte, M. Y. L. Wang and M. A. Reuter (2011), "Informal electronic waste recycling: A sector review with special focus on China", *Waste Management*, 31, pp.731-742.

Harris, J. R. and M. P. Todaro (1970), "Migration, Unemployment and development: A two-sector analysis", *American Economic Review*, 60, pp.126-142.

ILO (2013), *Women and men in the informal economy: A statistical picture*, International Labor Office (web-site: https://www.ilo.org/wcmsp5/groups/public/---dgreports/-dcomm/documents/publication/wcms_626831.pdf). (2015.5.13 閲覧)

Lindhqvist, T. et al. (2008), *Extended Producer responsibility in the Latin American context –The Management of Waste Electrical and Electric Equipment in Argentina*, Lund University.

Medina, M. (2007), *The World's Scavengers -Salvaging for Sustainable Consumption and Production*, Lanham, Maryland, AltaMira Press.

Puckett, J. and Smith, T. (eds.) (2002) "Exporting Harm", *The Basel Action Network and Silicon Valley Toxic Coalitions' web-site*, http://www.ban.org/E-waste/technotrashfinalcomp, pdf (2015.5.12 閲覧)

Skinner, A., Lloyd, A., Dinter, Y. and Strothmann, P. (2010), "Dose the Basel Ban form an effective and sustainable means of addressing the health and environmental problems caused by the export of e-waste from developed countries to developing nations and countries in transition?", *Project report*, Berlin, Free University.

Wang, F., Kuehr, R., Ahlquist, D., Li, J. (2012, 2013), "E-waste in China: A country report", *StEP Green Paper Series*, United Nations University / StEP Initiative.

第2部

ベトナムの経済発展：
特徴と今後の展望

第8章

生産性から見たベトナム経済の達成と課題

大野　健一

グェン・ドゥック・タイン

はじめに：背景

　1990年代半ば以来，外から見る限りベトナム経済はめざましい成長を遂げ，産業構造転換についても，生産や輸出における工業製品の比率を大きく高めた。法令や産業インフラの整備が進み，グローバル化や地域統合，都市化にも大きな進展が見られた。2008年前後には世銀基準の「低所得国」を脱して「下位中所得国」に到達し，ハノイやホーチミンの市街地はかつての古びた低層住宅の密集から高層建築の林立へと様変わりした。政府の掲げた2020年までの「工業化・近代化」の目標は達成されたように見える。欧米や他の発展途上地域の人々は，ベトナムのこれまでの成長に驚嘆し，途上国発展のモデル視さえしている。だが果たして本当にそうであろうか。

　ベトナム政府との交渉や協力に従事した者ならば誰でも気づくが，同政府はその政策や制度に大きな問題を抱えている。しかもその問題には，1990年代以来今まであまり改善が見られない。それを要約すれば，自国を開発していくために必要な意欲および知識の欠如であり，さらにはそれらを克服し改善するための努力の欠如である。これらの欠如は政府の各レベル・省庁に縦横に普遍的にみられ，その意味で個々の指導者や官僚の個人的資質の問題をこえる制度的構造的な欠陥である。とりわけ政策意欲の低さは，台湾・韓国・シンガポールはもちろんのこと，エチオピア・モーリシャス・ルワンダなどのアフリカ諸国の産業振興にかける指導者や官僚の意気込みと比較してもはるかに劣っており，持続的発展にとっては致命的である（大野, 2013）。

　日本は1991年の国交回復以来，経済・外交両面でベトナムに高い関心を寄

せ，幅広い協力を行ってきた。そのうち経済面では，ベトナムの諸産業を支援
し，また戦略的パートナーとして日越経済関係をより高いレベルに押し上げる
ために，わが国の産官学は産業政策の方法論に関するさまざまな知的協力を提
供してきた。それはたとえば，開発問題の諸側面を計画投資省と共同研究した
石川プロジェクトであり，5年ごとに策定される五ヵ年計画・十ヵ年戦略への
アドバイスであり，自動車・二輪などの個別マスタープラン策定支援であり，
投資環境改善のための一連の日越共同イニシアティブであり，あるいは裾野産
業育成や優先業種振興のための集中的な議論であった。それにもかかわらず，
四半世紀をへて，ベトナム産業の実力は当初期待したほど伸びていないという
のが，日系企業の偽らざる本音ではなかろうか。低賃金で勤勉な若年労働者が
豊富であるというかつてのアドバンテージは徐々に消えつつあるが，それに代
わる技能と経験を備えた高度産業人材が続々と生まれているとは必ずしもいえ
ないからである。この数十年のベトナムの生産も輸出も，労働集約型輸出加工
を脱却してより高度な産業構造へとシフトしたとはいえない。

　われわれ著者は生産性をキーワードとする政策レポートを，日越両政府の協
力を得て執筆中である[1]。この背景には党・政府首脳部が，生産性向上への関
心を近年急速に高めているという状況がある。とりわけ2019年8月には，労
働生産性を主題とする国家シンポジウムが開催され，そこでフック首相は国家
レベルの労働生産性向上運動の開始を宣言している。われわれがベトナムに提
起したい課題と政策は，テーマが五ヵ年計画であれ，自動車であれ，裾野産業
であれ，本質的にはそれほど変わらないのであるが，今回は生産性を切り口と
してそれを議論することになる。過去数十年のベトナム経済の歩みを生産性
データに依拠してあらためて振り返ることは，政策担当者にとり有意義な営み
になるはずである。

　本章は，現在進行中のベトナム生産性レポートの作業を踏まえ，これまでに
得られた結果のうち，とりわけベトナムの開発戦略にとって重要な含意をもつ
と思われる部分を抽出したものである。論文の性格上，できるだけ多くのデー
タや分析を示すべきだが，スペースの関係上そのごく一部にとどめた。残りに
ついては，まもなく公開されるレポートを参照されたい。なおわれわれの研究
の目的は，ベトナムの生産性に関する基本的事実を発見し，そこから導かれる

政策課題を提起すること，そしてそれらを政府や研究機関の関係者と討論かつ共有することにある。政策形成に必要なこの種の基礎作業が，まだ十分に行われていないと信じるからである。ゆえに発見された事実については，原因を（可能性について示唆はしているが）きちんと究明するところまで至っていないし，まして具体的な解決策を提案することもできていない。まずは，生産性に関する事実確認を優先し，原因究明や解決策については次なる段階に待ちたいと考える。

　我々の用いたデータは，原則として統計総局（GSO）の資料であるが，国際比較においてはアジア生産性機構のドル建てデータを用いた。またいくつかの先行研究を引用した部分もある。

第 1 節　生産性の推移

　1990 年初め以降のベトナムの労働生産性を俯瞰してみると，その伸びはプラスだったが安定的ではなく，またこの 30 年ほどの間に顕著なスパートをみせたわけではなかった。2010 年価格の実質で表示すると，労働者一人当たりの生産額は 1991 年に 1,890 万ドンだったものが，2015 年には 5,440 万ドンに達した。24 年間に 2.88 倍，年率に換算して平均 4.5％の上昇という成果だが，これを高いとみるか低いとみるかは評価基準による。典型的なアジアの高成長経済は，四半世紀の間により大きな成果をあげられるはずであって，たとえばベトナムと同じく社会主義を奉じて市場化路線を歩んだ中国の場合，同期間に労働生産性は 7.8 倍になり，年率換算で 8.9％の伸びであった。これからすると，ベトナムの過去数十年の生産性パフォーマンスは悪くはなかったが，めざましいというほどではなかった。ベトナムはかつての貧困国を脱して下位中所得国に属するが，これまでの経済成長の道のりにおいて，すでに上位中所得国に到達している中国に比べ，かなり多くの時間を費やしているのである。

　ドイモイ以降のベトナムの労働生産性の推移は，3 つのフェーズでとらえることができる[2]。すなわち，1991〜95 年の高成長期，1996〜2012 年の停滞期，2013 年以降の回復期である（図 8-1）。

図8-1　経済全体の労働生産性の水準と変化率

(2010年価格表示)

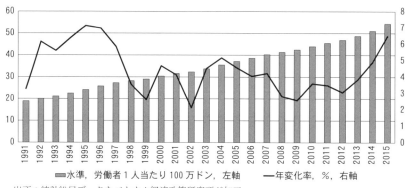

■水準，労働者1人当たり100万ドン，左軸　　──年変化率，％，右軸

出所：統計総局データをベトナム経済政策研究所が加工。

　第1期（1990年代前半）は自由化開放の時期であり，市場経済への障害が徐々に除去され，国際貿易体制への積極参加が開始された。この期の生産性上昇の背景としては，これまで計画経済のもとで抑圧されていた民間部門が息を吹き返し，非効率から効率へと生産フロンティアに向かって活動を始めたこと，さらには自由化と対外開放がもたらした投資，とりわけ製造業民間投資の活性化が資本装備率を高めていったことの2つがあげられる。いっぽう労働者の数・参加率・技能にはそれほど大きな変化が見られなかった。すなわち，この期の労働生産性上昇は各産業の効率性の高まりと資本深化がもたらしたものであって，これは抑圧状態から脱却した経済に典型的にみられる，あるべきトレンドへの一過性のキャッチアップとみなしてよい。これを支えた90年代の法令としては，1990年の民間企業法・企業法，1992年憲法における民間所有の承認，1995年の市民法による民間所有の範囲明確化，1994年の国内投資促進法，1995年の国有企業法，1996年の外国投資法改定，1997年の商法，1987年の土地法（1993年に改定）などがあげられる。また対外関係では，1995年の米国との外交正常化およびASEAN参加，1998年のAPEC参加などが重要だった。

　しかしながら，第2期（90年代後半）に入ると労働生産性の伸びは鈍化する。その外的要因は1997～98年に発生したアジア通貨危機の影響だが，より

重要なのはベトナムの内的要因, すなわちこの頃から顕著になった大量投資に依存する経済成長パターン, およびそれに伴う資本効率の悪化である。ベトナムの成長は多くの資本投下に依拠する量的なものとなった。生産性上昇の鈍化は 21 世紀初めまで続いた。2000～12 年の労働生産性の伸びは年率 3～4％程度に低下した。他方, ベトナムと同様に計画経済からの解放により高成長を実現した中国は, 同時期に成長を著しく加速させ, ベトナムの労働生産性水準をはるかに凌駕するようになった。2008～09 年に発生した世界的な金融危機（リーマンショック）はベトナムの労働生産性の伸びを再び押し下げたが, それにもかかわらず, ベトナムの生産性パフォーマンスの悪さはやはり外的要因によるものとは必ずしもいえなかった。2000 年以降に導入された一連の経済改革は雇用の拡大や民間企業数の増加といった量的効果をもたらしたが, 生産性を高める働きはあまりなかったのである[3]。

　ところが第 3 期（2013 年以降）になると, ただしこれは最近の数年にすぎないが, 労働生産性の伸びは 90 年代半ばに近いものへと回復してきた。経済成長率を労働生産性上昇と雇用拡大に分解すると, 前者の貢献度が高まり後者の貢献度が低下してきたのである。第 2 期の労働生産性の経済成長への貢献度は 55～64％の範囲であったが, 第 3 期の 2013～15 年には 90％へと急上昇している。さらに, その労働生産性上昇の加速要因としては, 全要素生産性（TFP）すなわち包括的な効率性向上の貢献度が高まり, 第 2 期に高かった資本深化の貢献度が低下した。こうした近年の生産性上昇加速の原因, およびそれが長期的にサステナブルなものであるかの判断については, 期間が短いこともあり, 現段階ではまだわからない。一般に成長パフォーマンスを高める要因としては, 民間部門の活性化, 政策の質の向上, およびその他の外的要因の 3 つがありうるが, そのうちのいずれが今回の生産性加速をもたらしつつあるのかについての検討が必要である。もし前二者ならば, ベトナム経済が構造的転換を遂げつつある可能性があり, 経済成長が持続可能である確率は高まるが, もしそれが単なる幸運や外的ショックによるものならば, 現在のよい状況は一過性のものにすぎない可能性が高い。

　次に, 産業別の労働者数と労働生産性のデータを用いれば, 一国全体の労働生産性上昇率を, 各産業内の労働生産性の伸び（業種内効果：within effect），

労働者が生産性が異なる産業間を移動する効果（労働移動効果：shift effect），およびその両者のクロス効果に分解することができる（図8-2）。

　第1期の労働生産性の主たる押し上げ要因は業種内効果であった。上述したように，これは市場抑圧からの解放と資本装備率の高まりがもたらした結果であった。生産性の伸びが鈍化した第2期には，外国投資流入の増加および都市化の進行によって，地方から都市への労働移動がかなり発生し，それを反映して労働移動効果が相対的に高かった。

　第3期になると，労働移動効果は再び低下しているが，これはやや不可解である。なぜなら，人口の大部分はまだ生産性の低い農村部に居住しているからである（2015年時点で約7割が農村人口）。すなわちベトナムは，ルイスモデルでいう転換点，すなわち農村の余剰労働が都市への出稼ぎ等によって払底し，ゆえに労働不足が生じ，（政治的な最低賃金引き上げではなく）市場圧力を通じて賃金が全国的に上昇し始める地点までは達していないはずである。ハノイやホーチミンの都市部およびその周辺では，今世紀に入って以降，労働不足が顕著に発生しているが，その状況が（タイのように）地方都市や農村部にまで一律に波及したとまではいえない。すなわち，ベトナムは転換点に到達する前に部門間労働移動の勢いが弱まっているのである。これが事実ならば，労働移動を妨げる何らかの障害の存在を示唆しているのではないか。それが具体

図8-2　労働生産性上昇への貢献（%）

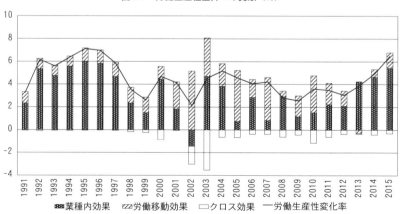

出所：統計総局データをベトナム経済政策研究所が加工。

的に何であるかは今のところ不明だが，たとえば労働者を吸収すべき都市型産業の活力や規模の小ささ，あるいはそれらの産業が要求する技能労働者の不足ないしミスマッチなどが考えられよう。

第 2 節　国際比較

　他のアジア諸国と比較するとき，ベトナムの生産性パフォーマンスはどうだろうか。われわれは，北東・東南アジアの 9 ヵ国，すなわち日本，韓国，中国，シンガポール，タイ，フィリピン，マレーシア，インドネシア，カンボジアを比較対象として，ベトナムの立ち位置を検討した。その結果を要約すれば，ベトナムは 1990 年代以降に比較的高い労働生産性の伸びを達成したものの，その絶対水準はまだまだ低いということになる。生産性は上昇しているが，ある時点で労働生産性の伸びの顕著な上方シフトが起こり，周辺国を追い抜き，地域における順位を相当上げたという（中国のような）スパートは見られなかった。

　業種別にみても，2015 年時点のベトナムの労働生産性水準は，製造業，建設，運輸において上記の比較対象 9 ヵ国のすべてより低位であり，後発のカンボジアにさえ負けている。農林水産，電力・ガス・水道，卸売・小売，車両修理，家庭用品においては，カンボジアよりは上だが，やはり他の諸国より低く，下から二番めだった。他方で，鉱業・採石，金融・不動産・レンタル業，地域・社会・個人サービスでは，ベトナムの労働生産性は比較的高かった（VEPR, 2019）。

　実質ドルで表示されたアジア生産性機構の労働生産性データを参照しても，ベトナムの過去のパフォーマンスがアジア地域で際立ったものではなかったことが明らかとなる。たとえば，1991 年のベトナムの労働生産性は 3,219 ドルで，中国の 3,264 ドルとほとんど変わらなかったが，その後中国は 1991〜2015 年に年平均 9.0％の労働生産性の伸びを達成し，とりわけ 2000〜2010 年の伸びは二桁台とめざましかった。この結果，1991〜2015 年に中国の労働生産性は 7.8 倍となったが，ベトナムは 2.8 倍にしか増えなかった。いまだ低位中所得

国の地位にあり，中所得の罠を突破しえたといえないベトナムは，さらなる高所得をめざすためには現在の労働生産性トレンドを維持するだけでは不十分であり，それを大いに加速する必要がある。それができなければ，東アジアの中での経済的ポジションを次第に落としていくことになろう。

第3節　製造業の労働生産性

　われわれの観察を，途上国開発にとってきわめて重要と認識されている製造業に絞ってみても，生産性の伸び悩みのストーリーは揺るがない。2015年のベトナム製造業の生産性は労働者一人当たり6,260万ドンであり，これは経済全体の数字より15%高かった。だが，この水準は1990年代までは着実に上昇したが，2001年以降はほとんど変わっていないのである（図8-3）。それにもかかわらず，ベトナムに流入する外資の多くは製造業分野であった[4]。ここで疑問となるのは，なぜそれほど多くの外資が生産性の伸びがほとんど見られない製造業に集中したかである。あるいは，逆の因果性を想定すると，なぜそれほど多くの外資が流入したにもかかわらず，製造業の生産性がまったく上がらなかったのだろうか。製造業外資は，ベトナム国内のパートナー企業あるいは

図8-3　製造業労働生産性の水準と変化率

（2010年価格表示）

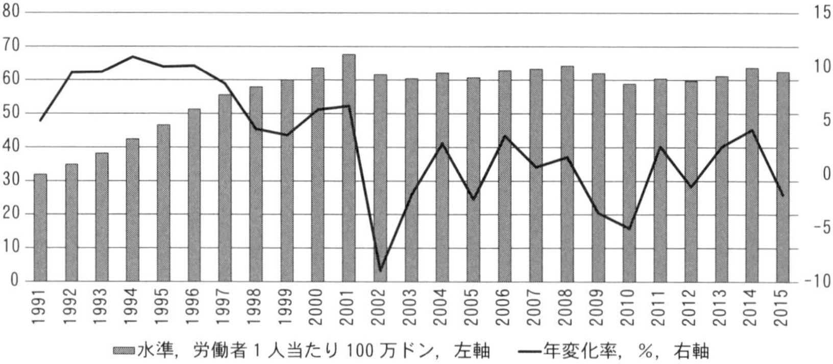

■水準，労働者1人当たり100万ドン，左軸　　━年変化率，%，右軸

出所：ベトナム生産性レポート（2019）。

労働者の質や生産性向上に貢献してこなかったように見える。

　われわれはこの事実を指摘はするが，その原因を本格的に解明することはできていない。ただ，示唆的な先行研究をいくつかあげておこう。

　アインらの実証研究によると，外資製造業の存在は，国内の労働生産性にマイナスの影響を及ぼす傾向をもつ（Nguyen Ngoc Anh et al. 2008）。またホイの実証研究は，外資参入がもたらす国内競争の激化を指摘しており，その際にベトナム企業は競争の負け組に回ることが多いことを示唆している（Le Quoc Hoi, 2008）。

　コイとチャウダリの最近の研究はきわめて興味深い（Nguyen Viet Khoi & Shashi Chaudhary, 2019）。彼らは，ベトナム製造業の労働生産性が低迷している理由は，バリュー・チェーンのいわゆるスマイルカーブにおいて，外資企業が一番付加価値が低いセグメント，すなわち縫製・組立をはじめとする単純作業に従事する場としてベトナムを位置づけているからであると説く。つまり外資は経験豊富なエンジニアや技能の優れたワーカーをベトナムに期待しておらず，また彼らをそういう産業人材として育てるインセンティブももたない。紙幅の関係で図は割愛するが，実際，ベトナムの外資部門の労働生産性は，2001 年をピークに急落して 2007 年までにほぼ半減しており，その後も低水準で推移しているのである。外資企業は優れた経営・技術・販路を備えており，ベトナムにおける彼らの操業は，それらの資源が国内にスピルオーバーされる効果をもつという期待は，こうして裏切られることになる。この衝撃的な結論が事実ならば，それはベトナム製造業の生産性の伸び悩みやグローバル・バリュー・チェーンへの参加の少なさを説明する鍵となるであろう。

第 4 節　非熟練にとどまる労働と
　　　　バリュー・チェーンに参加しない企業

　ベトナムは比較的人口が大きく，その構成は若く，ワーカーは手先が器用でまじめというのがかつての評価だった。事実としては，これらはいまでもほぼ真である。だが，ドイモイから 30 年以上，対外開放から 25 年以上たった現

在，これらの特長だけでは 21 世紀の国際競争を勝ち抜き，高所得への歩みを続けることが難しくなっている。その理由の一つは，ベトナムにも長期的には少子高齢化の波が着実に押し寄せてくるからである。そしてもう一つの重要な理由は，世界経済に飛び込み工業化を開始してからすでに何十年もたつのに，産業人材の質が「手先が器用でまじめ」のレベルをこえて高まっていないからである。ベトナム民間は国際競争力を創造するために必要な質と量の科学者，経営者，エンジニアを生み出していないし，政府もそれらの人材を育成，支援あるいは誘致する有効な政策を打ち出してこなかった。

　ベトナムの経済成長に寄与する高度産業人材を正確に計測することはかなり難しいので，ここではベトナム政府の定義に従い，職業技能教育訓練を受けていない人材の比率を見てみよう。2007〜13 年の 6 年間に，この比率は製造業・建設で 55.5％から 65.5％へ，サービスでは 30.5％から 56.4％へと上昇している（Nguyen Ba Ngoc & Pham Minh Thu, 2015）。すなわち職業訓練を受けていない人材は，減るどころかむしろ増加しつつあるのである。

　この傾向を間接的に追認するエピソードも存在する。ベトナムでは 2007 年前後に株式市場と都市地価の激しいバブルが生じ，多くの国民は両資産市場において投機に走った。それ以来，勤勉でまじめなはずだったベトナム人が，長い年月を要する学習や経験の蓄積よりも短期的な金もうけを好むようになったというのが，多くの日系企業が抱く印象ではなかろうか。また 2015 年には，技術短大への応募者数がベトナム北部で急減するという現象が起こった。これは，都市部の労働売り手市場の高まりのなかで，高卒ですぐ就職したほうが，進学し何年か技術を学ぶより早く収入を得られるという近視眼的な動機であったというのが，当時経営危機に陥った某技術短大校長の分析である。これらの傾向は，工業立国をめざすうえで大きな障害となるものであり，ベトナムはこうしたマインドセットを是正する方策を打ち出す必要があろう。

　途上国企業によるグローバル・バリュー・チェーンへの参加は，価値創造，高度雇用創出，世界経済における産業特化とポジショニング，技術や経営の学習などの面で，きわめて有益なことは論をまたない（Taglioni & Winkler, 2016）。ただし，これらの成果は待ちの姿勢で得られるものではなく，民間努力と政策支援が不可欠である。ある企業や国がグローバル・バリュー・チェー

ンのどこに参加するのか，価値の高い上流・下流部分をどれだけ開拓できるか，さらにはより高度な参加を可能にする戦略を立案かつ実施しているか否かが非常に大事になってくる。

　先に引用したコイとチャウダリは，上流参加率（backward participation）を一国の輸出に含まれる国内生産の中間財・サービスの比率，下流参加率（forward participation）を一国の輸出のうち当該国が輸出先で獲得した付加価値の比率とし，両者の和を「グローバル・バリュー・チェーンへの参加率」と定義した。

　それによると，ベトナムのグローバル・バリュー・チェーンへの参加率は1995年の34％から2015年の56％へと高まってきたが，この上昇のほとんどが上流参加率の上昇がもたらしたものであり，下流参加率は長年11〜12％と停滞している[5]。これはきわめて興味深い結果である。また上で指摘した，製造業の労働生産性パフォーマンスがよくない事実や，とりわけ外資部門の労働生産性が2001年以降急落した事実とも符合する。

　彼らの研究からさらに明らかとなるのは，ベトナムのグローバル・バリュー・チェーンへの参加率の上昇は，コンピュータ・電子機器，繊維・製靴，食品・飲料，電気機械における上流リンケージの構築，いわゆる「裾野産業育成」がある程度奏功したためである（ただし政策目標からは程遠いが）。これらの輸出型産業においてベトナムが従事している部分は，前述したように，スマイルカーブの中流活動（middle-stream activities），すなわち価値創造の一番希薄な縫製・組立といった単純労働集約型の作業である。しかも，いくらか構築されたといわれる裾野産業の大部分は，ベトナム企業ではなく外資系部品企業が担っているのである。これらの輸出型産業はたしかにベトナムの輸出額に大きく貢献しているが，国内付加価値の創造はあまり大きくない。

　このような結果が現出し長く継続する理由として，2つの解釈がありうる。第1に，ベトナムは世界の単純組立工場としての役割を90年代に獲得したあと，何十年もそれから脱却できないでおり，克服するための努力もしてこなかったこと。第2に，外資多国籍企業はメイド・イン・ベトナム製品の開発・設計・調達・流通・マーケティングを握っており，ベトナムがこれらの能力を高めて彼らを代替できるようにならない限り，外資にとって現状をかえる誘因

ないし圧力は何もないということである。いうまでもなく，この 2 つの解釈は
補完的であり，前節の議論とも符合している。

第 5 節　政策方向性への含意

　ベトナムの生産性パフォーマンスをより高い径路に導くためには何が必要で
あろうか。マクロ経済の安定，投資環境のさらなる改善，国有企業改革の加
速，行政改革はすべて不可欠であるが，ここではそれらのよく知られた必須条
件ではなく，より範囲を絞って，ベトナムの民間企業と産業人材のダイナミズ
ムを高めるための政策体系についての方策を検討したい。その中でもとくに，
日本の産官学が協力できそうな分野を指摘したいのである。ゆえに以下は，包
括的な政策提言ではない。なお各コンポーネントはばらばらではなく，相互連
関をもって一体として打ち出されるべきである。また我々はこれらの政策をベ
トナムに押し付けたり勧告するつもりはなく，あくまでベトナム政府にやる気
と主体性があればという条件のもとで，日越協力が可能な分野を探っているも
のと理解されたい。

　ベトナムが生産性向上のための施策を学ぶにあたっては，東アジアの多くの
国々の具体例が，成功と失敗をともに含めて，大いに役立つであろう。ただし
政策に動員できるベトナムおよび日本の人材や予算は有限なので，以下のアイ
デアをすべてあるいは同時に採用するのは現実的ではない。各施策は適切な順
序を踏んで，各国のモデルを選択，結合，修正あるいは簡素化しながら，ベト
ナムの現況に最も適したモデルを創作していく必要を強調しておきたい。な
お，以下の説明はごく粗い方向性にすぎないが，これは意図的なものである。
まずベトナム政府がこうした政策方向性に同意できるか否かを知る必要があ
る。もし同意できるならば，次のステップは目標，課題，具体的アクション，
期限，担当機関，予算，国際協力の可能性，モニタリング等の詳細を含んだ行
動計画の策定そして実施である。これは生産性研究とは別次元の作業となる。

　以上の意図をもった施策提案を以下 8 つ列挙する。最初の 4 つは政策枠組の
構築に関わるものであり，残りの 4 つは政策行動に関わるものである。

① 国民生産性運動の宣言と開始

首相あるいはそれと同等の権威をもつ指導者が，公式文書と国民に対するスピーチを通じて，ベトナムの社会経済発展のためには生産性向上がきわめて重要であることを宣言し，目標が達成されるまで必要な努力を継続することを約束するのが望ましい[6]。この宣言後も，指導者は強いコミットメントをもってこの運動を指揮し報告を受けることが重要である。この種の運動はかつての計画経済あるいは軍国主義の国民動員のように思われるかもしれないが，そうではない。1970年代の韓国朴政権が実施したセマウル運動，1980年代にシンガポールのリー・クワンユー首相が断行した生産性運動，2010年代にエチオピアのメレス首相が指揮をとった全国カイゼン運動など，市場経済において生産性運動が大きな成功を収めた例は多く，それらの経験からこの運動に必要な具体的コンポーネントを学ぶことも可能である。

② 政策メカニズム

上位の政策レベルにおいて，活発に活動し十分な権限をもつ国家生産性協議会（ないしはそれに類似する仕組み）を新設し，あるいは既存の協議会をベースとして強化する必要がある。首相がこの協議会を主宰することが望ましく，これを国民生産性運動を指導しモニターするメカニズムとする。例としては，1980年代のシンガポールの国家生産性委員会や2010年代のエチオピアの国家カイゼン協議会などがある。

③ 実施メカニズム

下位の実施レベルにおいては，十分な権限と能力を持つ国家レベルの生産性庁（あるいはセンター，研究所等，名前は何でもよい）を新設し，あるいは現行の科学技術省ベトナム生産性インスティチュートを強化・格上げし，国民生産性運動の現場レベルの実行を担当する。この機関はライン・ミニストリではなく，政府（首相府）に直属すべきである。また十分な国家予算（一部は国際協力も可）を配分し，任務をきちんと果たすための組織とスタッフを整える。モデルとしては，日本生産性本部やエンタープライズ・シンガポール（以前の

SPRING）が参考になるだろう。

④ モニター可能な生産性目標

　中期的目標として，労働生産性の成長率を，これまでの年率4〜5%よりは
ずっと高いところに掲げることを推奨する。その正確な数字は上記の政策機関
と実施機関の間で決定されるべきである。このほか，少数の追加的目標も欲し
い。たとえば，労働生産性の伸びに対する TFP の貢献度や製造業の生産性上
昇率などが考えられる。これらの達成状況は毎年モニターされ，議会と国民に
報告されなければならない。

⑤ 意識改革キャンペーン

　生産性に関する意識を高めるための，多様な活動からなる大規模なキャン
ペーンが全国，省市，地方の指導者，官僚，経営者，技術者，労働者，農民，
研究者，学生，子供たちなどあらゆる国民を対象として行われるべきである。
このキャンペーンは，すべての人々がお題目ではなく実感として生産性への関
心をもつまで，少なくとも数年は続ける必要がある。キャンペーンの道具に
は，スローガン，マスコット，表彰，研修，スタディツアー，歌や踊り，公式
テキスト，書物・冊子，動画やテレビ番組，国家指導者の年次演説，生産性月
など多くのものがあるが，これらはシンガポール（1980 年代），モーリシャス
（1990 年代），エチオピア（2010 年代）などから学ぶことができる。

⑥ マインドセット改革

　意識改革キャンペーンの1つの重要な柱として，ベトナム社会にあわせてよ
く練られたプログラムを制作かつ実行し，ベトナム国民とりわけ産業に従事す
る経営者・技術者・労働者たちに効率性，チームワーク，長期志向，計画性と
いったベトナムにまだ希薄な概念を頭と体から教え込むことが肝要である。講
演，セミナー，書物，テレビ番組，メディア連載，工場・職場見学，企業・家
庭コンサルティングなどが有用である。こうしたプログラムは日本人専門家で
はなく，日本のものづくりの精神と技術に習熟したベトナム人によってベトナ
ム語で行われるべきで，実際にそういう人々は育ってきている。

⑦ 日本の生産性ツールの選択的導入

　ベトナム生産性レポートの第Ⅱ部では，複数の日本の生産性強化ツールを説明している[7]。これらの日本発のメソッドは，オリジナルのコピーではなく，ベトナムの現実やベトナム人の性格に合うように取捨選択かつ調整されたうえ，適切な速度と順序で導入されるべきである。その順序としては，小規模ながらすでにベトナムに導入済みのツール，たとえば5S・カイゼンやJICAの「ベトナム高専モデル」などを全国展開かつ制度化することから始めるのがよいだろう。次には，ベトナム人産業専門家の育成（簡素化された診断制度）や，中小企業のための技術支援センター（簡素化された公設試）などが可能かもしれない。日本の政府や産業界も，ベトナム政府が主体性をもって導入するという条件のもと，これに協力するのが望ましい。これらのあと，さらに何を展開すべきかは両国間の議論と交渉で決めていけばよい。なお，これらの生産性ツールはすでに韓国，台湾，マレーシア，中国，インドなど多くのアジア諸国で大々的あるいは部分的に導入されている。ベトナムは日本との密接な経済交流をこの四半世紀重ねながら，これらのツールの展開は遅れており，実施されたツールもベトナム主導ではなく日系企業や日本政府の支援によるものが多く，主体的導入や全国展開には至っていない。

⑧ ものづくりに習熟し日本語能力も高いベトナム人の積極活用

　日本語が堪能で，しかも日本のものづくり精神や技術を現場経験を通じて深く習得しているベトナム人が増えている。これには技能実習生のほか，日本への留学生，日本あるいはベトナムで日系企業勤務経験をもつ技術者や労働者を含む。だが現在のところ，彼らが学んだ技能や知識を母国のために活用できる仕事につくかどうかは，個人の選択と努力に委ねられている。日越両政府は協力して，彼らの才能をベトナムの発展のために動員できるよう，また彼らに引き続き日越経済交流のかけ橋になってもらうよう，制度やプログラムを整備すべきである。その理想モデルとしては，かつて日本の理工系大学で学んだタイ人学生たちが帰国して1973年にバンコクに立ち上げたNPO，「泰日経済技術振興協会」（Technology Promotion Association）があげられる。この協会は，

長年にわたって日本語や日本のものづくりに関する研修，出版，訪問診断を積み重ねており，ついには日本型ものづくりを教える私立大学まで設立したのである。

注

1 「ベトナム生産性レポート」の主執筆者はベトナム国家大学のベトナム経済政策研究所（VEPR）であり，グェン・ドゥック・タインはその所長である。大野健一は彼の元指導教官であり，VEPRと密接に協力している。また早稲田大学のトラン・ヴァン・トゥ教授，シンガポールのリークアンユー公共政策大学院のヴ・ミン・クオン准教授の指導も受けている。この二人は，フック首相の経済諮問委員会メンバーでもある。このほか，ベトナムの共産党，首相府，関係省庁，商工会等の協力を随時得て作業を進めている。日本側では在ベトナム日本大使館，経済産業省およびJICAの支援がある。ただし，レポートの文責はすべて執筆者に帰属するものである。レポートは英語とベトナム語で作成する予定である。

2 ドイモイ，すなわち計画経済から経済自由化への移行が構想され始めたのは1980年前後であり，公式に発表されたのは1986年である。ただし1980年代のベトナムはモノ不足・配給経済であり，とりわけ80年代後半にはインフレ・為替下落などのマクロ不安定が激化した。自由化政策が実際に効果をあげ始めたのは，1989年のカンボジア撤退をへて，ソ連崩壊，西側世界との関係再開，援助・外資の流入などが始まり，マクロ経済も安定に向かった1990年代前半からである。

3 2000年の企業法は企業登記を容易にしたほか，手続きの簡素化や市場参入コストの低減をもたらした。同年の株式市場創設，2001年の米国との二国間通商関係樹立，2007年のWTO加盟などが事業環境を量的にさらに拡大した。国有企業の株式化にも一定の進展が見られた。

4 2017年末までに流入した外資の累積内訳は製造業が58.4％，不動産が16.7％，電力・ガス等が6.5％，ホテル・レストランが3.8％，建設が3.4％，その他が11.3％であった（統計総局データ）。

5 1995年から5年ごとに2015年までの数字は，上流参加率が21.6％，27.2％，36.1％，40.5％，44.5％と着実に上がってきたのに対し，下流参加率は12.6％，19.5％，14.5％，12.5％，11.1％と，2000年の突出を除くと長期的に横ばいである。その結果，合計のグローバル・バリュー・チェーンへの参加率は34.2％，46.7％，50.6％，53.0％，55.6％と推移した（Nguyen Viet Khoi & Shashi Chaudhary, 2019）。

6 この前半部分，すなわち指導者による生産性運動の開始宣言は，本章執筆中の2019年8月にハノイで開催された国家労働生産性向上会議での，フック首相による「国家レベルの労働生産性向上運動の開始宣言」によって満たされたといえよう。ただし宣言が有効な実施につながるかどうかはたしかではないから，目標に向けての国民と政府の不断の努力が継続することが望まれる。

7 具体的には，ものづくり意識改革，5S・カイゼン，中小企業寄り添い型支援（handholding），診断制度，職業訓練機関と企業のリンケージ，高専，技能実習生の活用，公設試，日系企業と現地企業のリンケージ（部品調達・事業協力など），裾野産業育成をあげている。

参考文献

（日本語）

大野健一（2013）『産業政策のつくり方：アジアのベストプラクティスに学ぶ』有斐閣。

（英語・ベトナム語）

Le Quoc Hoi (2008), "Lan tỏa công nghệ đầu tư trực tiếp nước ngoài (FDI) ở Việt Nam: Ước lượng và kiểm định ở ngành công nghiệp chế biến" ["Spillover effect of foreign direct investment (FDI) in Viet Nam:

Estimating and testing in the manuracturing industry"], *Tạp chí Kinh tế và Phát triển* [Journal of Economics and Development], No.135, September 2008.

Nguyễn Bá Ngọc & Phạm Minh Thu (2014), "Năng suất lao động ở Việt Nam - nhìn từ góc độ cơ cấu lao động và kỹ năng", trình bày tại Diễn đàn "Năng suất Lao động Việt Nam 2014", Hà Nội, 2014, ["Viet Nam labor productivity – a view from the aspect of labor's structure and skill", paper presented at "Viet Nam Labor Productivity 2014" Forum, Hanoi, 2014].

Nguyen Ngoc Anh, Nguyen, T. L., Dang T., Pham, Q. N., Nguyen, D. C. and Nguyen, D. N. (2008), "Foreign direct investment in Viet Nam: Is there any evidence of technological spillover effect", Development and Policies Research Center (DEPOCEN) Working Paper No.18.

Nguyen Viet Khoi and Shashi Chaudhary (2019), "Viet Nam's Participation into the Global Value Chains", Chapter 4 in Nguyen Duc Thanh and Nguyen Cam Nhung, ed., *Viet Nam Annual Economic Report 2019*.

Taglioni, D., and Winkler, D. (2016), *Making global value chains work for development*, The World Bank.

第 9 章

低位中所得国ベトナムと中所得の罠

苅込　俊二

はじめに：目覚ましい発展を遂げ，中所得国となったベトナム

　半世紀前，共産主義の北ベトナムと資本主義の南ベトナムに分断されたベトナムは，両陣営の激しい対立，戦争によって，国土が荒廃し，経済発展とはおよそ無縁の国とみられていた。1975 年にベトナム戦争が終結し，76 年にベトナムは南北統一されたが，その後も近隣諸国の戦争，内乱の影響や旧ソ連型の計画経済運営によって，長い間，経済は低迷を続けた。

　しかし，冷戦の終結とともにベトナム経済は躍動を始めた。既に 1986 年に採択した「ドイモイ（刷新）」[1] の方針の下，進められた一連の経済改革の効果が 90 年代になると顕現した。これに米国との国交回復など対外関係の改善も追い風として働く中，ベトナムはアパレル・履物といった労働集約型産業が発展の糸口となり，経済的離陸に成功した。2000 年代に入ると，2001 年の米越通商協定発効により米国向けを中心に輸出が大幅に拡大した。また，2007 年の WTO（世界貿易機関）加盟はベトナムに世界標準の制度や基準の整備を促すものとなり，チャイナ・プラス・ワンの有力拠点先として外資の進出を加速させる機運となった。さらにサムスン電子（2009 年）の進出以後，サムスンの関連企業をはじめとして韓国企業が大量に進出したほかインテルなどが半導体や携帯電話などのエレクトロニクス製品の拠点を相次ぎ設立したことで，輸出の主要品目が繊維・アパレルや天然資源から携帯電話やプリンターなどとなり，エレクトロニクス製品の一大生産拠点へ変貌している。

　ベトナムは 2000 年代の平均成長率が 6.4％と ASEAN（東南アジア諸国連合）の中で屈指の成長を遂げている。その過程で，1990 年にわずか 94 ドルだった一人当たり GDP が，2000 年は 388 ドル，2017 年には 2,342 ドルと大幅に増加

した。このように，21 世紀のベトナムは，新興国[2]の名に相応しい経済発展を遂げて，20 世紀に持たれたイメージと全く違った国の様相を見せている。

　では，ベトナムは今後も経済発展を続けていけるだろうか。それを展望する上で重要なキーワードは「中所得国の罠」である。これは，経済的離陸を果たした開発途上国が高所得段階に到達する前に発展が停滞し，中所得段階に長期的にとどまる状況を指す。2009 年に中所得段階に到達したベトナムでは，今後，いわゆる「罠」に嵌まり低成長を余儀なくされるのか，あるいは罠に嵌まらないためにはどうすれば良いのかという議論が盛んになされている。

第 1 節　低位中所得段階の経済的特徴：
トランの発展段階論的アプローチ

　低開発国においては従来，貧困の悪循環を脱して，いわゆる経済的離陸ができれば，それ以降は制約なく発展していくものとみられてきた。しかし，第二次大戦後，開発経済学者が目の当たりにしたのは，経済的離陸を果たした国が，ある程度の所得水準（その大半が中所得）で停滞してしまい，高所得段階まで到達できた国はそれほど多くないということであった。この長期にわたり中所得段階にとどまる状況こそ，「中所得国の罠」である。

　この「中所得国の罠」というワードは，世界銀行の 2 人のエコノミストが提起して以来，頻繁に用いられるようになった。しかし，その重要性は経済開発に携わる専門家や研究者の間で広く共有されているものの，現在に至るまで明確な定義や理論的な背景が十分に説明されてきたとは言えない。このため，中所得段階における発展の理論的裏付けを欠いたまま，経済戦略や政策が立案，実施されるおそれがある。

　こうした問題意識から中所得の罠を巡る議論を整理，新しい解釈を試みようとしたのが，トランヴァントウ教授（早稲田大学）である。トランは，中所得の罠を巡る議論において，「既存研究は中所得段階の範囲を広く捉えすぎている。例えば，1 人当たり 2,000 ドルの国と 1 万ドルの国は発展論的特徴が異なるはずである。中所得国の罠に関するこれまでの研究はその区別をせず，政策

論議も一括して展開している」と指摘する（トラン・苅込（2019）15 頁）。実際，世界銀行は中所得を，低位段階（lower middle income）と高位段階（upper middle income）に分けている[3]。

　トランは，中所得を高位と低位の 2 段階で検討した[4]。それは，発展段階論的アプローチに依拠し，それぞれの段階を発展論的に特徴づけ，それぞれ高次段階への持続的発展の条件を特定するというものである。

　まず，高位中所得の段階は過剰労働力がなくなり，資本蓄積の役割も低下し，要素投入型成長が限界に直面するので，技術革新の役割が重要となる。すなわち，技術革新や制度改革による全要素生産性の向上が高位中所得の罠を回避するための条件である。他方，低位中所得の段階では過剰労働がまだ存在し，資本蓄積の役割が依然，重要となる。低位中所得国が持続的に発展していくために，労働や資本といった要素投入を行いやすい環境整備が求められる。

　既存研究では，トランの言う「高位中所得段階の罠」が主として議論されてきたが，トランは，低位中所得の段階も「罠」に嵌る可能性を指摘した上で，それぞれの段階で罠克服のための準備，対策を講じなければならないと主張したのである（トラン，2013）。本章の目的は，低位中所得国となったベトナムの現段階を，トランのアプローチを用いながら特徴づけるとともに，ベトナムが罠を回避してより高位段階にステップアップできるか，そのための課題は何かを検討することである。

第 2 節　FDI 主導で成長を続けるベトナム

　ベトナムは，9,000 万の人口を擁し，労働力が豊富で，しかも人材の質が高いことなどから，1990 年代以後，軽工業や電機関連組み立て産業などを中心とする労働集約型分野へ外資企業がこぞって進出した。ベトナムは，外資主導で製造業が急成長し，それが同国を中所得国にまで押し上げたと言えよう。

　ベトナムでは 1980 年代後半の外資受入れ開始以降，これまでに投資ブームと呼ばれる時期が 3 度あった[5]（図 9-1）。最初のブームは，1990 年代半ばである。当時，タイやマレーシアに続きインドネシアやフィリピンへの直接投資

図 9-1　ベトナムの対内直接投資

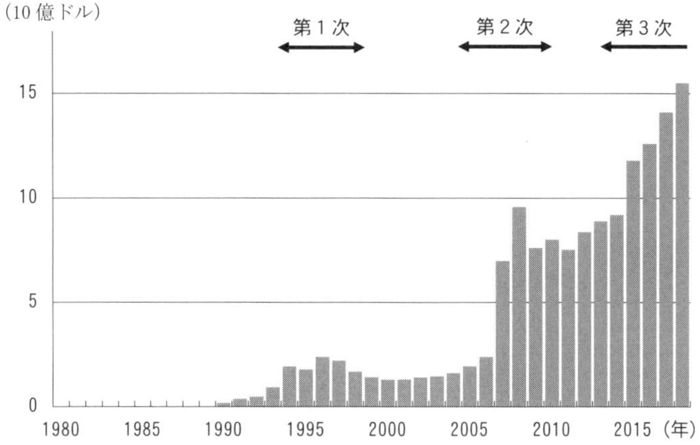

（10 億ドル）

注：ブームの時期は投資額及び件数に基づき決定。
出所：UNCTAD, World investment report database（2019）.

が盛り上がりをみせる中，豊富な労働力を供給できるベトナムは次なる成長国
として期待され，投資が増加した。もっとも，1997 年にアジア通貨危機によっ
て，アジア経済が危機的状況に陥るとベトナムへの投資も勢いを失った。

　第 2 次ブームは 2000 年代半ばであった。2007 年にベトナムが WTO へ加盟
することに伴って，共通投資法と統一企業法の改正や税制上の優遇措置導入な
ど，外資にとって投資しやすい環境が整備された。この時期に投資をリードし
たのは日本の製造業である。工業団地の建設も進んだことで，キヤノン，デン
ソー，TOTO，ブラザー，トヨタ，ダイハツ，ホンダ，ヤマハなどが北部に，
南部ではパナソニック，ソニー，東芝などが進出した。

　第 2 次ブームは，リーマンショック後の世界金融危機の影響で下火となった
が，その後も投資額自体はそれほど落ちることは無かった。第 3 次ブームは
2015 年以後，現在まで続いている。2010 年代の投資の主役は韓国企業である。
韓国は，世界金融危機後の世界的に投資が停滞した時期にも，ベトナムへの投
資を積極的に行った[6]。韓国は 2014 年に投資額と件数において，ベトナムへ
の直接投資（FDI）全体の 33.4％，37.3％を占め，日本，シンガポールを追い
抜き累積でも 1 位となった。投資を中心的に行ったのはサムスン電子である。

携帯端末の生産拠点を北部バクニン省に設けると，近隣のタイグエン省にも工場を設置し，これによりサムスン電子は携帯端末のグローバル製造拠点を中国からベトナムに移転した。この動きに呼応するように，韓国部品メーカーもベトナムへの進出を加速した。サムスングループでは，サムスン・ディスプレーがバクニン省に携帯電話用ディスプレー・モジュール工場を，サムスンSDIがハノイにバッテリー工場を，サムスン電機がタイグエン省に携帯電話部品工場をそれぞれ建設している[7]。サムスングループに続き，大型投資に乗り出したのがLGグループである。LGエレクトロニクスはベトナムを韓国，中国につぐ三大グローバル生産拠点にする戦略にもとづき，ハイフォンに新たに大型複合工場（ハイフォンキャンパス）を建設し，携帯電話，生活家電などの生産を15年に開始した。これに伴い，ベトナムの既存工場を閉鎖したほか，タイでのテレビ生産をベトナムにシフトして生産統合を図った。さらに，鉄鋼メーカーのポスコは09年，ホーチミン市近郊で自動車やオートバイ向けに冷延鋼板，ステンレス鋼板の生産を開始した。

　また，近年，ベトナムには中小企業の進出が増えている。これは，大手企業による組立工場が本格化し，組立工場へ部品を供給する事業者が目立っていることや，小売や飲食等のサービス分野への進出が増加しているためである。一般的に一人当たりGDPが3,000ドルを超えると，家電製品などの耐久消費財や自動車などの消費市場が急成長すると言われている。今後は生産拠点だけではなく，消費市場としての魅力も高めていくことが期待される。

　このように，ベトナムは数次にわたる投資ブームを経て，外資を中心とする集積が進んでいる。これら投資ブームはASEANブーム，中国一局集中リスク分散など外的な背景から生じた面もあるが，留意すべきはベトナムが外資の受け皿として，投資環境を着実に整備してきたことである。こうして，現在，ベトナムは，エレクトロニクス製品を中心とする製造業の生産・輸出拠点としてプレゼンスを高めている。

第 3 節　FDI 主導型成長の持続性と限界

　前節でみたように，ベトナムは，海外からの支援を活用してインフラ建設を行うなど投資環境を整備しつつ，外国の民間企業の直接投資を呼び込むことによって，外資企業による生産・輸出拡大を梃子に成長を遂げてきた。

　後発国として工業化を開始する国は様々な有利性を受けることができる。工業化で先行した先進国が長年にわたって開発・蓄積した技術・資本・経営ノウハウ・制度を導入して工業化の過程を短縮できるからである。この現象が「後発性の利益」または「後進性の利益」（advantage of backwardness）としてガーシェンクロンによって指摘されたが，現在，後発性の利益を享受する上で有力なツールが直接投資である。

　直接投資（外資）は受入途上国の資本形成に貢献するが，長期的には技術移転が期待できる。ここで，技術とは生産技術（財・サービスの生産と流通を実現したり改善したりする科学的知識・方法）だけでなく，経営ノウハウ，管理・組織能力などを含む。こうした技術の移転は当該の産業競争力を強化させるだけでなく，経済全体への波及を通じて経済全体の発展に貢献する。

　ベトナムは，農業部門が雇用全体に占める割合が 40％以上と高い。また，自営業・個人事業を中心とするインフォーマルセクターの割合も大きい。このため，工業化の過程では生産性の低い部門から労働力を移動させることにより，経済成長を加速させやすい[8]。低位中所得段階にあるベトナムでは，過剰な労働がまだ存在し，資本投入型成長の余地が大きいといえる。そのためのけん引役として外資（FDI）を据えて，発展を志向する戦略は当面，妥当であろう。ただし，FDI 主導の成長を行っていく上で，⑴ 外資がベトナムへ投資を継続的に行っていくのか，そして，⑵ ベトナムが上位段階へ発展を遂げる上で成長パターンを FDI 主導型から転換する必要があるか，という 2 点を検討する必要がある。

1. 外資にとってベトナムは事業が行いやすいのか

FDI主導型成長を今後も続けていけるのか。これは，外資がベトナムへ投資を継続的に行うのか，つまりベトナムは外資にとって事業を行いやすいのかということである。

ベトナムは，労働者の質の高さと労働コストの安さを武器とした低コスト生産拠点としてアジア屈指の競争力を備えている一方で，インフラ整備や投資関連法整備の遅れなどが外資誘致上の課題とされていた。

インフラの未整備については，1990年代から日本や世界銀行，アジア開発銀行などが，ベトナムに対し多額の開発援助や融資を行った結果，発電所，港湾，空港，道路，橋梁といったインフラの整備は着実に進んだ。例えば，人口千人当たりの発電設備容量について，タイに近づいており，インドネシアやフィリピンを大きく上回っている。ただし，北部のハノイと南部のホーチミンは約1,800km離れているが，この南部と北部を結ぶ物流インフラは脆弱で，ベトナム経済はこの2大都市を中心に二極化されている。こうした全国規模でのインフラ整備はまだ不十分である。

こうした状況下，ベトナム財務省は2016年の公的債務のGDP比が64.7%となり，政府が定める債務上限の65%に迫っていることを明らかにした。公的債務の積み上がりは，従来のように海外からODA（借款）を受け入れてインフラを整備するという開発戦略の継続が難しいことを示している[9]。

次に，制度面の不整備や煩雑さを評価する上で有用な指標として，世界銀行の「Ease of Doing Business」がある。これは，「ある国でどのぐらいビジネスがしやすいか」を様々な指標を用いて総合評価したものである。2019年版では，最もビジネスがしやすいと評価されたニュージーランドから，最下位のソマリアまで190カ国が調査対象となった。同指数は，毎年発表されると各種メディアに大きく取り上げられており，注目度の高い指標といえる。それ故に，多数の国が順位を上げることに力を入れており，この結果，同指数を改善するための改革競争が起こっている。

ベトナムの2019年のランキングは69位と，2016年の82位から順位をあげ

ている（表9-1）。この理由として，上述の電力事情が大幅に改善したことや，起業のしやすさ，納税といった手続き面が改善したほか，資金調達の容易さが中所得国の上位にランクされていることがあろう。このように，ベトナムは，外資企業にとって，事業が行いやすい環境を着実に整備してきたといえよう。

ただし，個別項目の全体順位を見れば，起業のしやすさ（104位），納税（166位）の煩雑さ，国外との貿易（100位），破たん処理（133位）で低い評価となっている。このうち，起業のしやすさは，2005年時点と比べれば，大幅に改善したものの，依然として手続き数が多く，立ち上げまでの日数がかかることが，ランクが下位にとどまらせる理由となっている。また，国外との貿易では，輸出入に関わる通関手続き・検査に時間やコストがかかりすぎるだけでなく，法令順守の点でも低い評価となっている[10]。政府サービスの質，許認可行政のあり方も企業の投資，資源配分に影響を与える。

こうしてみるに，ベトナムは投資環境を着実に整備しているが，外資に対

表 9-1　世界銀行のビジネスのしやすさ評価

	2005	2010	2015	2016	2017	2018	2019	改善度合	順位(2019)
全体評価				62.4	65.1	66.8	68.4	6.0	69
起業のしやすさ（Starting a Business）	71.3	75.9	79.2	82.7	81.8	82.0	84.8	13.6	104
建設認可のとりやすさ （Dealing with Construction Permits）	77.4	78.1	79.0	78.9	78.9	79.0	79.1	1.7	21
電力調達（Getting Electricity）			56.9	68.6	72.2	78.7	87.9	31.0	27
資産登記（Registering Property）			70.6	70.6	70.6	70.6	71.1	0.5	60
資金調達（Getting Credit）			65	70	70	75	75	10.0	32
少数株主保護 （Protecting Minority Investors）			45	47	55	55	55	10.0	89
納税（Paying Taxcs）			47.0	58.0	61.1	62.9		15.9	131
国外との貿易（Trading across Borders）			65.6	65.6	69.9	70.8	70.8	5.2	100
契約履行（Enforcing Contracts）			59.3	59.3	59.3	60.2	62.1	2.8	62
破たん処理（Resolving Insolvency）			33.5	34.3	35.1	35.2	34.9	1.5	133

注：1. 2005年の建設認可のとりやすさは2006年のデータ。
　　 2. 改善度合いは2019年と比較可能な最も古い年のデータから計算。
資料：World Bank, *Ease of Doing Business* (2019).

し，事業をしやすい環境の提供と言う観点からは，制度の面から更なる改善が求められる。ここで強調したい点は，改善を妨げる背景に，共産党の保守勢力や既得権益グループの存在である。保守勢力はイデオロギーに縛られて社会主義の根幹である全国民所有重視の観点から国有企業の保護の正当化，農地の公有制の堅持を主張し続ける。既得権益グループは保守勢力との癒着により現在の経済体制を維持しようとしている。逆に言えば，汚職，既得権益の温存が本格的に改善されなければ共産党への国民の信頼が喪失し，共産党の独裁的統治の正統性もなくなるので，保守勢力の立場がますます弱くなっていくだろう。そして，経済発展とともに安価な労働力という優位性が低下する中，外資にとって事業を行いやすい，あるいは魅力ある投資先と言えなくなるだろう。

2. 外資主導型成長の持続性と構造転換

　ベトナムは外国資本への依存が大きい。特に近年の工業生産の約半分，輸出の約70％も外資系企業が占めている。問題は，外資主導型成長は持続的かどうか。すなわち，外資依存度の高い経済のままで，中所得の罠を回避し，高所得への発展を実現できるだろうか。

　これについて，トランは，「開発途上国においては，外資企業への依存度を産業の発展段階に応じて変化させていくべきである」と指摘する。すなわち，一国全体で外資にどれだけ依存するかという観点よりも，産業ごとに外資への依存度を変化させていくことが重要である。例えば，産業がまだ幼稚な段階では，なるべく外資の機能を最大限に活用し，産業の国際競争力を高める必要があるが，発展を遂げるにつれて，自己の経営資源の蓄積を通じて外資に対する依存度を段階的に低下させていくことが賢明となる。そして，より付加価値の高い産業に外資を呼び込み，自国の競争力の向上を図っていく。こうした継続的な外資誘致では，技術吸収能力をたえず強化していく必要がある。

　グローバル化が進展する現在，多国籍企業は効率的な分業体制を構築する一環で，直接投資先を選定している。低廉で豊富な労働力という競争上の優位性が失われた場合，より高い技術・生産力を有していないならば，生産拠点はより低廉な労働力を提供する他地域にシフトし，多国籍企業の域内生産ネット

ワーク・システムから落ちこぼれていく。

　現在，中国やタイに比べて低いとされてきたベトナムの賃金は，経済発展とともに上昇しており，必ずしもメリットとは言えなくなっている。実際，外資系企業が集中するハノイやホーチミンの最低賃金は，前年比 2 桁台の上昇率で上昇した。2018 年の最低賃金は 2012 年と比べて 2 倍に跳ね上がっている。こうした動きは，ベトナムの産業が，従来のように低廉な人件費で勝負するのではなく，生産性向上や高付加価値化などによって競争力を高めなければならないステージに入りつつあることを示すものである。

　後発国が先進国から技術を導入し，工業化を成功させるために，技術吸収能力（absorptive capacity）があるかどうかが重要である。技術吸収は導入された特定の技術を使いこなして，自国内で定着させることである。先進国から技術を導入し，工業化のキャッチアップを成功するためには，導入技術の国内経済への幅広い波及と，標準的な技術を順次，応用しより高度な技術へ転換していくことが求められる。

　以上までの議論を踏まえれば，トランが指摘するように，外資主導型成長自体に問題があるのではない。キャッチアップ型の発展を遂げる段階では，外資を通じて技術のみならず経営ノウハウといった幅広い資源を導入・受容しながら，発展段階を高めていくことができる。ただし，その場合，導入される外資は新たな発展を主導するものでなければならない。発展段階に従い，経済における外資の依存度を低下せていく必然性はなく，むしろ外資を国民経済の中にいかに組み入れるかが問われている[11]。

第 4 節　　生産性主導型成長に向けた取り組みの必要性

　韓国や日本など外資企業は，現在，ベトナムを低廉で優秀な労働力を活用できる有望投資先として位置付けている。また，ベトナムも外資が事業を行いやすい環境整備を通じて，外資の呼び込みに積極的である。こうしたことを踏まえれば，ベトナムは当面，外資主導の成長モデルが継続すると予想される。

　しかし，近年，後発国であるミャンマーなどが，安価な労働力を武器に新た

な生産拠点として脚光を浴びている。こうした外的環境に加えて，ベトナムでは高齢化の進展により今後，生産年齢人口の伸びが鈍っていくとみられ，労働投入の成長寄与度は低下せざるを得ない。

　開発途上国では発展の過程で要素賦存状況が変化するが，それに対応して比較優位構造も変化する。低位中所得段階までは，労働集約的産業が比較優位を持つが，後発国に追い上げられる高位の中所得段階では資本集約型や技術集約型産業で比較優位を持つようにならなければ，より高次の段階に進むことがままならない。

　ベトナムは今後，高位中所得国入りを目指すステージに入る。この段階では，要素投入型成長が限界に直面するので，技術革新の役割が重要となる。すなわち，技術革新や制度改革による生産性の向上が高位中所得の罠を回避するための条件となる。生産性の向上をはかっていく上で労働者の教育水準の向上や新しい技術・知識の習得などには時間を要する。ベトナムは当面，外資主導で成長を遂げながら，外資系企業からの技術移転の促進を通じて，人材育成および技術・経営ノウハウを有する地場産業の育成，強化など，高位段階で必要となる発展基盤の整備に取り組むことも求められよう。

注
1　1986 年 12 月の第 6 回共産党大会で採択された。具体的には「社会主義路線の見直し」，「産業政策の見直し」，「計画経済から市場経済への転換」，「国際協力への参加を進める」というものである。特に，「計画経済から市場経済への転換」では，国営・公営以外の私企業を認めるだけではなく，私有財産についても一部認めた。こうして，国民の生産意欲を高めながら，経済を活性化させることに成功した。
2　新興国ブームを象徴する BRICs を造語した米投資銀行ゴールドマン・サックスは，BRICs に続いて 21 世紀に有数の経済大国に成長する潜在性を持つ 11 カ国を NEXT11 と名付けた。その中にベトナムも含まれている。
3　世界銀行は，中所得国を 1 人当たり GNI でみた 2018 年の所得水準が 995 ドル以上 1 万 2,055 ドル未満の国・地域と定義している。その上で，3,895 ドルを境に「高位中所得国」と「低位中所得国」に分類している。
4　トランによる発展段階論的アプローチは，トラン・苅込（2019）の第 2 章で詳説されている。
5　投資ブームの時期は投資規模のみならず，件数も加味して決定した。
6　韓国は，李明博大統領が 2009 年にベトナムを訪問し，両国関係を戦略的協力パートナー関係に格上げした。また，2013 年に朴槿恵大統領も就任早々，ベトナムを訪問するなど関係強化に努めた。
7　サムスン電子は南部のホーチミン近郊に家電複合工場を建設し，16 年から生産を開始した。北部の工場がグローバル市場向け生産基地としての役割を担っているのに対して，南部の工場は

ASEAN 市場向け（含むベトナム国内）生産基地としての役割を担っている。実際，生産効率を高めるために，タイとマレーシアにあった家電工場を閉鎖して，ベトナムに集中させている。

8　日本の高度成長期（1955-1973）の開始次期は，経済構造が現段階のベトナムと似通っていた。

9　政府は，公的債務を抑制するために，その2割を占める政府保証債務に目を付け，国営企業がインフラ投資のために行う新規借り入れに対して，政府保証を停止すると発表した。ベトナムでは国営企業が交通や電力などのインフラ整備の一翼を担ってきたことから，債務保証の停止はインフラ整備の足かせになることが懸念される。

10　トランス・ペアレンシ―事務局が毎年，発表する汚職認識指数（Corruption Perception Index）では，2018 年は 180 カ国中 117 位と下位に位置づけられている。

11　後発国はすべて後発性の利益を利用して工業化を成功させるわけではない。後発性の利益はただ機会に過ぎず，後発国の成功のための十分な条件は後発国自身の能力も備えなければならない。その能力とは外国の資本・技術・経営ノウハウ・制度を効果的に吸収するものであり，それは社会能力（social capability）とも言われる。

参考文献

（日本語）

苅込俊二（2017）『中所得国における持続的成長のための基盤・要件に関する研究』早稲田大学博士学位申請論文。

トラン・ヴァン・トゥ，苅込俊二（2019）『中所得国の罠と中国・ASEAN』勁草書房。

みずほフィナンシャル・グループ（2017）「成長市場 ASEAN をいかに攻略するか―多様性と変化がもたらす事業機会を探る」*Mizuho Research & Analysis*, No.12。

（英語）

Gill, Indermit and Kharas, Homi（2007）, *An East Asian Renaissance: Ideas for Economic Growth*, Washington, DC: The World Bank.

Ohno Kenichi（2009）, "Avoiding the Middle-Income Trap: Renovating Industrial Policy Formulation in Vietnam", *ASEAN Economic Bulletin*, Vol.26, No.1, pp.25-43.

Tran Van Tho（2013）, "The middle-income trap: Issues for members of the Association of Southeast Asian Nations", *ADBI Working Paper*, No.421（May）.

第10章

ベトナムの経済発展と
クローニー資本主義のトラップ[1]

ド・マン・ホーン

はじめに

　ベトナムの市場経済への移行過程は約30年前から始まった。1990年代半ばから投資や工業生産及び輸出入額は急速に拡大し，産業構造も製造業とサービス業のシェアの拡大により大きく変化していた。その結果，2010年からベトナムは貧困国から中所得国になった。このベトナムの経済発展の成功の要因に関して今まで様々な見方があった。

　例えば，大野（2009）やWorld Bank（2012）などは，これまで同国が優れた経済発展の実績を上げた理由を，経済制度の自由化と安定的な政治の維持が出来たからと説明した。他に，Do（2007）により外国直接投資の活用や民間企業に対する規制緩和はベトナム経済発展の成功に繋がる決定的な要因となった。

　一方，ADB（2011）や大野（2011）はベトナムの今までの経済開発の成功を評価しながら，ベトナムの経済構造や国際競争力などの問題を分析し，中所得国の罠に嵌る可能性があると指摘していた。

　ところで，経済開発路線に焦点を合わせる議論には，例えばトラン（2010），中兼（2012）は，ベトナムの社会経済発展政策は基本的に中国の開発戦略に似ていると説明した。即ち，両国とも自らは「社会主義性向型市場経済」を目指すと強調した。しかしこれは実質的に開発独裁の一種又は国家資本主義的な開発戦略を見据えることもできる。さらに，田中（2012），加藤・久保（2009）によるとこの戦略は，民主主義的な政治体制の下の国家資本主義とは異なっていると説明される。ちなみに，近年ロシアや中国などの政府主導型経済開発戦

略を重視する国家資本主義モデルは従来資本主義市場経済モデルを代替する可能があるという見解，例えばIan Bremmer（2010）もあり，開発経済学において新しい疑問が投げかけられるとみられる。

　本章はベトナムの市場経済への移行過程を再考しながら，今まで採択された経済開発政策（国家資本主義モデル）により派生されるクローニー資本主義的な経済勢力が同国の中所得国の罠に嵌る可能性をもたらす決定的な要因となることを検討していく。

　具体的に，第1節は国家資本主義やクローニー資本主義的な開発モデルに関する諸理論を参考に，ベトナムの経済開発は政府主導型モデルから市場主導型モデルへと変化すると同時に国家資本主義からクローニー資本主義へと転換する特徴があることを論じていく。第2節は2000年の時点を境に，ベトナムの経済制度の変化と所有形態別各企業部門の発展に関わる条件を分析し，同国の経済発展とクローニー資本主義のトラップとの関係に関わる仮説を検証する。第3節は今後の持続的な経済成長の条件を巡る政策提言を示しながら，さらなる研究すべき課題を述べ，議論を括る。

第1節　クローニー資本主義と経済発展を巡る議論とベトナムのケース

1.「見えざる手」か「見える手」か

　一般に，経済制度の運営には「見えざる手」（自由競争原理の下市場に任せる方法）か「見える手」（政府の介入）又は「両手」のどっちかが主要な手段として使用されるかによって，経済発展モデルを「市場性向混合経済」と「指令性向混合経済」に分類することが出来る。

　「市場性向混合経済」と「指令性向混合経済」は，いずれも混合経済体制であるが，それぞれ正反対の特徴がある。前者は，基本的に市場経済であるが，自由競争度合が一定に規制される。例えば，独占禁止法や補助金制度などである。そのほか，政府は公共財・サービスを提供する目的のように公的経済部門

（国有又は国営企業）を通じて市場を介入することも考えられる。一方後者は，公共財・サービスだけではなくあらゆる分野（産業）で国有又は国営企業部門を中心とする経済である。この場合，民間企業と国有・国営企業は同じ土場で競争することになる（民主主義国家では考えられない事態）。

「指令性向混合経済」と「市場性向混合経済」のモデルは，近年中国経済の変化を分析した三浦（2013）に描かれた「国進民退」と「国退民進」の現象によく当てはめられる。この考えによると，中国もベトナムも自らで「社会主義性向市場経済」を目指していくと主張し続けているが，実質的に両国の経済発展戦略はこれらのモデルを不明瞭に融合するものであった。

別の視点からみれば，これらのモデルは Ian Bremmer（2010）に言及された「自由市場型資本主義」と「新しい国家資本主義」にも類似点がある。

2008 年の世界的金融危機以降，自由競争原理に基づく市場経済における政府は，特に信用・資本市場の場合，市場の失敗を是正する機能だけではなく，市場価格を誘導する力もあるようである。言い換えれば，今日の国際政治経済のグローバル化を背景に，「強い政府」は市場機能の代わりに，国家の開発戦略を実現することが可能である。

因みにここで「強い政府」とは，独裁政治体制の下，立法や司法から国有企業の運営まで，絶対的支配力がある政府のことを意味する。こうした国家のガバナンス（新しい国家資本主義）は，一部少数のグループ（政治家，官僚及びクローニー資本主義的な企業）に特権を与えることがあるが，経済全体を発展させる効果もある。この経済で，市場（価格）は「見えざる手」ではなく，政府の介入に誘導される。しかし，このモデルは経済をどこまで発展させるかについて現時点でまだ疑問がある。

一般にシュムペーター流により経済発展の条件としては新技術を能動的に生み出す破壊的な創造力が必要である。しかし，Ian Bremmer（2010）は「新しい国家資本主義」にはこうした破壊的創造力が存在しないと説明した。なぜなら，こうした創造力は経済のみならず，「新しい国家資本主義」の存在の必要不可欠の条件となる独裁的な政治体制を破壊する可能性もあるからである。

しかし，仮にこの「新しい国家資本主義」開発モデルは，経済発展の離陸（Catch-up）段階では自由市場より効率性があると言っても，その経済発展の

効果とこのモデルの内在的な要因との関係性をさらに明らかにする必要がある。つまりもし，このモデルは生産性の向上による経済の高付加価値化ではなく，単なる資源（労働，天然資源）の投入（量的な追加）によってもたらせる経済成長のパターンであれば，こうした経済発展は短期間で失速してしまう。またこの失速の速さは市場の（資源配分の）非効率性と比例すると考えられる。実際，この非効率性はクローニー資本主義的な企業の存在に密接な関連があると考えられる。

2.　クローニー資本主義と経済発展との関係

　クローニー資本主義は，新しい概念ではない。一般に，これはレントシーキング（rent seeking）又は（政界及び業界を含む）特定グループのための独占利益を目的とする企業と政治・官僚との結合を意味する。Randall G. Holcombe（2013）によれば，クローニー資本主義とは，企業の利益が政治的な関係に依存する経済システムであると説明された。

　クローニー資本主義に関するより詳細かつ体系的な研究は，David C. Kang（2002）に参考することが出来る。この研究は，政治面での民主主義の度合を考慮しながら，経済発展による賄賂（corruptions）と取引費用（transaction costs）との関係を基準に，「強い政府」か「弱い政府」か，又「企業の集中」か「企業の分散」かによってクローニー資本主義を分析するフレームワークを構築し，次の四つパターンに分けた。

　それらは「強い政府と企業の集中」（Kang I），「強い政府と企業の分散」（Kang II），「弱い政府と企業の集中」（Kang III），「弱い政府と企業の分散」（Kang IV）であった[2]。

　Kang IV のパターンは民主主義先進国によく見られる組み合わせであるが一般に，途上国の経済社会構造は最初の 3 つのパターンにある。長期的には経済社会は内外の要因により，あるパターンから別のパターンに変わることもある。

3. ベトナムの経済発展とクローン資本主義のトラップ

1990年代のドイモイ（経済刷新）以来ベトナムの経済改革は不安定に変わりつつあった。当初から1990年代末まで，政府は計画経済から新しい国家資本主義（国有企業の保護）を重視しながら「指令性向混合経済」構造（国進民退パターン）の構築を試み，その後2000年から2006年までの間，対外経済の開放（米越貿易自由化協定の締結，世界貿易機関 –WTO への加盟の準備など）の外圧的な影響により「市場性向混合経済」のパターンに変えざるを得なかった。2007年からWTOへの加盟後，国際ルールを服従する義務による市場の自由化が一層進むと同時に，政府は野心的な経済政策（例えば大規模の国有企業集団の設立と投資の多様化，証券金融市場の大幅な規制緩和の推進など）を実施することを契機に，クローニー資本主義的な経済行動はあらゆる分野と地域に拡散し，ベトナムでの市場経済制度の発達を妨げた。

ここで言うクローニー資本主義的な経済行動とは，本来市場経済の主人公として競争企業の目的であるプロフィットシーキング（profit seeking）ではなく，政策立案者（立法及び行政機関）とのコネクションを利用し，レントシーキングのために市場に参入する行為のことである。

ベトナムの経済制度の改革当初こうしたクローニー資本主義的な経済行動は，国有企業部門を中心に集中したが，政治の独裁と経済の自由化を平行に行う開発戦略により，経済の自由化は外資系企業や民間企業部門でのレントシーキングの行動も誘発させてしまった。即ち，規制緩和の推進はクローニー資本主義的な経済行動の誘発及び拡散により本来市場経済の競争企業を育てず，長期的経済発展を支障してしまう。この現象をクローニー資本主義のトラップという。

上述の Kang の分類法に当てはめれば，現在ベトナムの経済は同時に Kang I（強い政府・企業集中）と Kang II（強い政府・企業の分散）のパターンが混在する特徴がある。ただしベトナムの場合，「強い政府」とは Kang の定義のように立法に対する支配力だけではなく，司法や行政機能においても共産党の独裁的な支配力を背後に，様々な経済活動（市場）を直接的又は間接的に介

入する力を持つ政府のことである。一方企業集中は，政策立案に対する政治的な影響力を持つ（国有資本系，外国資本系，民間資本系の）大手企業のことを意味する。こうした Kang I と II の混在状態は，クローニー資本主義の繁盛の最適な条件が備えられると考えられる。

　クローニー資本主義トラップの問題に焦点を合わせてベトナムの経済発展の事例からみると，Bremer（2010）の「新しい国家資本主義」や三浦（2013）の「国進民退」のような開発独裁的な政府主導型経済発展戦略を支持する考え方はさらに検討される必要があると言えるのであろう。

　以下 2000 年を境に，ベトナムの経済制度の変化及び所有形態別各企業部門の発展を考察しながら，ベトナムの経済発展は如何にクローニー資本主義のトラップに嵌りつつあるかを検証したい。ただし，2000 年以降はさらに WTO への加盟前と加盟後に分け，ベトナムのクローニー資本主義を生み出す条件を詳細に分析する。

第 2 節　1999 年代末までの国家資本主義 ―政府主導型開発モデルの失敗

　「改革か崩壊か」の状態に追い込まれたベトナムは 1986 年に中央集権的な計画経済制度から市場経済制度への切り替えを決断するドイモイ政策が打ち出された[3]。

　但し，当初ドイモイ政策は政府主導型国家資本主義的な傾向が強かった。1986 年から市場経済制度が導入されたにもかかわらず，国内市場は国有企業及び外国資本だけに開放され，1990 年まで民間セクターに対してまだ自由化されなかった。当時政府の意図は，外国資本と技術を活用しながら国有企業の生産能力（効率性）を向上させることを狙った。よって当初外国直接投資の受け入れ方は，主に国有企業の合弁の形態であった。1990 年代に入ってから国内の民間資本に対する規制緩和を実施し始めたが，1999 年末まで市場への新規参入の規制は段階的に緩和されつつあったものの，基本的に「許可制」に基づいたものであり，市場経済化向けの行政サービスの改善も遅れたので，企業

活動にとって好ましいビジネス環境ではなかった。その結果 2000 年まで，国有企業（SOEs），外国資本系企業（FDI）と国内民間資本系企業（PVEs）の発展は，それぞれ異なる動きがあったが，この間クローニー資本主義的な経済行動はまだ限定的であった。

1.　外国直接投資（FDI）―合弁の失敗

　1987 年に外国直接投資法が制定され，外国資本系企業はベトナムに進出することが出来るようになった。制度上，FDI はあらゆる分野又は投資形態（技術提携，合弁，100％外資）で国内市場に参入することが出来るようになった。しかし実際上，行政手続きの複雑且つ不透明な点が多く，当時進出した FDI の殆どの場合は，国有企業との技術契約か合弁会社の新規設立の形態を選んだ。投資分野について当初（1988－1995）の間，FDI はホテルやレストラン又は貿易などのサービス業に集中し，製造業では，「不二家-HONG HA」（お菓子の生産）や「ソニー VIETRONICS」（テレビの組み立て）などのわずか数社の合弁会社しかなかった[4]。

　上述のように，外国資本系企業と国有企業との合弁を推進する狙いは流入された外国資本及び技術の利用によりベトナム経済の主役である国有企業の生産能力を向上させることであったが，実際その目的を果たせなかった。Do（2006）によれば，1990 年代後半から国内資本系民間企業の参入や米国の対ベトナムの経済制裁の解除，またアセアンへの加盟による新しい FDI の流入は競争環境を変化させ，その結果大部分 SOEs と FDI との間の合弁会社が解体されたか 100％ FDI の形態に再編されていた。

2.　国有企業（SOEs）―改革の始まり

　ドイモイ開始後，政府は国有企業に対して企業活動に関わる直接的な介入を止め，経営者のトップの選定（人事権）だけを握り，それ以外企業の生産経営について自主的な経営権を与え，間接的にコントロールする方法に切り替えた。

　具体的に，金融セクターでは，政策的な機能と金融サービスを提供する機能を分離させ，政策銀行と商業銀行を分けて銀行システムが再編された。また，中央銀行も新しく制定された中央銀行法により，貨幣供給と銀行システムの監督という二つの機能を中心に調整された[5]。

　その他の SOEs は配分された経営資源（資本，土地，労働）を使い一定のレベルで自主的に自由に市場に参入することが認められた。ただし，Do（2010）が指摘したように，この間 SOEs に対する保護の恩恵（資本金の配分や土地利用など）は従来通りほとんど変わらなかった。実際，1990 年代末まで，SOEs はあらゆる産業分野で独占の地位を占め続け，経済全体の大部分の総資本形成（総投資額）のシェアを占めていた。

3.　国内資本系民間企業（PVEs）―懐妊期間

　制度上 1986－1990 年の間，ドイモイ政策により FDI と SOEs は市場に参入することができたが，国内 PVEs に対する規制はまだ緩和されてなかった。ただし，Dang Phong（2009）によれば，実際上ドイモイ政策の開始の前から国内民間資本はインフォマー経済部門として実在していた。

　Do（2006, 2007）に述べたように，1990 と 1991 年に（民間資本を対象に）制定された個人企業法と会社法，さらに 1992 年の新憲法の制定をきっかけに，初めて民間資本の存在が法律に保障されるようになった。こうした経済制度の自由化により，当時規制がまだ厳しかったにもかかわらず 1992 年から新規民間企業は急速に増え続けていた。ただし，1990 年代末まで大部分これらの企業は，製造業に参入せず，機械設備の投資があまり必要のないサービス業（小売りなど）に集中する傾向があった。一部南部地域における民間企業は，穀物加工や歯磨き粉，石鹸などの生産活動を行うこともあったが，大部分（看板隠しなど）表舞台に現していなかった。

4.　ドイモイ初期国家資本主義開発戦略の失敗

　ドイモイ開始から 2000 年まで，政府は SOEs に経営自主権を与えながら，

同企業部門に対する保護の恩恵を温存する政策で国家資本主義開発戦略を展開していた。

しかし図 10-1 に示されたように，政府の期待に反して，工業生産全体の中，SOEs のシェアが 1990 年に 65.5％から 2000 年に 42.1％まで低下した。因みに，ベトナム統計総局（GSO）の統計データ（各年版）によると，ベトナムの工業生産額は 1990 年に約 55 兆 VND（約 10 億米ドル）から 1999 年に 169 兆 VND（約 13 億米ドル）近くに拡大した[6]。FDI のシェアは SOEs のシェアの減少の分を代替（34.5％から 44.4％に上昇）した。一方，PVEs（Non SOE）の工業生産が拡大したが，シェアが約 13％であまり変わらなかった。

生産対資本の倍率（資本係数-ICOR の逆数）をみると，全体的に三つの企業部門とも資本使用の効率が低下している傾向があったが，その中 SOEs の生産効率は 1990 年代前半から急速に低下し，1997 年以降 1 単位の資本は 0.5 単位の工業 GDP しか創造することが出来なかった。

図 10-1　1990－1999 の所有形態別工業生産のシェアと生産対資本比率

a.　工業生産のシェア（％）

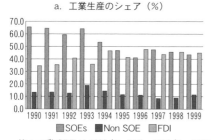

b.　生産対資本の比率（倍）

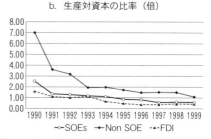

注：工業 GDP は 1990 年 =54.6，1999 年 =168.7 兆 VND（1995 年価格）
資料：ベトナム統計総局のデータから計算，作成。

実際，経済の自由化が進む中，FDI と PVEs の生産効率の低下も，国家資本主義開発戦略の失敗を間接的に反映していたと考えられる。なぜなら，SOEs（資本や土地使用に関する条件）を保護しながら，経営面での自主化（自主経営権を与える）政策は，非国営企業を不利にしたからである。

経済制度の変化を全体的に見ると，1990 年代後半から経済活動に関する規制緩和が徐々に加速されていたが，国家資本主義（国有企業）を重視する開発

政策の影響により，実際上市場の機能があまり活用されず，所有形態別企業部門間の競争が存在しなかった。SOEs，FDI 及び PVEs はそれぞれ異なる市場ドメインに集中し，国内市場においても国際（輸出）市場においても相互にライバル（直接対決）関係を避ける傾向があった。

　国内市場には，ドイモイ当初 FDI がまだ自由に参入できなかったので，SOEs 及び PVEs との競争がなかった。一方，国際市場（輸出）に関して，SOEs 又は PVEs も一部 FDI が進出している市場（例えば，アパレルや履物の製造）に参入していたが，FDI 系企業は優れた経営資源（ブランド，経営ノウハウ，機械設備）により競争優位を持つので，国内資本系企業が FDI と直接に対決する競争を避けていた。

　1990 年代前半大部分の FDI は，高級（外国人向けの）レストランやホテルなどのサービス業に集中したので生産対資本比率が高かったが，後半から安い労働コストを利用するため，組み立て加工を中心とする製造業で投資を行うので，この比率が国内資本系企業と同水準に低下した。

　一方，ベトナムの PVEs は 1990 年代に生産技術や経営ノウハウ又は資本動員，土地使用などに関して FDI 及び SOEs と比べ比較優位がないので，これらの企業との直接な対抗（競争）を自粛する傾向があった。1990 年代前半国内市場の隙間（FDI 又は SOEs が参入していない分野）を狙う PVEs は高い水準の生産対資本比率を維持することができたが，新規参入企業の増加により競争環境が徐々に厳しくなる中，その比率が急速に低下していた。

　上述の経済制度の変化と三つの企業部門の動きをみると，明らかにドイモイ初期から 2000 年までの間，ベトナムの国家資本主義開発戦略は成功しなかった。即ち，その開発戦略は国家資本主義の代表となる SOEs を発展させられず，しかも市場経済の主役である FDI と PVEs に不利な競争環境を及ぼし，これらの企業部門の発展も経済全体の発展も妨げられた。

第3節　2000年以降の指令性向混合経済から市場性向混合経済への移行とベトナム型クローニー資本主義の形成

1. 指令性向混合経済への移行

　2000年からベトナムの経済は，国家資本主義開発路線を離れ，SOEsを中心とした指令性向混合経済（或いは「国進民退」）モデルから市場性向混合経済（「国退民進」）へ移行する兆候があった。特に，2007年にWTOへの加盟後，証券や不動産への投資，投機ブームによる経済の過熱はSOEs（とりわけ中央管理大手国有企業）の膨張及びベトナム型クローニー資本主義（政治家，官僚とのコネクション及び不透明な関係がある企業）の芽生えを刺激していた。ただし，これらのクローニー主義的な勢力は，政治のトップの恣意ではなく，単なる移行期の制度上の隙間（欠陥）に誘発されたとみられる。

　このベトナムの開発戦略の大きな変更，即ち「国進民退」から「国退民進」への移行のマイルストーンは，国内民間資本の自由化を本格的に推進した「2000年版の企業法」の制定であった。同法に最も重要な内容は，従来民間資本の市場への新規参入に対する「許可制」（申請—審査—許可）から「登録制」（申請—登録）への変更であった。こうした変更は，大勢な国内民間資本の市場への新規参入を刺激すると同時に，民間企業が本格的に設備投資を展開する動きを促す効果も大きかった。

　また2000年以降，FDIに対する規制緩和もさらに加速されていた。例えば土地使用期間の（最大50年から70年に）延長や新規参入，輸出入に関わる手続きの簡素化などであった。

　これらの政策変更によりビジネス（競争）環境が改善され，2000年代初頭から非国有系企業部門（FDIとPVEs）の急速な発展に繋がった。ただし，SOEsは2000年代前半，国有企業改革の政策も進められたものの，依然としてまだ大きな変化がなかった。図10-2所有形態別企業の工業生産のシェアの推移をみると，2000年から2006年までの間SOEsのシェアが縮小していき，

その代り民間企業と FDI のシェアが拡大した。

　非国営（国内資本系）企業のシェアは，2005 年に国営企業のシェアに追い付いた。一方 FDI は国内資本系民間企業の工業生産への参入の影響で 1999 年に工業生産の 4 割以上から 2000 年以降約 2 割前後の水準に安定的に維持されていた。これらのデータをみると，SOEs は政策上経済の主役を演じ，政府から様々な保護の恩恵を享受し続けていたにもかかわらず段々居場所が狭くなってきた。

　2000－2006 年の間資本使用効率（生産対資本の比率）を見ると PVEs は SOEs よりはるかに上回っていた。ただし，同企業部門（PVEs）の数値の推移は，新規参入企業の増加により競争環境が徐々に厳しくなりつつあるので，減少する傾向があった。一方 FDI の資本使用効率は絶えず上がり続けていた（図 10-2b を参照）。

図 10-2　2000－2006 の所有形態別企業の工業生産のシェアと生産対資本比率

a. 工業生産のシェア（%）

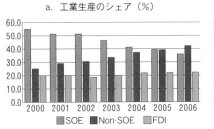

b. 生産対資本の比率（倍）

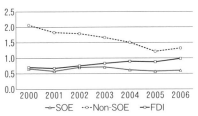

資料：図 10-1 と同じ。

　産業組織論の見地からみると，この間競争環境の変化により新規参入企業は絶えず増え続けていたので市場は無数の中小又は零細規模の競争企業に分散されていた（市場を支配する特定のグループの企業がまだ存在しない）。ただし，この時期にこうした経済制度の変化もベトナム型クローニー資本主義の芽生えのための条件を整え始めたとみられる（この点について後述で補足説明がある）。

　上述のようにドイモイ以来経済制度に様々な変化があったが，独裁的な政治体制の背後にある政府は市場を介入する力が依然として温存されている。ただ

し，結ばれた国際条約（例えば，AFTA や WTO など）の義務を果たすため，経済制度の自由化や透明化が求められていたので，ある程度政府の過剰的な介入が抑制されていた。しかし，実際経済制度の運営を観察すれば，現行政府は市場に対する強い介入力があったと考えられる。

　このように，2000－2006 年の間，「強い政府」と（分散的な）「競争企業」との組み合わせは，ある程度経済発展を推進する効果があった。この間年平均GDP の成長率は 7％から 8％に，また工業生産は約 10％程度に達した。

2.　市場性向混合経済体制への転換

　2007 年に本格的に国際市場（WTO）へ加盟した後，締結した国際条約に求められる経済制度（法律システム）の改善により，前期と比べ市場介入の余地はさらに制限されるようになった。一方企業は，SOEs，PVEs と FDI それぞれ所有形態別の企業部門内で競争秩序は「見えざる手」（自由市場）の機能に本格的に調整され始めた。

　WTO への加盟（2007 年）から非国営企業は工業生産のシェアが SOEs のシェアを大きく上回り，ベトナム経済を支える主役となった。また FDI のシェアは WTO 加盟後一旦少し低下したが，2010 年以降また回復し，2013 年から SOEs のシェアを上回っていた（図表 10-3a を参照）。

　この変化をもたらしたのは 3 つの要因であった。一つ目は SOEs の改革の新しい動き，二つ目は国内資本系民間企業部門の劇的な発展，三つ目は FDI の安定的な発展であった。

　2007 年から WTO の基準に従う競争環境の改善のため，所有形態別関係なく SOEs も PVEs も FDI も（2005 年に制定された）統一企業法と投資法の下で投資の優遇や納税義務などは平等に処遇されるようになった。これを背景に，地方政府管理 SOEs の子会社または孫会社の解体や民営化（株式化，売却）の動きは以前より活発となった。

　しかし中央政府管理 SOEs の動きは 2009 年以降逆に拡大する兆候があった。その原因は，2006 年から大手国有企業に対する政府の政策転換であった。当時首相の指示の下，複数の国有企業集団を再編し，政府の保護で公的資金を使

い投資を拡大した。加えて，これらの大手国有企業集団は，2006−2008 年の
証券及び不動産のバブルの波に乗り，本業から離れる様々な分野で投資を拡大
する動きもあった。例えばこの間，石油開拓公団（PETROVIETNAM）や海
運と造船公団（VINASHIN）などは，公的資金を使い，ホテル，オフィスビ
ル，総合住宅の建設や証券サービスなどの分野で数多くの子会社，孫会社を乱
立した。これら会社は，後述のようにクローニー資本主義勢力の一部となっ
た。

　工業生産対資本の比率をみると（図 10-3b），2008 年以降の SOEs は 2000−
2006 年の同指標の平均水準を大きく下回り，資本の浪費又は非効率利用を表
した。これらの変化は，従来国家資本主義又は指令的混合経済（国進民退）の
モデルの中心的な存在であった SOEs が徐々に非国営企業に主役を譲りつつあ
るようになったことを意味する。

図 10-3　2007−2017 の所有形態別企業の工業生産のシェアと生産対資本比率

a.　工業生産のシェア（%）

b.　生産対資本の比率（倍）

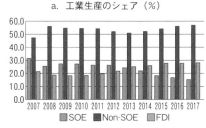
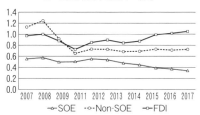

　資料：図 10-1 と同じ。

　PVEs の競争力について 2008−2009 年の世界金融危機の影響もあり，また
国内の証券及び不動産市場の不安定もあった原因で工業生産対資本の比率は
2010 年まで低下し続けた。しかし，それ以降安定な水準に維持され，全体的
にみると SOEs の水準よりも高かった。

　一方 FDI 企業は 2007 年以降 WTO 加盟による競争環境の改善を背景に，投
資規模も徐々に拡大し，生産対資本比率も（世界金融危機の影響を受けた
2008−2009 年を例外に）絶えず向上しつづける動きがあった。

　しかし，FDI 企業の活動を詳細に見ると，国内市場を狙う企業の一部は政
府とのコネクションを利用してレントシーキング活動を行う動きもあった。例

えば外資系企業を中心に組織されたベトナム自動車協会と政府との密接な関係
により，国内市場における自動車産業への過剰的な保護政策は長期間に渡って
現在まで温存されている。このように，FDI の流入は競争推進の意味でベト
ナムの市場経済への移行に貢献していたが，「強い政府」と非競争的大手 FDI
企業との連携は，ベトナム型クローニー資本主義を誘発するマイナス効果も
あった。

　以上の三つの企業部門の変化をみると，ベトナムの経済体制が徐々に指令性
向混合経済から市場性向混合経済へ転換しつつあったと考えられる。しかし，
独裁的政治体制と強い政府の温存の中，こうした経済制度の変化は実際にベト
ナム型クローニー資本主義勢力を誘発する最も重要な要因となった。

3. ベトナム型クローニー資本主義

　独裁政治体制の下で行われていた経済制度の自由化は，ベトナム型クロー
ニー資本主義の芽生えを刺激し，次第に同国の「強い政府と企業の分散」パ
ターンから「強い政府と企業集中」パターンへ移行させつつあった。

　なぜなら，独裁政治の後援により経済（自由化）政策の策定は独断的且つ恣
意的に行われ，社会経済の発展にとって客観性又は合理性が欠けているからで
ある。その結果，それらの経済政策は，政治家や官僚とのコネクションを持つ
一部特定のグループ（企業又は個人）にレントを追求する目的により悪用され
る傾向がある。

　実際，こうした経済体制の変更プロセスには，これらのクローニー資本主義
の勢力は，様々な形で SOEs のみならず，FDI 及び PVEs の企業部門にも巧
妙に体化していた。概括してみれば，現在ベトナムのクローニー資本主義勢力
は，以下の部分から構成される。

$$\Sigma CC = CC_{fdi} + CC_{pve} + PVE_{偽造} + CC_{soe} + SOE_{偽造}$$

　ここで，ΣCC はクローニー資本主義勢力の全体，CC_{fdi}，CC_{pve}，CC_{soe} はそ
れぞれ FDI，PVEs，SOEs 企業部門に体化された部分である。また $PVE_{偽造}$
は，政治家及び官僚とコネクションを利用してレントシーキングの行為だけを
行う偽造民間企業であり，$SOE_{偽造}$ は，本来経済活動に参入する機能がない公

的機関（例えば，軍隊，警察，共産党組織など）にレントシーキングの目的で設立された偽造国有企業である。

　FDI の場合，特に貿易政策上センシティブ輸入品目とみなされる自動車や家電などに関する大手組み立てメーカは，積極的に部品や中間財に関する輸入の規制を緩和することを求めていたが，完成品の輸入禁止という保護的貿易政策に対して自分たちの生産経営に有利となるので反対しなかった。

　しかし，こうしたクローニー資本主義的な FDI は経済全体の中，大きなシェアを占めず，早かれ遅かれ国際ルールに従う競争環境が整えばこれらのレントシーキングの行為がなくなると考えられる。

　PVEs に関するクローニー資本主義は，二つに分かれる。第一は，本来プロフィットシーキングを目的とする一部の民間資本又は民営化された旧国有企業に体化された部分である。これらの企業は，市場経済への移行の過程で経済制度の不完全或いは欠陥による法規規定の隙間を巧みに利用して，レントシーキングを目的に，政策立案プロセスに何かの影響（圧力）を仕掛けていた。これらの行為は，特に不動産や金融市場に集中していた。2006-2008 年の間ベトナムの証券市場の過熱中，上場企業の中ブルーチップ(株)企業（Vingroup, Masan, Ree, HAGL, Tan tao, FPT, SSI など）の急成長をもたらしたのはこうしたレントシーキングの動きであった。

　第二は，政治家及び（SOEs のトップも含め）官僚とのコネクションを利用しながらレント追求を目的とする本格的なクローニー資本主義的な企業である。形式的には（法律上）これらの企業は民間資本として設立されたが，実際に生産経営（付加価値の創造）活動を行わないので，ここで「偽造民間企業」という。「偽造民間企業」は銀行業，金融市場やインフラ建設，不動産開発の分野に集中する傾向があり，政治家及び官僚とのコネクションにより独占的な情報を利用しながらレントを得られる。こうした不正競争は，一般（利潤追求）の民間企業のビジネスチャンスを奪ったり経営資源を浪費したりする悪影響がある。ただ，実際にこれらの企業を一般の民間企業と区別することができない（統計データない）ので，偽造民間企業の存在の経済的な被害を量化するのが難しい。

　SOEs に関するクローニー資本主義も，二つの部分に分かれる。第一は，大

手国有企業集団及びそれらの系列子会社である。殆どこれらの子会社又は孫会社は，証券及び不動産市場のバブル期に新規設立され，親会社に擁護してくれる土地，オフィス及びブランド名を利用しながら，二つのルートでレントを追求していた。一つは，親会社や同じ系列関連会社から独占的な契約を結ぶルートであった。もう一つは，証券及び不動産市場での投機ブームを背景に，証券（株式，債券など）の発行，売買を通じて企業の時価総額を釣り上げるルートであった。

　これらの企業についての具体例は多く存在している。例えば，PertroVietnam（石油とガス開拓）企業集団は，本来石油と天然ガスの開拓及びの製造という事業ドメインを中心する国有企業であった。しかし，同企業集団は一時的に建設から金融，保険，証券，また観光，ホテル，タクシーサービスまで幅広い分野で幾多の子会社，孫会社を乱立した。

　第二は，本来経済活動を行う機能を持たない（中央から地方までの）政府機関や共産党の組織などに設立された偽造 SOEs である。ここでいう偽造 SOEs の理由は，偽造 PVEs と同様，これらの企業が（付加価値を創造する）生産経営活動を行わず，単に政策に関わる独占情報を利用してレントシーキング行為を目的とするからである。これらの中，注目すべきは国防省や公安省に設立されたが国防や治安サービスの提供に全く関係のない偽造 SOEs である。一つの具体例は，国防省管理に直轄する 319 国有企業集団である。この企業は，従来純粋な軍事組織であったが 1980 年に国防省の決議により国防省の管轄の下の土木建設業者として設立された。同企業は，軍用に限らず民用の土木建設サービスを提供する機能もあり，しかも約 30 年間で一般企業との競争からかけ離れ，（企業法及び投資法に規制されず）独占の地位を占め続けていた。2011 年に軍隊組織に設立される国有企業の改革プログラムにより，同社は有限責任会社の形態で国防省に直轄する国有企業集団として再編された。現在，この企業集団は 34 社の系列子会社があり，労働規模が約 6,000 人以上で，不動産開発から建材の製造，土木施工など幅広い産業分野で市場に参入している。これらの子会社は道路港湾からショッピングモルツ，オフィスビル，住宅までの建設といった不動産開発又はセメント，鉄材，コンクリートなどの建材の製造の分野に事業を展開していた。

　実際，このような国防省に直轄する建設業者（国有企業）の新規設立は市場経済制度への移行期，特に 2006 年以降急速に増加していた。例えば，国防省の管轄にある国有企業の改革に関する政府の 1604/TTCP-ĐMDN 公文（2013年 10 月 8 日）のリストによると 100％国防省所有企業数は 169 社もあり，それ以外大株主が国有に握られる企業（子会社，孫会社）をも数えればこの数字をはるかに上回る。

　一般に，これらの偽造 SOEs は，国有資本金や土地を乱用するだけではなく，政府（政治家，官僚）とのコネクションを通じ，一次請負業者としての独占的な利潤（レント）を求めるが，実際事業の展開は二次，三次の請負業者又はそれより下にある請負業者に委託する傾向があった。多くの場合，その二次又は三次業は偽造 PVEs 或いはクローニー資本主義的 PVEs であった。

　実際，ベトナム型クローニー資本主義システムの存在による不正競争は，経済発展に経営資源（資本，土地）を浪費したりビジネスチャンスを喪失したりするマイナス効果があり，本格的に利潤追求を目的とする国内資本系民間企業を不利にしたとみられる。

　近年，ベトナム経済の変化の中，一部大手財閥的な民間資本系企業の登場により，従来国有企業主導型クローニー資本主義から大手財閥民間系企業主導型クローニー資本主義に移り変わる現象もあった。この状態はさらに進めば，クローニー資本主義は経済に深く根が付き，レントシーキング活動は普遍化，固有化される恐れがある。

第 4 節　政策含意と結び

　ドイモイから約 30 年間で，国有企業を中心とする国家資本主義開発戦略の失敗を経験して，現在でもベトナムの経済体制は指令性向混合経済モデルから市場性向混合経済モデルに引き続き変わりつつある。しかし，加盟した国際条約を順守する義務に従い国内市場のさらなる自由化を進める必要があるにもかかわらず，一党独裁の政治体制の後援がある現在の政府は国有企業部門を利用しながら国内市場を介入する志向が変わらなかった。こうしたイデオロギーに

基づく経済政策は，あらゆる所有形態別企業（SOEs，PVEs，FDI）に体化された クローニー資本主義的な行為を誘発し，長期的な経済発展を妨げる要因となった。

1990 年から最近までベトナム GDP は約 6〜7％台の年平均成長率を遂げたが，近隣諸国の経験を参考にすれば，この数字は経済発展の離陸段階にある途上国としては相応しい水準ではなかった[7]。

その原因は，以上の分析のようにすべての所有形態別企業に体化されたクローニー資本主義的な勢力，取り分け偽造 PVEs と偽造 SOEs の存在である。

以上の分析を振り返ると，ベトナム型のクローニー資本主義を誘発させたのは次の二つの条件が同時に備えられることである。第一は政治的な安定を理由に独裁政治体制の後援により政府の市場への介入の力が温存されたことである。第二は，WTO への加盟や対米，対日など双方的な経済自由化協定により経済制度の改革（解放）が迫られたことである。よって，クローニー資本主義を排除するには，これらの前提条件のどちらかを変えなければならない。しかし，後者は国際条約と結ばれたので，ベトナムの政府の意志だけで決められるわけではない。従って，クローニー資本主義の悪影響を抑制するため，前者の条件を変え，政府の市場への介入を最小化にする以外の選択がない。しかし，これは単に政治学又は経済学上の問題ではなく，両分野に跨る難問だと考えられる。Ben Wilkison（2008）及び大野（2011）は，この問題を解決するには，ベトナムの政治のリーダー（政府及び共産党のトップ）は社会主義性向市場経済制度という保守的且つ空想的な認識を止め，経済及び政治的な改革を同時に実現する必要があると指摘した。この示唆は，理論上全く正しいが，実践性が欠けていると考えられる。なぜなら，ドイモイ初期から国内外の専門家だけではなく政界からも同様に指摘されたが，現時点までこうした急進的な考えは一度も現役の政治のトップに認められなかった。

この点に関して Do（2007）は，ベトナム経済発展の真の推進力は，プロフィットシーキングを目的とする国内資本系民間企業部門であるので，さらなる社会経済改革を推進する担い手はこれらの企業に違いないと指摘した。ただし，現時点この企業部門は競争力もまだ弱い。殆どの場合は中小又は零細規模の若い企業である。今までこれらの国内資本系民間企業はクローニー資本主義

のレントシーキングの行為に及ぼされた悪影響に最も大きな被害を受ける対象となった。しかし，それでも経済制度の自由化が進む中，特に 2000 年以降同企業部門は着実に成長し続けているとみられる。

　今後自由競争環境がさらに改善され，プロフィットシーキングの国内資本系民間企業は規模の拡大及び競争力の向上によりレントシーキングの行為に対抗する力が備われば，クローニー資本主義の勢力からビジネスチャンスを奪い返す可能性が十分ある。よって，政治的な改革を推進すること（政治のトップの認識の変化）も必要であるが，それ以上に必要なのが「法の支配」（the rule of law）の基本原則を定めることである。この基本原則を基に，グッドガバナンスの実現により政府の市場介入のメカニズムが透明化され，その結果より公平な競争環境の下で，国内資本系民間企業の発展のための必要不可欠の条件を整えると，クローニー資本主義の問題を徹底的に解決することが期待できる。こうした抜本的な改革が早急に実現されなければ，ベトナムの経済は上述のクローニー資本主義のトラップに嵌る可能性が高い。

　しかし，いかに「法の支配」という基本ルールを徹底的に守る政治経済システムを構築することができるかは経済学の領域を超える問題であり，その手掛かりを模索するため別の分析枠組みが必要であろう。この課題を次の研究にしたい。

注

1　本章は，『経済理論』第 52 巻第 2 号に掲載された「ベトナムの経済発展—国家資本主義からクローニー資本主義へ」論文の内容を基に，一部修正，加筆及びデータをアップデートされたものである。

2　本章ではスペースの制約により簡単に紹介するが，この理論の詳細について Do M. H. (2015) を参考することを薦めたい。

3　これらの詳細について Dang Phong (2009) を参考することを薦めたい。

4　実際，この時期 FDI はあまり流入しなかった理由は，当時米国の対ベトナムの経済制裁の影響にもあった。同経済制裁政策は，1995 年米・越の外交関係の正常化の時に解除された。

5　従来ベトナムの中央銀行は，貨幣の発行及び管理だけではなく信用金融に関するすべての機能を持っていた。

6　ADB の *Key Indicators 1999 年版* により，ベトナムの為替レートは，1990 年に 1USD＝5,016 VND，1998 年末に 1USD＝13,297VND であった。

7　例えば，中国 GDP の成長率も 30 年間で 10％以上の高水準で維持され，近年 7％台に低下したがまだベトナム GDP の経済成長率より上回っている。ベトナムは中国の沿岸地域と比較してすごく似る地政学的な立地条件があるので，より適切な経済政策があればより高成長を遂げる可能性が

あると考えられる。

参考文献

(日本語)

加藤弘之・久保亨（2009）『進化する中国の資本主義』岩波書店。

田中宏（2012）「加藤弘之・久保亨『進化する中国の資本主義』」『比較経済研究』第49巻第1号。

ド・マン・ホーン（2015）「ベトナムの経済発展—国家資本主義からクローニー資本主義へ」『経済理論』経済理論学会，第52巻第2号，50～63頁。

トラン・ヴァン・トゥ（2010）『ベトナム経済発展論：中所得国の罠と新たなドイモイ』勁草書房。

中兼和津次（2012）「トラン・ヴァン・トゥ『ベトナム経済発展論：中所得国の罠と新たなドイモイ』」『比較経済研究』第49巻第2号。

(英語)

アジア開発銀行（2011），*Asia 2050: Ralizing the Asian Century*, ADB.

Ben Wilkinson et al. (2008), "Lua Chon Thanh Cong", Report of Asian Program, John F. Kennedy School of Government, Harvard Univesity.（「ベトナム経済発展のための成功の選択」，報告書）

David C. Kang (2002), *Crony Capitalism*, Cambridge University Press.

Dang Phong (2009), *Tu Duy Kinh Te Viet Nam 1975-1999*（1975－1999年の間ベトナムの経済政策），Knowledge Publisher.

Do Manh Hong (2006), "Tra Lai San Choi cho Doanh Nghiep Tu Nhan"（民間企業の発展のため），*The Saigon Times*, No.31-2006.

—— (2007), "Phat Trien Doanh Nghiep Tu Nhan vi Tuong Lai Kinh Te Viet Nam"（ベトナムの経済発展と民間企業），discussion paper at Nha Trang Summer 2007 Symposium.

—— (2010), "Cai Cach Doanh Nghiep Nha Nuoc"（国有企業の改革），*The Saigon Times*, No.23-2010.

Ian Bremar (2010), *The End of the Free Market*, Penguin Group Inc.

Ono Kenichi (2009), *A booklet on the Middle-Income Trap*, Vietnam Development Forum.

—— (2011), "Hoc Hoi Chinh Sach de Thuc Hien Chien Luoc Cong Nghiep"（工業化のための政策策定），discussion paper at *Symposium on Review of Vietnam Economic Growth in 2001-2010 and Directions toward 2020*, in Hanoi, Vietnam Development Forum.

Randall G. Holcombe (2013), "Crony Capitalism: By-Product of Big Government", *The Independent Review*, 17 (4), pp.541-559.

World Bank (2014), *Taking Stock: An Update on Vietnam's Recent Economic Developments*. (http://www-wds.worldbank.org)

World Bank (2012), *Market Economy for a Middle-income Vietnam*, Vietnam Development Report.

第11章

ベトナムの自動車産業とオートバイ産業
—競争力獲得過程の考察—

池部　　亮

はじめに

　ベトナムの自動車市場では日系企業や米系企業のほか現地組立専門企業など17社[1]の完成車メーカーが，年産26万台弱[2]の狭隘な市場で操業している。平均すると1社あたり年産約1万4,400台程度の小規模な市場で過当競争が展開されている。ベトナムの自動車産業は1990年代半ば以降，輸入代替工業化政策によって外資系企業が誘致されたものの，保護政策下で四半世紀を経たにもかかわらず競争力のある産業に育たなかった。同国自動車産業が抱える課題を列記すると，小規模市場，割高な生産コスト，部品産業などの周辺産業の不備，東南アジア諸国連合（ASEAN）の域内自由貿易による関税撤廃などがあげられる（池部（2001）(2012)）。特にASEAN域内の自由貿易による通商環境の変化は，国際競争力を持たない組み立て主体のベトナム自動車産業にとって厳しいものとなる。

　こうした状況にも関わらず，2017年にベトナムの複合企業であるビン・グループが自動車部門のビン・ファスト社を設立し，新たに自動車生産事業に参入することを発表した（『日本経済新聞』（2017年9月5日））。同社の成否を判断するのは時期尚早であるが，同国で主流だった国内市場向けだけでなく，ASEAN域内や中東諸国，欧州といった輸出市場を視野に生産を拡大する計画である点が新しい動きとして注目できる。マレーシアやインドネシアでも失敗に終わった国民車構想は，保護政策下による内需型産業としての育成であった。しかし，今回ベトナムが挑む国民車構想は，自由貿易環境下で輸出主導による規模の経済性を確保しようとする新しい取り組みとなる。

　一方，ベトナムのオートバイ産業は自動車産業と同じ時期に輸入代替工業化政策によって始まったものの，現在，完成車と同部品の純輸出国になるまで発展を遂げた。

　本章では，ベトナムの自動車産業とオートバイ産業の明暗を分けたものは何かについて考察するものである。第1節では輸入代替工業化政策の概要と自動車産業とオートバイ産業の開始時点から今日までの産業の歩みを概観する。第2節では両産業の貿易構造を貿易特化係数や貿易結合度を使って確認する。第3節では，現在もなお競争力を獲得できていない自動車産業の展望について試論を述べ結びとしたい。

第1節　輸入代替工業化政策と内需型産業

1. 輸入代替工業化政策

　1990年代中頃，ドイモイ（刷新）政策が本格化したベトナムに外国投資企業の進出が始まった。安価な労働力を活用する輸出志向型企業に加え，7,200万人（1995年当時，IMF統計による）の人口規模を有するベトナムの内需を商機と捉えた内販型の製造業も進出した。これら内需型製造業は主に自動車，オートバイ，テレビといった耐久消費財分野であった。

　輸入代替工業化政策は「ここで売りたければここで作れ」という政策である。発展初期段階にあるベトナムは，国内製造業がぜい弱で，自動車や家電，オートバイなどの耐久消費財の自国生産はなく輸入に依存していた。経済開放を進め個人消費が伸びると，消費財輸入が急増し貿易収支が悪化する。このため，多くの発展途上国は輸入代替工業化政策によって幼稚産業を保護し，該当する産業がない場合はインセンティブを与え外国企業を誘致し国内生産を行うのが常套手段でもあった（例えば，木村（2003），藤田（2013）など）。

　輸入代替工業化政策はカネのかからない政策ともいわれる。輸入関税を大幅に引き上げ，新製品や中古製品の輸入を禁止するだけで国内産業を保護・育成できるからである。外資系企業は保護された環境下でほぼ全ての部品を輸入し

て，ベトナム工場で組み立てて販売する。経済発展が進めば消費市場が伸び，生産量が増えれば内製化や周辺部品産業の進出も期待できる。こうして，ベトナムでは 1990 年代の発展初期段階に，自動車やオートバイ，テレビといった輸入代替型の外国企業を多数誘致した。

2.　自動車産業／狭隘な国内市場

　ベトナム自動車工業会（VAMA）によると，現在，ベトナムで自動車を生産する企業は，トヨタ，フォード，ホンダなど世界的な自動車メーカーのほか，商用車生産を行うベトナム企業など 17 社が操業している。ベトナム統計総局によると，1995 年のベトナムの自動車生産台数はわずか 3,500 台であり，2000 年に 1 万台を超え，2008 年にようやく 10 万台を超えた。その後も順調に国内市場は拡大し，2016 年には初めて 20 万台を超え，2018 年は 25 万 9,900 台という水準となった。VAMA によると，2018 年のトラックやバスも含む国内販売シェアで最大となるのはトヨタの 6 万 5,856 台（23.8 ％）で，次いでマツダの 3 万 2,728 台（11.8 ％），KIA の 2 万 8,986 台（10.5 ％）と続く。最大シェアを誇るトヨタでも年産 7 万台に届かない。

　内需が足りず規模の経済性を発揮できないため国内生産向けの自動車部品産業の進出はほとんど見られない。組み立てメーカーは部品・材料のほぼ全量をキットで輸入し，一部の熔接や塗装，組立のみを行なっており，国内調達率は 10％程度とされる（『日本経済新聞』（2019 年 1 月 23 日））。2018 年 1 月からは ASEAN 自由貿易が完全実施され，これまで 30％だった域内関税が撤廃された。そして，競争力のないベトナムの自動車産業が域内からの輸入車とどう競争していくのかが注目された。しかし，ベトナム政府は輸入車の安全検査義務付けなど非関税障壁を設定し，タイやインドネシアからの自動車輸入を阻止した。2018 年下半期には混乱は徐々に解消されたとされるが，ベトナムの自動車産業の迷走ぶりは，同産業の国際競争力の低さをむしろ物語っている。

　では，ベトナムの自動車産業について概観してみよう。図 11-1 は同国自動車生産台数と輸入台数および一人当たり GDP の推移を示す。ベトナムの自動車産業は内需向けの輸入代替産業として立地しており輸出はほぼない。順調な

図 11-1　ベトナムの自動車生産台数と輸入台数推移（千台，ドル）

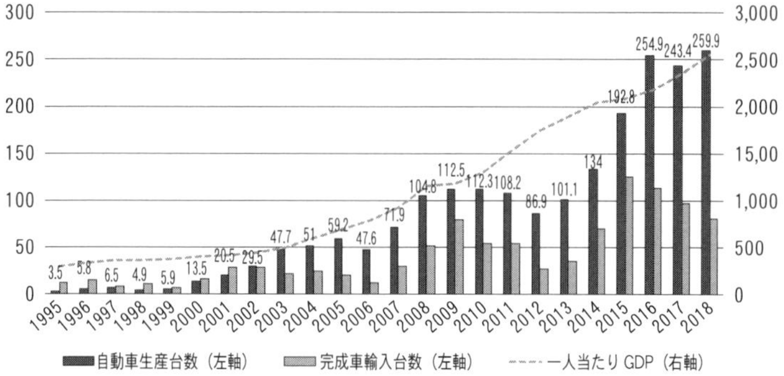

注：2017 年，2018 年の数値は速報値。
資料：自動車はベトナム統計総局ウェブサイト，GDP は IMF より筆者作成。

経済発展による国民所得の向上と相まって自動車市場も順調に拡大してきた。また，2018 年以降は ASEAN 域内からの自動車輸入について，ベトナム側統計が未発表のため，UN Comtrade を使って同年のタイとインドネシアからベトナムへの輸出を確認してみよう。2015 年に両国からベトナムへ輸出された乗用車[3]は 8,090 台（1 億 336 万ドル）であったが，2018 年には 4 万 4,247 台（9 億 5,005 万ドル）へと台数ベースで約 5.5 倍，金額ベースで 9.2 倍に増加した。なお，2018 年のベトナム統計総局の速報値でベトナムが輸入した全車両台数は 8 万 1,783 台であり，タイとインドネシアからの乗用車輸入台数が全体の 54.1％を占める計算になる。ASEAN 自由貿易の実施による域内関税の撤廃で，タイやインドネシアからの完成車の輸入が急増したことを示している。

　次にベトナム自動車産業の状況について資本労働比率を使って確認してみよう。資本労働比率は当該産業の固定資産額を従業員数で除した数値で，当該産業の一人当たり従業員が持つ資産（設備，土地，建物など）の額を示すものである。従業員当たりの装備額から個別産業の機械化の進展を見ることができる。低い水準であれば労働集約的，高い水準だと資本集約的産業といえる。また，一定期間における資本労働比率の上昇は，新規設備投資が積極的に行なわれたと考えられ，当該産業の資本集約化，高度化が進捗したとみなすことができる。

　池部（2019）の分析によるとベトナム製造業全体の資本労働比率は 2005 年

から 2015 年の間に 53.7％上昇し，製造業の設備集約化が進んだことを明らかにしている。しかし，同期間のベトナム自動車産業の資本労働比率は製造業全業種の中で最も低い▲19.6％であり，設備集約に逆行して労働集約化が進んだことが指摘された。組み立てと検査工程を多く含むコンピュータ・電子・光学機器であっても従業員数が 10.9 倍に増加する中でも資本労働比率は 9.6％上昇しており，自動車産業はこれを大幅に下回る水準であった。自動車産業では，雇用は 3.1 倍に拡大した一方で，固定資産額は 2.5 倍増に留まった。従業員一人当たりの固定資産額は 1.8 億ドンに過ぎず，コンピュータ・電子・光学機器の 2.2 億ドンよりも少ない。こうした結果からベトナムの自動車産業は成長産業，リーディング産業として高度化に向かっている兆候はなく，むしろ減衰している様子が示唆された。

3. オートバイ産業／内需の拡大で競争力を獲得

　ベトナム二輪車工業会（VAMM）[4]によると，加盟企業によるベトナムのオートバイ販売台数は 2018 年に 338 万 6,097 台となった。また，ベトナム統計総局によると同年の国内生産台数は，360 万 2,800 台であった[5]。UN Comtrade によると，ベトナムは 2017 年に 81 万 4,982 台のオートバイを輸出し，6 万 8,506 台を輸入している。いずれにせよ，2017 年のベトナムのオートバイ生産台数はインド，中国，インドネシアに次ぐ世界第 4 位となる[6]。

　ベトナムのオートバイ産業の経緯を概観してみよう。池部（2001）によると，1960 年代の後半，ベトナム戦争中の南ベトナムにホンダ製のカブ・タイプのオートバイが初めて輸入され，その後 4 年間で 70 万台が輸入されたとされる。1975 年にベトナム戦争が終わり，1978 年末にベトナムがカンボジアに侵攻したことから，西側諸国の対越経済制裁が始まり，オートバイ輸入は途絶えた。しかしながら，タイで生産されたホンダ製のオートバイがラオスを経由してベトナムに輸入される「ラオス・ルート」によってオートバイの流入は続いた。

　ベトナムは 1980 年代の経済的混迷から脱した後，ドイモイ路線による経済成長に支えられ，1990 年代初頭からオートバイ市場は再び拡大を始め，ラオ

ス・ルートを使ったオートバイ・ビジネスも再び活発となった。1992年には台湾の慶豊集団がオートバイ製造（現地ブランド名 VMEP）の投資認可を取得し，ベトナムで初めての外資系オートバイメーカーが誕生した。そして，1994年2月に米国の対越経済制裁が全面解除されると，1995年末にスズキ，1996年にホンダ，1998年にヤマハが投資認可を取得し，同国でのオートバイ生産・販売を開始した。そして，1997年に輸入代替工業化政策の根幹となる輸入規制が強化され，完成車とCKD[7]キットの輸入が禁止[8]された（三嶋（2007））。

　外資系メーカーが進出し，国産オートバイ製造が開始されたものの，タイや日本などから完成車（中古含む）やCKDの輸入（密輸も含む）が続いた。ラオス・ルートで既得権を持つ推定50～60社のベトナム企業が，事実上のCKD部品をIKD部品と偽って輸入し，組立・販売を続けた。このため，同国の輸入禁止措置は徹底されることなく，外国生産車の流入が温存されてしまった（池部（2012））。

　ベトナムに進出したホンダなどの外資系オートバイメーカーにとって，このオートバイの並行輸入の存在は頭痛の種であった。ただし，この頃はまだ「ベトナム製ホンダの最大の競合車はタイ製のホンダ」という状況にあった。この状況を一変させたのが，2000年頃からの中国製の低価格オートバイの流入であった。ラオス・ルートに携わる国有企業の多くが，中国製オートバイの組み立て企業となり，ホンダやヤマハのオートバイ販売価格の3分の1以下という低価格で市場を席巻したのである。1990年代末の国内販売台数は40～50万台程度であったが，2001年には4倍の200万台へと増加し，このうち80％が中国製オートバイであったとされる（藤田（2009））。

　中国製オートバイはホンダ，スズキ，ヤマハの模倣品が多く，故障した場合もホンダやスズキの純正補修部品がそのまま使用できた。つまり，中国から来たオートバイはアフターサービス網を築くことなく，ベトナムで「売り切り」の商売ができたのである。

　2002年初，ホンダは従来モデルの半額以下の廉価モデルを市場に投入しシェア回復を目指した。また，野放図の中国製オートバイの組立ビジネスにも規制のメスが入り，故障しやすい問題などが続出して消費者離れも起こった。こう

して，2003 年には中国製オートバイの市場シェアは 4 割程度にまで急減した。
一時は 50 社を超えるベトナム企業が中国製オートバイの組立に携わっていた
が，15 社程度にまで減少したとされる（池部（2012））。

4.　輸入圧力が分けた明暗

　このように，1990 年代中頃から始まったベトナムの工業化路線を支える輸
入代替政策下で自動車とオートバイの生産が始まった。結果としては，自動車
産業は産業高度化を実現できず，低い競争力のまま現在にいたっている。一方
で，オートバイ産業は競争力を獲得し，現在では同国の主力輸出品のひとつに
数えられるまでに成長した。

　自動車では中古自動車への規制は行われたものの，完成車輸入の禁止は行わ
れず，高関税による障壁を設けた。一方，オートバイは中古車をはじめ完成車
の輸入禁止措置がとられたものの国内の軍系，公安系の国有企業の存在が輸入
禁止措置を不徹底なものにさせた。こうした既存の国内組立企業は IKD 企業
として認可を受けていたものの，実態は簡便な組立を行うだけの完成車
（CKD）輸入商社であった。こうした企業が仲介役となり中国製オートバイの
急流入が起こり，2000 年代初にオートバイ市場は一気に 4 倍の規模に拡大し
た。

　三嶋（2007）が指摘するように，ベトナムのオートバイ産業は輸入代替産業
とは言え，周辺国のタイや中国などから完成車や組立キットなどが公式，非公
式を問わず流入した歴史がある。自動車と異なり，この輸入規制の不徹底ぶり
が結果的に国内のオートバイ産業の競争力を強化したと言える。外資系オート
バイメーカーはベトナムの保護政策の不徹底ぶりに常に危機意識を持つ必要が
あった。各社は現地調達率の向上，廉価モデルの投入，現地消費者が好むデザ
インや機能の付加を積極的に行い，過剰品質の見直しなどを行った。

　自動車産業では保護が徹底されたことにより国産自動車産業の設備投資が積
極的に行われることがなかった。また，来る自由貿易の時代を目前にしていた
ことも投資を手控えさせる要因となったであろう。さらには自動車産業政策が
目まぐるしく変化するため各自動車メーカーが長期的な事業戦略を立てにくい

といった指摘もある。産業政策の迷走で常に輸入圧力にさらされたオートバイ産業では安価なオートバイの流入によって内需が喚起され，規模の経済性に支えられて各社の生産効率も高まった。しかし，保護が徹底され輸入圧力への対応が不要だった自動車産業は，高価格の自動車組立が続けられ，内需の伸びは限定的で，規模の経済性が確保できないまま現在にいたるのである。

第 2 節　両産業の貿易構造変化

1．貿易の推移

　表 11-1 はベトナムの自動車およびオートバイの主要品目の 2000 年以降の貿易推移を 5 年刻みで示している。自動車輸出では完成車の輸出はほとんどなく，2017 年のバス，乗用車，トラックの完成車 3 品目の合計輸出額は 557 万ドルに過ぎない。一方，自動車部品は国内自動車生産の周辺部品産業としては未整備な状態であるにも関わらず，2000 年の 200 万ドルから 2017 年には 1 億1,254 万ドルと 541 倍に拡大し，同国車両輸出全体に占めるシェアも 48.3％に達した。これは，ベトナムの自動車部品産業が国内生産向けではなく，外需向けの生産拠点として外資系企業の進出が行われてきたためである。UN Comtrade で 2017 年の部品ごとの輸出シェアを見ると，ギアボックス関連部品（38.2％），エアバッグセット（26.1％），ボディ関連部品（15.5％）といった部品が主要輸出品となる。こうした自動車部品はベトナム国内の完成車メーカーの動向とは関係なく，主要な自動車生産国向けに輸出されている。

　次にオートバイの輸出を見ると，完成車と部品の双方が急激に拡大してきたことが分かる。2017 年の同国車両輸出に占めるオートバイ完成車輸出の割合は 27.5％，同部品は 18.4％を占めており，オートバイ産業が自動車部品と並んでベトナム車両産業の中核を担う存在となっている。

　では，輸入についてみていく。2017 年の自動車完成車 3 品目の輸入額は2000 年比で 8.7 倍に拡大し，自動車部品の輸入額は同 47.2 倍に拡大した。国内の自動車生産用の部品のほか，補修，交換などのアフターパーツの輸入が増

表 11-1 ベトナムの車両貿易の推移 (100万ドル)

輸出

品目	HS コード	2000	2005	2010	2015	2017
車両（鉄道除く）	87	74.1	365.1	709.2	1,909.9	2,329.9
バス	8702	0.1	0.1	0.0	0.4	2.0
乗用車	8703	0.0	44.6	0.5	0.9	1.6
トラック	8704	0.7	0.7	1.5	1.6	2.0
自動車部品	8708	2.1	91.5	419.2	941.1	1,125.4
オートバイ	8711	0.8	34.2	59.9	507.6	641.1
オートバイ部品	8714.10-19	2.5	20.6	95.5	191.0	230.5

輸入

品目	HS コード	2000	2005	2010	2015	2017
車両（鉄道除く）	87	1,136.3	1,465.4	2,304.4	5,421.0	4,635.6
バス	8702	25.8	109.5	11.7	36.3	27.5
乗用車	8703	102.3	442.2	428.5	556.5	887.0
トラック	8704	90.8	367.8	356.3	1,596.8	985.2
自動車部品	8708	36.5	90.1	934.3	1,517.2	1,723.6
オートバイ	8711	787.0	67.7	123.9	74.6	100.9
オートバイ部品	8714.10-19	25.5	181.8	160.1	107.2	119.9

注：乗用車など完成車輸入には国内組立用の CKD キットも含まれる。
資料：UN Comtrade より筆者作成。

加していると考えられ，同国自動車市場の拡大によって部品輸入も増加してきた。

オートバイの輸入については，2017年の完成車の輸入額は2000年比で約8分の1にまで減少した。既述の通り，2000年頃は中国車の流入があり国内オートバイ市場が急拡大した時期である。また，オートバイ部品についても国内生産台数の拡大によって生産に必要な部品が輸入されており，表11-1からは2005年に2.5億ドルまで拡大し，2010年以降は1.8〜2億ドルの水準で横ばいに推移している。この間，国内のオートバイの生産は順調に拡大しており，多くの部品を内製または国内調達できる状況になってきたことが推測できる。

2.　オートバイ産業の輸出競争力

　ベトナムのオートバイ産業の貿易構造変化をもう少し詳しくみていこう。図11-2 はベトナムのオートバイの完成車（HS8711）と部品（HS8714.10-19）の2000 年から 2017 年までの貿易特化係数の推移を示す。貿易特化係数は貿易収支を指数化したものであり，−1 から 1 の値をとる。−1 は輸出がゼロで輸入特化の状態，1 は輸入がゼロで輸出特化の状態，ゼロは輸出入額が均衡しているか貿易が全くない状態を示す。また，マイナス圏で値が上昇している時期は輸入代替が進展していると考えられる。また，ゼロ付近を横ばいで推移している場合は，当該項目の輸出と輸入が同程度であり，産業内の水平的な分業が行われている可能性を示すとされる。さらに，値がプラス圏にあれば貿易収支が黒字であることから純輸出国であることを示している。

　図 11-2 からも分かる通り，2000 年代初頭，オートバイ完成車はほぼ輸入特化の状態にあり，CKD 部品を中心にタイや中国などからの完成車の流入が続いた時代である。2005 年には−0.33 にまで貿易特化係数が上昇し，輸入圧力

図11-2　ベトナムのオートバイの対世界貿易特化係数の推移

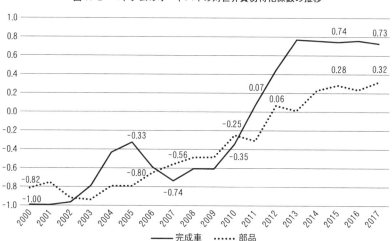

　注：完成車は HS8711，部品は HS8714.10 から 8714.19 による。
　資料：UN Comtrade より筆者作成。

が一服したことを示している。UN Comtrade によると，2000 年の完成車輸出額が 83 万 7,000 ドルであったのに対し，輸入額は 7.9 億ドル，2005 年には輸出額が 3,420 万ドルで輸入額は 6,772 万ドルであった。既述のとおりホンダなどが廉価版の国内産オートバイを市場に投入し，2003 年頃からは完成車の輸入代替が進んだことから貿易特化係数が上昇した。つまり，中国からの完成車（IKD 部品と偽った CKD 部品）の輸入圧力が高まった 2000 年には貿易特化係数は輸入特化状態にあったが，2003 年頃からはオートバイ生産が一定の競争力を獲得し，輸入圧力が収束したことで係数が上昇したと考えられる。その後，完成車の係数は低下したが，2007 年にベトナムが WTO に加盟し，完成車輸出が拡大したことで係数も上昇していった。2017 年の完成車輸出額は 6 億 4,113 万ドルで 2007 年比 29.4 倍に拡大した。一方，輸入は 1 億 90 万ドルと 2007 年比 7 割弱にまで縮小した。ベトナムは 2011 年にオートバイ完成車の純輸出国となり，2017 年の貿易特化係数は 0.73 と高い値を示すにいたった。

　次にオートバイ部品を見ると，2000 年の前半は −0.8 付近を横ばいで推移し，国内生産用の部品や補修部品などの輸入が多かったと考えられる。部品の輸出額は 2004 年に 1,655 万ドルと前年比で 3 倍に増加したのを皮切りに，その後拡大が続いた。2017 年の輸出額は 2 億 3,051 万ドルで，2007 年比 4.1 倍に拡大した一方，輸入額は 2017 年に 1 億 1,987 万ドルと同 6 割弱の水準にまで減少した。オートバイ部品も 2012 年には純輸出国となり 2017 年には 0.32 と高い係数を示している。完成車の輸出競争力の上昇により，部品類の競争力が追随するように高まってきたことも重要な動きである。池部（2019）が示す通り，ベトナムのオートバイ産業は完成車の生産拡大が後方連関効果を引き起こし，川上部門の部品生産へと工業化を波及させたと考えられる。

3.　貿易結合度の観察

(1)　自動車産業の貿易構造

　表 11-2 でベトナムの自動車産業の国・地域別貿易の構造をみていこう。ここでは 2017 年の乗用車，トラック，同部品の貿易シェアと輸出結合度および輸入結合度を算出した。貿易結合度とは，例えば輸出結合度の場合，ベトナム

の輸出先国・地域別シェアを世界輸入総額に占める当該国・地域のシェアで除した数値である。いうなれば貿易シェアを世界標準値で相対化したもので，数値が 1 であれば当該国との貿易緊密化が世界平均であることを示し，2 であれば世界平均と比べ 2 倍緊密であることを示している[9]。

　2017 年のベトナムの乗用車の輸出総額は 150 万ドルに過ぎず，サンプルやスポット的な小規模な輸出に留まっている。シェアは米国，香港，中国などが高く，結合度ではカンボジアと香港が高い数値を示した。一方，輸入は 8 億8,695 万ドルでインドネシア，タイ，日本からの輸入シェアが全体の 67.9％を占める。VAMA の資料でベトナムの乗用車国内販売シェアを見ると，2017 年には日系ブランド車が 66.5％を占めており，インドネシアやタイ，日本からの日系自動車の完成車（CKD 含む）輸入が多いことを示している。また，結合度を見るとインドネシアとタイが突出して高いことがわかる。2017 年はASEAN 自由貿易が完全実施される前年にあたり，域内向け関税は段階的に引き下げられて 30％となっていた。当時のベトナムの乗用車の最恵国（MFN）関税は 70％であり，域内完全自由貿易化の前であってもタイやインドネシアからの輸入に優位性があったと考えられる。

　次にトラック完成車の輸出では，輸出総額は 199 万ドルと小規模であるものの，乗用車と同様にカンボジア，ラオス，ミャンマーの輸出結合度が突出して高く，3 カ国向けシェアの合計は 76.6％に達した。また，輸入は 9 億 8,515 万ドルで，タイからが 55.6％，中国からが 26.0％であり，結合度もそれぞれ 9.9,10.0 と高く，陸続きの近隣国からの輸入が多いことを示している。ベトナムでは，THACO，SAMCO，VEAM，VINAMOTOR など自動車組立生産会社が複数存在しており，中でも THACO が最大手である。同社はマツダ，KIA，現代，プジョー，中国の福田汽車などの車両組立に携わり，乗用車，バス，トラックなど幅広い車種を生産している。トラックの近隣諸国への輸出はまだ小規模であるが，こうした組立生産会社の輸出が今後増加することも考えられる。

　自動車部品については，既述の通り，国内の自動車産業とはリンクせず，輸出産業として生産立地している。このため，輸出を見ると自動車生産量の多い国向けが上位を占め，輸出結合度では日本，中国，韓国，タイなど地理的に近

い国との関係が深いことがわかる。また，輸入ではこれら4カ国のシェアが8割を超え，結合度でも2.4から6.9と高い結びつきを示している。

　ここまでベトナムの自動車産業の貿易構造を概観した。ASEAN自由貿易の実施でベトナムは域内からの完成車の輸入圧力にさらされる一方，小規模であるものの，陸続きの域内後発国への輸出機会があることが分かった。特に，タイを除くメコン諸国は後発発展途上国であり，これまでのベトナムの車両組立経験が活かせる市場であると考えられる。また，これらの国はベトナムと同様に右側通行，左ハンドル車の市場である。タイが域内では唯一の左側通行，右ハンドル車の市場であることなどから，ベトナム生産車に利点があることも理由のひとつと言えるであろう。

(2)　オートバイ産業の貿易構造

　表11-2でオートバイ完成車の輸出を見ると，上位5カ国でシェアは53.8%であり，中でもトーゴとラオスの結合度が40を上回る高い数値を示している。また，イタリアや日本はベトナムで生産した完成車を逆輸入していることが示された。このほか，ミャンマーとラオスは自動車と同様にベトナムから見てオートバイ輸出の有望市場となっている。一方，輸入はインドネシアとタイのシェアが高く，2国合計で72.3%に達する。結合度でもインドネシアが15.1，タイが4.5と高い数値を示した。オートバイ完成車の輸出入でもASEAN自由貿易による域内貿易の緊密化が示された。

　次にオートバイ部品については，ベトナムよりもオートバイ生産量の少ない国が上位を占めている。生産台数の多い国では，一般的に充実した部品産業を周辺に立地しており，基幹部品などの輸入は行なっていない。ベトナムも完成車の生産拡大によって必要な部品産業のベトナムへの集積が進み，タイ，イタリア，米国，日本などに部品を供給する役割を担うようになっている。一方，輸入では世界的なオートバイ生産国である中国，インドネシア，タイと地理的に近く，こうした国々からの部品輸入が多く見られた。これら3カ国で輸入額の約8割を占め，結合度も21.1から32.8と高い結びつきを示している。

　図11-2の貿易特化係数で確認した通り，ベトナムのオートバイ産業は2011年以降純輸出国に転じ，完成車と部品共に高い輸出競争力を持つにいたった。

表11-2　2017年のベトナムの自動車・オートバイ産業の貿易シェアと結合度

乗用車（HS8703）					
輸出			輸入		
国・地域	シェア	結合度	国・地域	シェア	結合度
米国	21.5	0.9	インドネシア	29.6	71.5
香港	14.1	46.2	タイ	28.0	19.2
中国	10.4	1.5	日本	10.3	0.8
カンボジア	8.9	159.9	米国	7.4	1.0
アンゴラ	8.2	NA	ドイツ	6.6	0.3

オートバイ（HS8711）					
輸出			輸入		
国・地域	シェア	結合度	国・地域	シェア	結合度
イタリア	14.1	2.7	インドネシア	45.3	15.1
トーゴ	12.3	48.1	タイ	27.0	4.5
日本	10.4	3.4	中国	10.2	0.4
ミャンマー	10.0	5.0	日本	5.3	0.5
ラオス	7.0	42.8	米国	3.2	0.6

トラック（HS8704）					
輸出			輸入		
国・地域	シェア	結合度	国・地域	シェア	結合度
ミャンマー	37.9	62.1	タイ	55.6	9.9
ラオス	22.4	265.2	中国	26.0	10.0
カンボジア	16.3	117.0	韓国	9.7	7.3
米国	6.3	0.3	インドネシア	3.6	55.3
中国	3.9	10.6	ロシア	2.2	8.4

オートバイ部品（HS8714.10-19）					
輸出			輸入		
国・地域	シェア	結合度	国・地域	シェア	結合度
タイ	20.6	3.3	中国	32.8	32.8
イタリア	17.7	2.3	タイ	26.0	26.0
米国	12.2	1.7	インドネシア	21.1	21.1
日本	9.2	2.0	日本	7.9	7.9
フィリピン	7.0	3.8	台湾	3.9	3.9

自動車部品（HS8708）					
輸出			輸入		
国・地域	シェア	結合度	国・地域	シェア	結合度
日本	33.8	15.7	韓国	26.7	5.3
中国	14.8	2.1	日本	22.4	2.5
米国	11.7	0.7	中国	19.4	2.4
タイ	9.1	5.6	タイ	13.7	6.9
韓国	4.9	4.6	ドイツ	5.6	0.3

注：シェアが高い順に5カ国を抽出した。
資料：UN Comtrade および ASEAN Stats より筆者作成。

そして，貿易結合度では，特に輸入において，中国，インドネシア，タイといった世界有数のオートバイ生産国との関係が緊密化し，輸出では国内生産を手掛ける外資系企業の本国に加え，域内自由貿易圏との結びつきが強くなっていた。

第 3 節　結びにかえて

　ベトナムの自動車産業とオートバイ産業はいずれも 1990 年代中頃に輸入代替工業化を目指す同国の内需型産業として誘致された日系を中心とする外資系メーカーの生産立地によって始まった。その後の両産業は本章で見た通り，内需拡大の差によって明暗を分けたが，その背景にあったのはベトナム政府の輸入規制の不徹底であった。常に輸入圧力にさらされたオートバイ産業はミドルエンドやローエンド市場の内需が喚起され，市場が拡大し生産量も増加した。一方，輸入規制が徹底された自動車産業では国内市場の伸びは抑制され続けた。

　では，ベトナムの自動車産業の展望と課題を示したい。1990 年代中頃から始まった自動車の国内生産であったが，1995 年にベトナムが ASEAN 加盟を果たした時点で，ベトナムが将来，域内自由貿易圏に参加することになることは十分予測できた。外資系各社はそれを承知の上でベトナムに組立専用の工場を建設した。第 2 節の資本労働比率の低迷が示す様に，将来の自由貿易に目を向ければ自動車産業は生産設備の増強に躊躇せざるを得ない状況が続いた。過度な保護政策が長く続いたことにより，ベトナムの自動車産業は設備投資を極力抑え，増産には労働者の増員や工場操業時間の延長などで対応し，多品種少量生産を主体とする組立中心の小規模工場が乱立する事態を招いた。

　幼稚産業保護の観点から輸入代替工業化は発展途上国や新興工業国の発展初期段階において一定期間は許容される政策であろう。しかし，WTO に加盟し，ASEAN の一員として域内経済統合を進めるベトナムが引き続き関税保護や非関税障壁を維持することは難しい。規模の経済性を発揮するためには，国内需要だけでなく外需も見込んだ生産拠点として再編できるかが課題となる。

　では，外需を視野に入れたベトナムの自動車産業の展望を考えてみたい。例えば，世界的な電気自動車（EV）化へのシフトの潮流や，中国企業の対外進出というふたつの文脈で見ると，ベトナムはそれを取り入れるに適した環境を持ち合わせているように見える。

　第一に，比較的人件費が安価でモジュールの組立に適した事業環境を有している点である。電気自動車および自動車産業の電子化あるいは標準化の進展が見られる。これは同産業が従来の「すり合わせ型」，「統合型」の伝統から「組立型」，「モジュラー型」へと変容する可能性を示すものである[10]。ベトナムではスマートフォンや集積回路，カメラモジュール，印刷機械など，IT 関連産業の集積が進んでおり，こうした経営資源は自動車の電子化や EV のモジュール生産にも転用できる可能性がある。

　第二に，ベトナムの地の利である。エレクトロニクス製品の主産地である日本，中国，韓国，台湾などの東アジア諸国・地域のサプライチェーンの西の端にベトナムは位置している。ベトナムがもつサプライチェーンへの近接性は，輸送費（時間）といったサービス・リンク・コストを縮減できる。例えば，輸送は海路，空路だけでなく陸路（鉄道とトラック）でも中国やメコン諸国，遠くは欧州[11]とも連結可能であり，多様な輸送モードの選択肢があることも生産立地上のメリットとなろう。

　第三に，ベトナムは FTA 大国である。発効済の主な自由貿易協定として ASEAN 自由貿易（ATIGA），環太平洋パートナーシップ（CPTPP），ASEAN 中国 FTA（ACFTA）などを有し，発効待ちの EU・ベトナム自由貿易協定（FTA）もある。安定的かつ広範囲な自由貿易環境が魅力となり外資系企業の生産立地を引きつけている。

　こうしたベトナムの利点を最大限に生かすことが競争力のある自動車産業構築にとって欠かせない。この点，初めての民族資本による自主ブランド車，ビン・ファストが，主に欧州企業と協業して最初の自動車を市場に投入した意義は大きい。当然のことながら内製や現地調達ができない部品は輸入することになり，こうした基幹部品の調達は中国や東アジア諸国・地域に工場を構える欧州系企業によるものが大半を占めると考えられる。同社が東アジアの玄関口となりうるベトナム北部の港湾都市，ハイフォン市に工場を建設したのも，輸出に適した立地であると同時に中国を中心とした東アジアの自動車部品の調達と完成車の輸出に適していることが背景にあったと推測できる。

　また，今後，世界最大の自動車生産国となった中国の民族資本や国有企業が自主ブランド車，あるいは欧米日との合弁企業と協業し，輸出生産工場として

ベトナムに進出するということも十分起こり得るであろう。米中貿易摩擦が示すように，中国企業が中国から輸出するのではなく，ベトナムに移転してベトナム製として輸出する生産シフトが増勢する可能性もある。

　ベトナムの自動車産業の展望は，保護か市場開放かで歪んでしまった既存の輸入代替工業化政策の延長上にはもはやない。IT 関連産業の集積，中国との物理的距離の近さ，自由貿易への参加度合いといったベトナムの利点を総合的に活用し再出発する時を迎えているのである。

注

1　ベトナム自動車工業会（VAMA）加盟企業数による。複数ブランドの車生産を手掛ける会社もあるため，ブランド数では 17 社以上となる（2019 年 7 月 3 日参照）。
2　ベトナム統計総局ウェブサイトによると，同国の自動車生産台数は 2018 年に 25 万 9,900 台となり，前年比 14.1％増となった。
3　ピックアップトラックなどの小型商用車も含む。関税コードは HS8703 と 8704 を集計した。
4　ホンダ，スズキ，ヤマハのほか，イタリア系ピアッジオ，台湾系 SYM の外資系メーカー 5 社がメンバーとなっている。
5　地場系オートバイ組立メーカーや中国系オートバイメーカーなどの生産が含まれていない可能性がある。
6　本田技研工業株式会社『2017 年度決算説明会』資料などより。
7　CKD とは Complete Knock Down，IKD は Incomplete Knock Down の略で，CKD は全ての部品を輸入して組み立てる形態，IKD は現地部品調達や内製，塗装や溶接など一定の加工を行う形態のことである（藤田（2009））。ベトナムは現地で組み立て生産を行う企業に対し，一定の設備投資を行い，部品の内製化と現地調達を行うことを前提とした IKD キットの輸入のみを認めた。
8　このオートバイ完成車の輸入禁止措置は 2003 年に撤廃され，関税率 100％で輸入が可能になった。
9　輸出結合度の算出方法は，（j 国の i 国への輸出額／j 国の輸出総額）／（i 国の輸入総額／世界の輸入総額）によって，輸入結合度は（j 国の i 国からの輸入額／j 国の輸入総額）／（i 国の輸出総額／世界の輸出総額）で求めた。
10　このテーマに関し数多くの先行研究がある。例えば，藤本（2005），『日経ものづくり』（2012 年 9 月号）など。
11　ハノイ発ドイツのデュイスブルクまでを 24 日間で結ぶ直通貨物列車，「中欧班列」が週 1 本，中国鉄道によって運行されている。

参考文献
（日本語）
池部亮（2001）「ベトナム―中国の対 ASEAN 前線輸出基地」丸屋豊二郎・石川幸一編『メイド・イン・チャイナの衝撃』日本貿易振興会，107-124 頁。
―――（2012）「ベトナム市場経済化の基本構造」関満博・池部亮編『ベトナム／市場経済化と日本企業』新評論，13-46 頁。
―――（2019）「ベトナムの産業高度化と CLM 諸国の展望」トラン・ヴァン・トゥ／苅込俊二編『メコン地域開発とアジアダイナミズム』文眞堂，243-269 頁。

木村福成（2003）「工業化戦略としての直接投資誘致」大野健一・川端望『ベトナムの工業化戦略』
　　日本評論社，67-97 頁。

藤田麻衣（2009）「ベトナム二輪車産業における地場組立企業の興隆－企業間関係の変容と産業発展
　　への含意」坂田正三編『変容するベトナムの経済主体』日本貿易振興機構アジア経済研究所，
　　155-183 頁。

――（2013）「輸入代替産業の発展と政策転換―ベトナム二輪車産業の事例とミャンマーへの含意」
　　久保公二編『ミャンマーとベトナムの移行戦略と経済政策』日本貿易振興機構アジア経済研究
　　所，65-100 頁。

藤本隆宏（2005）「アーキテクチャの比較優位に関する一考察」RIETI Discussion Paper Series 05-
　　J-013，2005 年 3 月。

三嶋恒平（2007）「ベトナムの二輪車産業：グローバル化時代における輸入代替型産業の発展」『比較
　　経済研究』Vol.44, No.1, Jan. 61-75 頁。

本田技研工業株式会社『2017 年度決算説明会』資料（https://www.honda.co.jp/content/dam/site/
　　www/investors/cq_img/library/financialresult/FY201903_4Q_financial_presentation_j_3.pdf）。

IMF（2019），"World Economic Outlook, April 2019"（https://www.imf.org/external/pubs/ft/
　　weo/2019/01/weodata/index.aspx）。

第 12 章

鋼材需要からみたベトナム経済発展の特質

保倉　　裕

はじめに

　2008 年のリーマン・ショックを契機に経済的停滞を余儀なくされた ASEAN 諸国だが，2010 年代に入って以降，堅調な成長軌道を取り戻している[1]。中でもベトナムの着実な経済成長は，所謂「中所得国の罠」の克服という観点からも注目されている[2]。しかし，GDP その他の基本的経済統計の数字をみると，ASEAN10 ヶ国のなかでベトナムと比較的類似した人口規模および一人当たり所得の水準の国と考えられるタイ，インドネシア，フィリピンとの比較では，ベトナムは 4 ヶ国中最下位の地位から脱してはいない。

　一方，広い分野で基礎資材として使用される鋼材の需要変化に着目してみると，ベトナムは 2010 年代半ば以降急速な成長を遂げ，今や ASEAN 随一の鋼材消費国となっている。

　この一見整合しない数字の謎解きを試みるのが本章の目的である。

第 1 節　ASEAN4 ヶ国の経済成長の状況

　はじめに，ベトナム及び比較の対象とするタイ，インドネシア，フィリピンの経済成長の状況を，ごく基本的な数字で確認しておく[3]。

　GDP 総額でみると，ベトナムは 2018 年時点で 1,874 億ドル（current dollar では 2,445 億ドル，以下同じ）であり，インドネシア 1 兆 1,472 億ドル（1 兆 418 億ドル），タイ 4,403 億ドル（5,049 億ドル），フィリピン 3,222 億ドル（3,308 億ドル）には及ばない。しかし，GDP の成長率をみてみると，2010 年

代半ば以降はベトナムがフィリピンとは同水準の，そして他の 2 ヶ国を上回る実績を残していることが判る。2018 年までの直近 3 ヶ年の各国の成長率をみるとベトナムは 6.21，6.81，6.90％，タイは 3.28，3.91，4.10％，インドネシアは 5.03，5.07，5.20％，そしてフィリピンは 6.88，6.68，6.20％である。

　次に 1 人当り GDP の推移をみてみると，ベトナムの水準は着実に増加はしているものの（2018 年で 1,961 ドル・current dollar では 2,559 ドル，GNI（2017 年）は 2,222 ドル，以下同じ），GDP 総額と同様，4 ヶ国中最下位から脱してはいない。なお他の 3 ヶ国の間では，タイが最も高水準（2018 年で 6,342 ドル・current dollar では 7,272 ドル，GNI は 6,289 ドル）であり，続いてインドネシア（4,286 ドル・3,892 ドル，GNI は 3,725 ドル），フィリピン（3,021 ドル・3,102 ドル，GNI は 3,594 ドル）となっている。なお，この要因として人口の変化が影響しているとは考え難い[4]。

第 2 節　鋼材需要からみた 4 ヶ国の状況

1.　4 ヶ国の鋼材需要の水準

　鋼材は，極めて広い使用分野を持つことから，その需要内容をみることは一国の経済状況や経済構造を分析する上で意味の有る情報を提供し得るものと考える。こうした認識を前提として，以下，鋼材需要を通してベトナムおよび 3 ヶ国の状況の分析を進める。

　まず鋼材の国内需要規模を示す鋼材見掛消費量（「国内生産＋輸入－輸出」で算出）の状況を確認しておく。

　この状況をみると，経済規模や所得水準で見劣ったベトナムのイメージが全く逆転する。2014 年にはインドネシアを抜き，更に 2015 年にタイを上回って以来，ベトナムは ASEAN10 ヶ国で最大の鋼材見掛消費量（熱間圧延ベース）を持つ国になっているのである。2017 年のベトナムの鋼材見掛消費量は 2,164 万トンで，タイの 1,650 万トン，インドネシアの 1,359 万トン，フィリピンの 982 万トンを大きく上回っている。また過去の推移をみると，2007 年と 2014

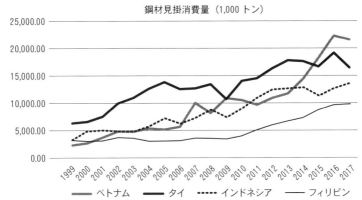

図 12-1　4 ヶ国の鋼材見掛消費量の推移

鋼材見掛消費量（1,000 トン）

出所：SEAISI, *Steel Statistical Yearbook,* various years より筆者作成。

年がベトナムの鋼材見掛消費量水準上昇の変化点になっていることが判る。

　この鋼材見掛消費量を，1 人当り鋼材見掛消費量としてみると，需要変化の構造的な背景がより推定し易くなる。なぜなら 1 人当り鋼材見掛消費量は，概ね一国の 1 人当り所得水準に沿って増加するのが一般的傾向だからである。2006 年時点では，4 ヶ国の 1 人当り鋼材見掛消費量はタイが 194.6kg と群を抜いており，それにベトナム 66.4kg，フィリピン 34.0kg，インドネシア 26.9kg，の 3 ヶ国が一団となって続いていたが，2007 年にベトナムが 116.3kg に急上昇し後続 3 ヶ国グループから抜け出し，2014 年以降更に急速な拡大を実現させ[5] タイとの差を縮めた。その結果，2017 年時点での 4 ヶ国の 1 人当り鋼材見掛消費量は，タイ（238.9kg）・ベトナム（226.5kg）とフィリピン（93.6kg）・インドネシア（51.5kg）の二つのグループに明確に分かれる状況となっているのである。

2．国ごとの品種グループ別消費動向と要因分析

　これまで，鋼材見掛消費量の全体を対象として概観してきたが，次に鋼材需要の品種別の動向に留意して分析を進めていくこととする。鋼材の品種グループとしては，大別すると，土木・建築などインフラ関連に多用される形鋼・棒

鋼・線材（長モノ[6]あるいは Long Products）と相対的に加工度の高い工業製品に多用される熱間・冷間圧延された板類[7]（Flat Products）がある。

　国ごとの品種グループ別鋼材消費の動向は，それに影響を及ぼす要因との相関関係によって決まる。従って，次に，鋼材見掛消費量の急激な増加が生じたベトナムに焦点を絞って，国ごとに影響を及ぼす要因と品種グループの対応という視点から分析していくこととする。

第3節　ベトナムの鋼材消費の特質

1.　ベトナムの品種グループ別鋼材消費の推移

　まずベトナムの品種グループ別鋼材見掛消費量の推移を確認しておく。

　図12-2 からは次の3つの特徴が読み取れる。第1に，2007年時点でベトナムの鋼材見掛消費量の水準が急上昇したが[8]，ここでは板類の伸び率が長モノを上回ってはいるものの，基調としては長モノ・板類が平行して消費水準の上

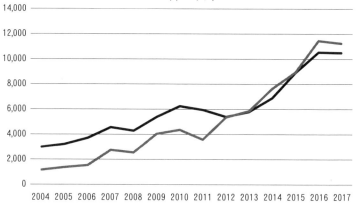

図 12-2　ベトナムの品種グループ別鋼材見掛消費量推移

ベトナム・品種グループ別見掛消費量
（1,000 トン）

出所：SEAISI, *Steel Statistical Yearbook,* various years より筆者作成。

昇を示しており，長モノの消費量が板類を上回るという工業化の初期にみられる典型的な構造が基本的には維持されたまま[9]，全体的に鋼材見掛消費量水準が増加したことである[10]。そして第 2 には，2012 年時点で板類の見掛消費量が急上昇して長モノに追いついたこと。そして第 3 に，2014 年以降，長モノ・板類がほぼ同じような動きを示しながら急上昇過程を辿ったことである。

そこで次に，これらのベトナムの鋼材見掛消費量の変化の背景を探っていくこととする。

2.　2007 年時点の変化の背景

ベトナムにとって 2007 年は，WTO の正式加盟国となったこともあり，対外経済環境が大きく変化した転換点の年となった。そこで，まず対外経済環境に関連した事項から検討を行う。その場合，検討対象としては，政府開発援助（ODA）と海外直接投資（FDI）の動き，及びそれを反映する総資本形成（Gross Capital Formation）の変化，更には輸出の需要動向が参考になるものと考える。

これらの実績値を表 12-1 にまとめておく。

まず ODA に関しては，2004 年以来の対象 4 ヶ国の ODA 受入額の推移をみると，ベトナムが一貫して圧倒的に多くの金額となっているが，特に 2007 年には対前年 35.5％増とその水準を急上昇させ[11]，更にその後も着実に受入額を増加させていった。

次に FDI の動きをみると，2007 年のベトナムは対前年 190.9％増と飛躍的な伸びとなり[12]，その後も安定した FDI 流入額を示している。

更に，こうした ODA 及び FDI の動きが反映されると考えられる総資本形成の動きをみてみると，ベトナムは 2007 年には対前年 26.8％増と大きな伸びとなっている。また総固定資本形成（Gross Fixed Capital Formation）に対する FDI の比率も 2006 年の 11.6％から 2007 年には 25.7％へと急増しているのである。

これらのデータは，建設・建築関連需要を中心に全般的な鋼材消費の増加が生じたことを推測させるに十分である。

表 12-1　ベトナムの対外経済環境指標

（単位：100万ドル，％，1人当り GDP はドル）

	ODA 受入		FDI 流入		総資本形成		1人当り GDP	
	金額	伸び率	金額	伸び率	金額	伸び率	金額	伸び率
2004	1,837	3.9	1,610	11.0	21,450	9.0	955	6.5
2005	1,911	4.0	1,954	21.4	23,842	11.2	1,018	6.6
2006	1,852	-3.6	2,400	22.8	26,663	11.8	1,079	6.0
2007	2,510	35.5	6,981	190.9	33,808	26.8	1,145	6.1
2008	2,549	1.5	9,579	37.2	35,931	6.3	1,198	4.6
2009	3,739	46.7	7,600	-20.7	37,480	4.3	1,251	4.4
2010	2,948	-21.1	8,000	5.3	41,380	10.4	1,318	5.4
2011	3,619	22.8	7,519	-6.0	38,551	-6.8	1,386	5.2
2012	4,113	13.6	8,368	11.3	39,466	2.4	1,444	4.2
2013	4,086	-0.7	8,900	6.4	41,617	5.5	1,506	4.3
2014	4,216	3.2	9,200	3.4	45,321	8.9	1,579	4.8
2015	3,157	-25.1	11,800	28.3	49,418	9.0	1,667	5.6
2016	2,895	-8.3	12,600	6.8	54,216	9.7	1,753	5.2
2017	2,376	-17.9	14,100	11.9	59,529	9.8	1,853	5.7

出所：ODA（current prices）は World Bank, World Development Indicators より，FDI（current prices），総資本形成（constant prices (2010)），1人当り GDP は UNCTAD-STAT より筆者作成。

　更に，鋼材消費に関連する要素として輸出の内容と動向をみてみる。鋼材を使用する製品の輸出（鋼材の間接輸出と呼ばれる）が増えれば鋼材見掛消費量は増加することとなる。鋼材を多く使用する製品が多いと推定される輸出品目は，輸出品目の HS コードのベースで，HS84 類（原子炉，ボイラー及び機械類，これらの部品）の一部（ルームエアコン（8415），冷蔵庫（8418），洗濯機（8450）など白物家電製品が含まれる），HS85 類（電気機器，エレクトロニクス製品）の一部（掃除機（8508），電子レンジ（8516）など家庭用品が含まれる），HS87（鉄道用・軌道用以外の車両，付属品，部品。自動車が主要な分野となる），である[13]。

　これらの輸出推移（金額ベース）をみると，表 12-2 の通りである。

　これらの数字は，2007 年時点で板類を多く使用する製品の輸出が増加し始めたことを推定させる。2007 年の対前年伸び率でみると，87 類の部品等が

表 12-2 ベトナムの鋼材使用製品関連品目の輸出動向

（単位：100 万ドル）

HS	84 類			85 類		87 類			
	類計	冷蔵庫	洗濯機	類計	掃除機	類計	車輪他	二輪車	部品等
2004	874	2.6	7.3	1,310	—	375	54.2	26.7	43.4
2005	1,190	3.4	8.3	1,540	—	365	91.5	34.2	57.7
2006	1,640	2.2	4.4	2,070	—	453	262	19.8	95.8
2007	1,610	18.0	3.6	3,280	—	582	393	21.8	124
2008	2,660	36.5	3.7	3,670	0.0	631	409	34.4	131
2009	2,370	40.6	4.1	4,200	0.2	529	316	32.3	113
2010	3,140	74.4	12.9	7,080	0.1	709	419	59.9	169
2011	4,170	80.9	42.9	12,800	65.6	931	535	108	187
2012	5,880	87.3	70.3	22,400	134	1,320	776	187	269
2013	8,240	88.5	83.8	32,300	225	1,600	888	372	256
2014	8,930	68.2	91.4	36,500	324	1,910	985	507	318
2015	10,000	92.0	80.1	47,400	238	1,910	941	508	349
2016	9,700	127	332	57,200	208	2,070	1,000	579	369
2017	11,200	224	795	75,300	248	2,330	1,130	641	429

出所：UN Comtrade より筆者作成。

29％増，車輪他が 2006 年に 186％増，2007 年に 50％増となっているほか，冷蔵庫も急拡大を示している。また各類の計をみても，2007 年前後で拡大期を迎えていたことが示されている。

　一方，ベトナム国内向けでもこれらの鋼材使用製品の需要拡大がみられるのかが，いま一つの確認しておくべき点かと思われるが，白物家電などの需要の推移をみると[14]，需要では 2007 年の対前年伸び率はルームエアコン（41.9％），電子レンジ（87.5％）など高い伸び率のものと，大型家電の冷蔵庫では 8.7％，洗濯機では 20.8％，また掃除機では 4.8％など比較的安定した増加を示すものとがある。しかし，全般的にみると，2007 年前後の時点で生活水準の上昇が始まったものと考えられる[15]。また，これら白物家電の 2007 年の生産台数でみると，需要の増加に対応し，ルームエアコンは 50.8％，冷蔵庫は 19.3％，洗濯機は 22.1％の対前年増加率となっている[16]。これらの生産増加の国内向け・輸出向け構成は，需要規模と輸出・輸入台数との関連で整合的な理解が難しい

ことから推定が困難であるが，生産の半数程度は国内向けと思われることから，白物家電についていえば，国内需要の拡大が板類の鋼材見掛消費量を増加させる一つの要因であったと考えられる。

　従って，2007 年時点での鋼材見掛消費量の伸びは，主に海外関連要因によるものと推定されるが，国内需要の増加もその伸びの一因であったと考えられる。

3.　2012 年時点の変化の背景

　2002 年から 2007 年まで 7％を上回る GDP 成長率を続けたベトナム [17] は，2008 年以降は 5％台半ばから 6％台前半の成長率で安定成長の軌道に入ることとなる。特に 2011 年は，インフレ抑制などの政策目標もあり，引き締め的な政策がとられた時期であった [18]。

　2012 年時点の状況を，まず海外関連要因からみてみる。2012 年には ODA は対前年 13.6％の増加を示した。FDI 流入額も，2009 年に対前年 20.7％減少した後，2011 年までは大きな伸びは見られなかったが，2012 年には対前年 11.3％の増加で 2010 年を上回る水準までに回復，また，総資本形成額も 2011 年の低下した水準からは上昇した。しかし，これらの回復の幅は力強いものではなく，総じていえば 2010 年水準を取り戻したという程度のものであった。

　こうした状況を反映し，鋼材見掛消費量も長モノが 2011・12 年と 2 年連続で減少，板類も 2011 年は大幅な減少となった。しかし板類は 2012 年には急激な回復を示し，見掛消費量で長モノと同水準となり，2013 年以降は長モノの見掛消費量を上回ることになるのである。これまで基本的には長モノと同じトレンドで変化してきた板類の見掛消費量が，なぜ 2012 年の時点で急増し [19] 長モノの水準に並ぶこととなったのであろうか。

　一方，注目されるのは，鋼材使用製品の輸出の動向である。表 12-2 に示される通り，こうした製品の輸出は 2011 年から増加をみせており，2012 年に至って大きく飛躍した。各類とも全体に大幅な伸びを示しているが，特に 87 類の増加（類計 41.8％，車輪他 45.0％，二輪車 73.1％，部品等 43.9％）や洗濯機（63.9％）・掃除機（104.3％）といった家電製品の伸びが顕著である。

　一方，2012 年の国内需要の対前年伸び率を白物家電でみると，ルームエアコンは 38.8％，電子レンジは 34.2％と比較的大きな伸びを示しているが，大型家電の冷蔵庫は 5.2％，洗濯機は 10.0％という安定的な増加水準である。

　これらの状況から，2012 年時点でみられた長モノに対する板類の相対的増加の背景は，板類鋼材使用製品の輸出拡大がその主な要因ではないかと推定される。

4.　2014 年以降の変化の背景

　2014 年以降，長モノと板類の見掛消費量が，ほぼ同じ動きで共に急増し，この過程でベトナムの鋼材見掛消費量が ASEAN10 ヶ国中最大となったことは既に述べたところである。

　この背景を探るべく，まず海外関連要因からみてみると，ODA は 2014 年に 2012 年水準を僅かに上回る水準となった後，2015 年以降は下降に転じている。一方，FDI は堅調な動きを示し，特に 2015 年では対前年 28.3％増と大きな伸びとなった。これが背景と思われるが，総資本形成も 2014 年に 8.9％の増加となり，2015 年以降は 9.0％を上回る堅調な伸びを示している。また FDI の総固定資産形成に対する比率も 2014 年の 20.7％から，2015 年は 24.8％，2016 年は 25.8％，2017 年は 26.5％と増加している。

　次に，鋼材使用製品の輸出動向をみると，2014 年時点では 87 類の二輪車（36.3％増）・部品等（24.2％増）などの増加が目立つ。また 2016 年以降では，冷蔵庫（2016 年に 38.0％，2017 年に 76.4％増）・洗濯機（2016 年に 314.5％，2017 年に 139.5％増）など家電製品輸出の増加がみられる。

　一方，国内需要をみると，大型白物家電の 2014 年での対前年伸び率は，冷蔵庫 3.4％増[20]，洗濯機 7.2％など，概ね 1 人当たり GDP の伸びに沿った比較的安定した増加となっている[21]。

　これらの実績から，主に海外関連要因が 2014 年以降の長モノ・板類両方の見掛消費量の急速な伸びを支えたものと推定できる。

第4節 他3ヶ国との比較でのベトナム経済の特質

　これまで，鋼材見掛消費量という視点からベトナム経済成長の特質を探ってきた。そこでは，2007年・2012年・2014年以降という鋼材見掛消費量の変化点において，海外関連の要因が大きな役割を果たしたと考えられること，また，国内需要はほぼ1人当たりGDP伸び率に沿った着実な伸びとなっているものとの推定を得た。

　そこで次に，こうした鋼材見掛消費量を通してのベトナム経済の概観を踏まえ，経済の基礎的データにより他の3ヶ国との比較を行い，特に，なぜ2014年以降ベトナムの鋼材見掛消費量が他国を上回る水準に成長したのか，その背景を探っていく。

　まず，ODA受入れ額については，ベトナムが他の3ヶ国を圧倒する規模であったこと，および，2013年以降増加は止まり2015年からは減少に転じたことは既に述べた。

　次に，鋼材見掛消費量に大きな影響を持ったと思われるFDI流入額の動きを確認する。

　表12-3を図12-1と見比べてみると，鋼材見掛消費量の4ヶ国間の相対変化が理解し易くなる点が多い。ベトナムは他の3ヶ国に比べ，FDI流入額が安定して増加していることが特徴である。その上で金額からみた特色をあげてみる。第一に，2007年から2008年の時点で，タイとインドネシアの水準に並んだこと。これは鋼材見掛消費量でインドネシアと並んだ主要な背景と考えられる。第二に，その後，平均水準としてはタイを上回る流入金額となっており，これはタイの鋼材見掛消費量との差が縮まる背景と考えられる。また第三に，インドネシアとの関係をみると，2010年からインドネシアがベトナムの金額を大きく上回る状況となり，これは2011年から2013年までの間，インドネシアの鋼材見掛消費量がベトナムを上回っている状況と符合する。しかし，2014年以降もインドネシアのFDI流入額はベトナムを上回っており，この期間にベトナムの鋼材見掛消費量が急増しインドネシアを引き離したことは，この

表 12-3　4 ヶ国の FDI 流入状況

（単位：100 万ドル，current prices，%）

	ベトナム		タイ		インドネシア		フィリピン	
	金額	伸び率	金額	伸び率	金額	伸び率	金額	伸び率
2004	1,610	11.0	5,859	12.2	1,896	－	688	40.1
2005	1,954	21.4	7,975	36.1	8,336	339.7	1,851	169.0
2006	2,400	22.8	8,182	2.6	4,914	-41.1	2,929	58.2
2007	6,981	190.9	9,195	12.4	6,928	41.0	2,824	-3.6
2008	9,579	37.2	8,054	-12.4	9,318	34.5	1,544	-45.3
2009	7,600	-20.7	5,363	-33.4	4,878	-47.6	1,990	28.9
2010	8,000	5.3	14,555	171.4	13,771	182.3	1,298	-34.8
2011	7,519	-6.0	1,370	-90.6	19,241	39.7	2,043	57.4
2012	8,368	11.3	9,135	566.8	19,138	-0.5	2,449	19.9
2013	8,900	6.4	15,493	69.6	18,817	-1.7	2,280	-6.9
2014	9,200	3.4	4,809	-69.0	21,811	15.9	5,285	131.8
2015	11,800	28.3	5,624	16.9	16,641	-23.7	4,447	-15.9
2016	12,600	6.8	1,815	-67.7	3,921	-76.4	6,915	55.5
2017	14,100	11.9	6,478	256.9	20,579	424.8	8,704	25.9

出所：UNCTAD-STAT より筆者作成。

FDI の数字だけでは説明がつかないと考える。なお第四に，フィリピンの動きであるが，2011 年および 2014 年の FDI 流入額の急増は図 12-1 の鋼材見掛消費量の動きと符合しており，フィリピンの場合も FDI が鋼材消費と深い対応関係があることを推察させる。

　次に，鋼材使用製品の輸出をみてみる（表 12-4）。ここでは特に，ベトナムの鋼材見掛消費量が増加した 2012 年以降に焦点を絞って検討する。白物家電の代表として冷蔵庫（HS8418）と自動車関連が中心となる 87 類の状況をみてみる。

　鋼材使用製品の輸出増加がベトナムの鋼材見掛消費量の拡大，および，板類の相対的増加の要因であろうとの推定は，既に述べた。しかし，輸出金額の絶対値でベトナムがタイおよびインドネシアに及ばぬ状況であることは明確であり，これらの数字だけで，ベトナムの鋼材見掛消費量が急増しインドネシア，そして，タイを上回る水準になったことを説明することは難しいと言わざるを

表 12-4　鋼材使用製品の輸出状況

（金額ベース，単位：100 万ドル）

	冷蔵庫				HS87 類（自動車関連）			
	ベトナム	タイ	インドネシア	フィリピン	ベトナム	タイ	インドネシア	フィリピン
2011	81	1,700	–	11	931	18,200	3,330	2,230
2012	87	1,810	–	9	1,320	24,300	4,860	1,930
2013	89	1,900	424	19	1,600	26,200	4,570	1,600
2014	68	1,930	397	18	1,910	26,000	5,210	1,660
2015	92	1,820	322	13	1,910	26,600	5,420	1,430
2016	127	1,870	328	14	2,070	27,200	5,870	1,420
2017	224		343	15	2,330		6,840	1,180

出所：UN Comtrade より筆者作成。

表 12-5　総固定資本形成の GDP・FDI との関係

（単位：10 億ドル，％）

年	ベトナム						インドネシア					
	GDP		総固定資本形成				GDP		総固定資本形成			
20	金額	伸び	金額	伸び	対GDP	FDI 比率	金額	伸び	金額	伸び	対GDP	FDI 比率
12	130	5.2	36	1.9	27.4	22.2	850	6.0	278	9.1	32.7	6.4
13	137	5.4	37	5.3	27.4	22.0	897	5.6	292	5.0	32.5	6.5
14	145	6.0	40	9.3	28.2	20.7	942	5.0	305	4.4	32.4	7.5
15	155	6.7	46	9.0	28.9	24.8	988	4.9	320	5.0	32.4	5.9
16	164	6.2	49	9.7	29.8	25.8	1,038	5.0	335	4.5	32.2	1.3
17	175	6.8	54	10.7	30.9	26.5	1,090	5.1	335	0.2	30.7	6.3

注：総固定資本形成の「対 GDP」は，総固定資本形成金額 /GDP 金額（×100）。
　　「FDI 比率」は，FDI 流入額 / 総固定資本形成金額（×100）。
出所：UNCTAD-STAT より筆者作成。

得ない。

　従って，以下，2012 年以降のベトナムの鋼材見掛消費量急増に焦点を絞り，特に数字上の説明が難しいインドネシアとの対比を中心に分析を進める。

　この謎を解く鍵は，総固定資本形成と FDI の関係にあると筆者は考える。まず総固定資本形成の規模と相対観を確認する。

　ベトナム・インドネシア両国を比較すると，経済規模の大きな差異にもかか

わらず，その構造が近似してきたことが判る。総固定資本形成金額の GDP 総
額との比率は，2014 年以降のベトナムの急速な伸びにより乖離が着実に縮小
し，2017 年時点ではベトナムが 30.9％とインドネシアの 30.7％と並ぶことと
なった。しかし，両国間で全く異なる様相を呈しているのが，総固定資本形成
に対する FDI の比率である。インドネシアが 6％半ばであるのに対し，ベト
ナムは 2014 年時点までは 20％台前半であったが，2015 年からは 20％台半ば
に上昇している。

　一方，一つの試算として，鋼材見掛消費量を両国の総固定資本形成総額と
FDI 流入額で割って単位金額当りの数量を算出してみると，この総固定資産
形成総額に対する FDI 比率の差異の背景が浮かび上がってくる。

　表 12-6 は，各年の鋼材見掛消費量総額を，その年の総固定資本形成額およ
び FDI 流入額で割ったものであるから，単に傾向をつかむ以上のものではな
い。しかし，この表から両国の FDI 単位金額当りの鋼材消費の原単位に大き
な差があるということは十分に推測される。この背景は，ここでは明確には指
摘できないが，ベトナムの FDI が相対的に製造業の比重が高いことが鋼材原
単位を高くする一つの要因ではないかと推定される[22]。

　以上より，2015 年以降のベトナムの FDI 流入額の急増と総固定資本形成額
の増加が，単にインドネシアとのそれらの金額の差では表面に現れない鋼材見
掛消費量の増加をベトナムにもたらしたものと推測されるのである。また，表

表 12-6　鋼材見掛消費量と総固定資本形成額および FDI

（単位：トン/100 万ドル）

	ベトナム			インドネシア		
	鋼材消費 (1,000 トン)	総固定資本 単位当り	FDI 単位当り	鋼材消費 (1,000 トン)	総固定資本 単位当り	FDI 単位当り
2012	10,956	308.3	1,309.3	12,500	45.0	653.2
2013	11,769	314.5	1,322.4	12,692	43.5	674.5
2014	14,441	353.2	1,566.3	12,898	42.3	591.4
2015	18,254	409.4	1,546.9	11,375	35.5	683.6
2016	22,328	456.5	1,772.1	12,673	37.9	3,232.1
2017	21,637	399.5	1,534.5	13,593	40.6	660.5

出所：既出データより筆者作成。

12-6 の数字は，2014 年以降，ベトナムの FDI 単位金額当りの鋼材原単位の増加傾向を示唆しており，これは FDI の内容が高度化しつつあり鋼材消費量の増加につながっているのかも知れないという推定も可能かと思われる。今後，詳細を確認したい事項である。

結　語

　本章では，鋼材見掛消費量という視点から，タイ・インドネシア・フィリピンとの比較を行いつつ，ベトナムの経済発展の特質を探ってきた。そこでは，基本的経済指標では他の 3 ヶ国に後れをとっているベトナムが，なぜ鋼材見掛消費量では ASEAN 随一の存在になっているのか，という疑問を解明することを試みた。そして，ベトナムが，ODA 受入れに加え，FDI 流入の急速な拡大に支えられて鋼材消費を伸ばしたこと，更に，ベトナムでの FDI が相対的に鋼材多消費型の製造業が多く，また，それらが鋼材使用製品の輸出を行うことにより，ベトナムの鋼材見掛消費量を急速に押し上げたのではないかとの推定を示した。

　こうしたベトナムへの FDI の流入は，近時の国際的な貿易・政治状況から，更に拡大するのではないかとの見方も少なくない[23]。

　しかし，一方で，こうした状況は FDI への過大な依存体質の進行とも考えられる。ベトナムの目標が 1 人当り所得を上昇させ，まずは今回比較対象とした 3 ヶ国の水準に追いつくことであるならば，国内需要の拡大が求められる。本章では，ベトナムの内需は白物家電などの需要からみると，ほぼ 1 人当り GDP の伸びに沿った成長をしているのではないかとの推定を示した。これを一段飛躍させることが，これからのベトナムの喫緊の課題であろう。

　FDI が製造業を中心に根付くということは，生産体制が整備されるということであり，供給としては内需の拡大に対応できる体制が整ってくるということでもある。

　筆者は，この供給力の整備を内需に結びつける産業として，住宅関連産業の振興が望まれると感じてならない。銑鋼一貫製鉄所の操業もあり，いよいよ本

格的な工業国に飛躍しようとするとき，ベトナム政府が中所得階層を視野にいれた住宅政策にリーダーシップを発揮されることを願うものである。

注

1　本章ではリーマンショック以前の状況も参照するため，2004 年以降のデータにより分析を行うこととする。

2　中所得国の罠については，トラン・ヴァン・トゥ，苅込俊二（2019）『中所得国の罠と中国・ASEAN』229–252 頁が詳説。

3　継時的な変化の視点も踏まえ，本章での実績数字は UNCTAD-STAT の US dollars at constant prices at（2010）によることとする。

4　4 ヶ国の 2008 年と 2018 年の人口変化をみると，ベトナムが 8,624 万人から 9,555 万人で 931 万人・10.8％増，タイが 6,653 万人から 6,943 万人で 290 万人・4.4％増，インドネシアが 2 億 3,547 万人から 2 億 6,767 万人で 3,220 万人・13.7％増，フィリピンが 9,090 万人から 1 億 665 万人で 1,575 万人・17.3％増である（国連・World Population Prospects 2019）。

5　ベトナムの 2014〜2016 年の 1 人当り鋼材見掛消費量の伸び率は 21.3，25.1，21.0％。

6　Long Products の範疇とされる鋼材品種は多いが，本章では形鋼（section）・棒鋼（bar）・線材（wire rod）の主要 3 品種を対象として分析を進める。4 ヶ国に関する鉄鋼関連統計では，軌条（rail & accessories），シートパイル（sheet pile・大型形鋼）も独立した品種として扱われることがあるが，数量が多くないことから，本章では「長モノ」には含めないこととする。

7　板類には熱間圧延の厚板と熱延薄板（コイルを含む）および冷間圧延の薄板諸製品がある。熱延薄板は下工程製品である冷延薄板や各種表面処理鋼板の原板として使用されることが多いことから，本章では厚板と熱延薄板の合計数量を板類を表すものとして用いることとする。

8　鋼材見掛消費量全体で，2006 年の 567 万 7,000 トンから 2007 年の 1,005 万 9,000 トンに増加。

9　ベトナムで長モノの消費水準が相対的に高いことの背景の一つは，棒鋼が多用されるベトナムで一般的な建築・建設工法による面もある，との見方もある。

10　2006 年から 2007 年への変化は，長モノは 370 万 4,000 トンから 456 万 3,000 トンへ 23.2％，また板類は 152 万 4,000 トンから 274 万 3,000 トンへ 80.0％，の増加。

11　4 ヶ国の ODA 受入額は，ベトナムの 2006 年 18 億 5,232 万ドル，2007 年 25 億 1,044 万ドルに対し，インドネシアは 2006 年 13 億 1,846 万ドル，2007 年 8 億 5,433 万ドル，フィリピンは 2006 年 5 億 7,000 万ドル，2007 年 6 億 928 万ドル，またタイは ODA 供与国となっている。

12　4 ヶ国の FDI 流入額は，ベトナムの 2006 年 24 億ドル，2007 年 69 億 8,100 万ドルに対し，タイは 2006 年 81 億 8,200 万ドル，2007 年 91 億 9,500 万ドル，インドネシアは 2006 年 49 億 1,400 万ドル，2007 年 69 億 2,800 万ドル，フィリピンは 2006 年 29 億 2,900 万ドル，2007 年 28 億 2,400 万ドルとなっている。すなわち，ベトナムは 2006 年時点ではフィリピンとほぼ同水準であったが，2007 年の急増によりインドネシアに並ぶ水準となった。

13　HS86（鉄道用・軌道用の車両，付属品，部品）及び HS89（船舶及び浮き構造物）も鋼材を使用する分野と考えられるが，ベトナムの輸出実績が僅かのため，本章での検討対象品目からは除いた。

14　白物家電の需給については，日本電機工業会発行の『白物家電 7 品目の世界需要調査』（2010），『白物家電 5 品目の世界需要調査』各年版（2015・2016）による。

15　2007 年時点の各製品の内需の規模は，ルームエアコン 28 万 8 千台，電子レンジ 16 万 5 千台，冷蔵庫 100 万台，洗濯機 58 万台，掃除機 6 万 6 千台。

16　2007 年時点の生産台数は，ルームエアコン 28 万 5 千台，冷蔵庫 94 万 6 千台，洗濯機 41 万 5 千

　台。
17　2006年のGDP成長率は6.98%。
18　在ベトナム日本大使館経済班（2012）『2011年ベトナム経済事情』による。
19　板類の見掛消費量は，2010年が435万6,000トン，2011年が358万4,000トン，2012年が535万6,000トン。長モノは2010年が623万8,000トン，2011年が594万1,000トン，2012年が539万トンである。
20　冷蔵庫の普及率でみると，2013年は54.2%で対前年5.2%上昇，2014年は59.8%で対前年5.6%上昇となっており，2010年以降で最も上昇幅が大きい時期となっている（経済産業省（2019）『医療国際展開カントリーレポート・ベトナム編』10頁より）。
21　一方，2014年の家電需要の対前年伸び率は，ルームエアコン11.9%，電子レンジ21.4%など，小型家電では大型家電より高い伸びがみられる。
22　2018年のFDIの業種別内訳については，ベトナム経済研究所（2019）『ベトナム経済動向』2019年1月・2月合併号，No.471を参照。
23　Yasuyuki Sawada（2019）*Asian Development Outlook 2019 Update*，4頁。

参考文献
（日本語）
トラン・ヴァン・トゥ　苅込俊二（2019）『中所得国の罠と中国・ASEAN』勁草書房。
ベトナム経済研究所『ベトナム経済動向』2018・2019年各月号。
日本電機工業会（2010）『白物家電7品目の世界需要調査』。
――（2015）『白物家電5品目の世界需要調査　2007－2013』。
――（2016）『白物家電5品目の世界需要調査　2008－2014』。
（英語）
South East Asia Iron and Steel Institute, *Steel Statistical Yearbook,* various years.
Yasuyuki Sawada（2019）*Asian Development Outlook 2019 Update.*
（ウェブサイト）
経済産業省（2019）『医療国際展開カントリーレポート・ベトナム編』https://www.meti.go.jp/policy/mono_info_service/healthcare/iryou/downloadfiles/pdf/countryreport_VietNam.pdf
在ベトナム日本大使館経済班（2012）『2011年ベトナム経済事情』https://www.vn.emb-japan.go.jp/jp/economic/VNEcon2011.pdf
UNCTAD-STAT, https://unctadstat.unctad.org/wds/TableViewer/tableView.aspx
United Nations, *UN Comtrade Database,* https://comtrade.un.org/
United Nations, *World Urbanization Prospects,* https://population.un.org/wup/
World Bank, *World Development Indicators,* http://datatopics.worldbank.org/world-development-indicators/

第 13 章

多国籍化するベトナム企業
—先発 ASEAN 企業に追随—

牛山　隆一

はじめに

　ベトナムで地元企業の海外展開が活発化している。東南アジア諸国連合（ASEAN）では近年，シンガポールやマレーシア，タイの企業を中心に地元企業の多国籍化が著しく，それら企業の中には当該業界で世界・アジア有数の規模へ成長するところも増えてきた[1]。こうしたなか対外・外国直接投資（FDI）の後発国ベトナムでも，海外に商機を求め越境する地元企業が出始めている。対内 FDI の積極誘致，輸出の拡大を梃子に経済の国際化を進め，成長を遂げたベトナムが，新たに対外 FDI の主体としての側面も持ち始めたことは大きな変化と言えよう。本章ではまず，ベトナムの対外 FDI 統計から投資先や業種の特徴を確認し，海外事業を積極的に拡大している地元の有力企業群を紹介する。更にベトナム多国籍企業の代表格へと成長した大手通信，ベトナム軍隊工業通信グループ（ベトテル）の動向を詳しく取り上げ，最後に同国の対外 FDI の現状・展望について若干の考察を加える。

第 1 節　ベトナムの対外 FDI 動向

1. 対外 FDI は世界 56 位へ上昇

　ベトナムでは対内 FDI 額（フロー，以下同）が順調に増えている。UNCTAD によると，2017 年は前年比 12％増の約 141 億ドルと 6 年連続で拡

大し，ベトナムは ASEAN 域内でシンガポール（約620億ドル），インドネシア（約230億ドル）に次ぐ3番目の FDI 受け入れ国となっている。その前年の2016年はシンガポールに次ぐ2番目であった。17年のベトナムの対内 FDI 額は世界25位の規模で，10年前の同46位から大きく順位を上げている。同国は今や，ASEAN 有数の外資流入国になったと言える。

　一方，ベトナムでは本章が注目する対外 FDI 額も拡大しており，2013－17年は年間平均約12億3,000万ドルと08－12年（同約8億ドル）の5割増となった。17年のベトナムの対外 FDI 額（約5億4,000万ドル）は世界56位の規模であった。対内に比べ順位は低いものの10年前の77位から上昇している。

　対外 FDI が増えているといっても，ベトナムの場合は先行国のシンガポールやマレーシア，タイに比べなお低水準で，17年の金額はこれら3か国の中で対外 FDI 額が最も小さいマレーシアの1割弱に過ぎない。だが，増加ペースが速いうえに，海外事業への依存度を急速に高めている企業が増えつつあることは注目すべき事実であろう。

2．WTO 加盟後に認可額が急増

　ベトナム統計総局によると，同国の対外 FDI が認可ベースで急増したのは2008年からである。この年，対外 FDI 認可額は前年比3倍の31億4,800万ドルと当時の過去最高を記録，件数も年間100件を初めて突破した（図13-1）。その後，認可額は14年まで年間15億－35億ドルで推移した後，15－17年は同10億ドルを下回る水準に減っている。ただ，件数は増加トレンドを続けており，16年は139件と過去最高に達した。

　2008年以降，ベトナムの対外 FDI 認可額が急増した理由に，07年の世界貿易機関（World Trade Organization :WTO）加盟が挙げられる。同国は WTO 加盟に際し国内市場の一層の開放を余儀なくされた。このため地元企業，とりわけ国内市場で支配的な地位にある国有企業が危機感を募らせ，経営基盤の強化を図ろうと海外事業を積極的に拡大していった（池部, 2017）。08年以降といえば，対内 FDI の認可額も急増した時期である。世界経済との統合を象徴

図 13-1　ベトナムの対外 FDI（認可ベース）

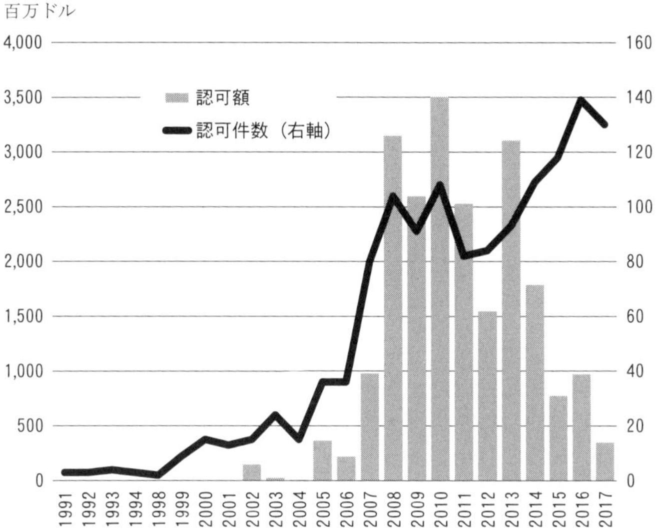

資料：ベトナム統計総局のホームページより作成。http://www.gso.gov.vn/
default_en.aspx?tabid=776　2019 年 7 月 5 日アクセス。

する WTO 加盟という出来事を受け，ベトナムでは対内・対外ともに FDI が
勢いづいたことになる。

　ベトナム国内では対外 FDI の促進に向けた法整備も進められた。Thu
(2006) によると，ベトナムで最初の対外 FDI が観察されたのは 1989 年頃で
ある。当初はカンボジア，ラオスと国境を接する省が，国境を挟んで対置する
両国の地方自治体と協力関係を結び，それに基づき民間企業が越境投資を実施
するというパターンが多かった。その後，ベトナム政府は対外 FDI 関連の法
整備を少しずつ進めたが，WTO 加盟直前の 2006 年に施行された投資法，更
に 09 年施行の政令 78 号を受け，ベトナム企業の対外 FDI 機運は一段と高
まった。前者は対外 FDI の定義や手続きを定め，後者は外資系企業を含む全
ての企業が外国で投資を行う権利を有すことを明記するとともに手続きの簡素
化なども盛り込んだものであった。

3.　最大の投資先はラオス――対ミャンマー投資も拡大

　ベトナムの対外 FDI 累計認可額から投資先・業種の特徴を確認しよう。ま
ず 2017 年末の累計認可額は約 199 億ドル，累計認可件数は 1,047 件で，過去5
年間でいずれも 1.5 倍に拡大している（表 13-1）。累計認可額の国別順位は，1
位ラオス，2位ロシア，3位カンボジアで，これら3カ国の合計でシェア5割
強に上る（件数では約4割）。4位以下はベネズエラ，ミャンマー，アルジェ
リア，ペルーの順である。1件当たりの投資額は，対ラオス，対カンボジアが
1,000 万−2,000 万ドル台なのに対し，対ロシアは2億ドル台，対ベネズエラは
9億ドル台，対アルジェリアは 13 億台と大きい。これらの国々への投資に比
較的規模が大きい資源関係の案件が含まれているためと思われる。

表 13-1　ベトナムの対外直接投資残高（認可ベース，2017 年末）

順位	国名	金額（100 万ドル）	シェア	件数	シェア	1件当たり金額（100 万ドル）
1	ラオス	4,793	24%	196	19%	24.5
2	ロシア	2,826	14%	13	1%	217.3
3	カンボジア	2,730	14%	168	16%	16.3
4	ベネズエラ	1,825	9%	2	0%	912.6
5	ミャンマー	1,319	7%	78	7%	16.9
6	アルジェリア	1,262	6%	1	0%	1,261.5
7	ペルー	1,249	6%	4	0%	312.3
8	マレーシア	845	4%	17	2%	49.7
9	米国	585	3%	149	14%	3.9
10	タンザニア	356	2%	4	0%	89.1
11	モザンビーク	346	2%	3	0%	115.3
12	シンガポール	277	1%	80	8%	3.5
13	カメルーン	231	1%	3	0%	76.9
14	豪州	202	1%	39	4%	5.2
15	ブルンジ	170	1%	2	0%	85.0
	合計（16 位以下も含む）	19,866	100%	1,047	100%	19.0

出所：ベトナム統計総局のホームページより作成。http://www.gso.gov.vn/default_
en.aspx?tabid=776　2019 年7月5日アクセス。

　ベトナムの近年の対外 FDI で特徴的な点は，対ミャンマー投資の拡大である。ミャンマーは 2012 年にベトナムの公式統計に海外投資先として初めて登場，17 年末の累計認可額は約 13 億ドルで 5 位の投資先となっている。累計認可件数（78 件）は 3 年間で 7 倍近くに増え，4 位に浮上した。ベトナムは対ミャンマー投資国として急速に存在感を高めており，ミャンマー側の統計によるとベトナム企業の投資は 12 年頃から急増，19 年 4 月末の累計認可額（約 22 億ドル）は 7 位で日本（10 位）より順位は高い[2]。

　一方，ベトナムの対外 FDI 累計認可額を業種別にみると，鉱業がシェア 40％と最大で，農林水産業（16％），情報通信（13％）が続く。1 位鉱業には国営石油会社ペトロベトナムが海外で手掛ける資源探査・採掘が含まれる。2 位農林水産業はラオス，カンボジアでの天然ゴム，コーヒー，サトウキビの農園経営などが中心とみられる。3 位情報通信は 2010 年以降，上位に定着してきたセクターである。背景には後述するように大手通信ベトテルが海外事業を積極的に拡大していることがあると思われる。

第 2 節　ベトナム企業の海外事業動向

　本節では海外事業に意欲的なベトナム企業の具体的な事例を見ていこう。

1.　ペトロベトナム

　既に見たようにベトナムの対外 FDI の業種別認可額で「鉱業」は圧倒的な首位であった。これは国営石油会社ペトロベトナムが海外で石油・ガス開発を進めていることが主因とみられる。同国の対外 FDI 先の上位には，ロシアやベネズエラ，アルジェリア，ペルーなどが顔を出す。いずれも同社の進出先の国々である。東南アジア，アフリカ，中東，ロシア・中央アジア，中南米などで合計 13 の海外プロジェクトを手掛けるペトロベトナムは，ベトナム有数のグローバル企業と言える[3]。ただ，海外事業の大半は採算が悪く，11 プロジェクトで事業の停止や資本が回収できないリスクが指摘されている[4]。これらの

事業は 2009−12 年に行われたものが多く，損失額は計 1,000 億円規模に達するとの見方もある。その中でも最大級の損失を計上する見通しとされるベネズエラのプロジェクトは，同国の政情不安や高インフレなど経済の悪化から 16 年秋に操業停止に追い込まれた[5]。こうした状況の中，海外事業の不振の責任を取り，19 年 4 月にグエン・ブー・チュオン・ソン社長が辞意を表明するなど同社のガバナンス問題が浮上している。

2. ベトナム・ラバー・グループ，ベトナム化学グループなど

国有企業（State Owned Enterprise: SOE）は共産党の一党支配下にあるベトナム経済で大きな役割を担うが，対外 FDI も牽引している。その代表的な企業が前述のペトロベトナムや後で取り上げる大手通信会社ベトテルであるが，他の SOE も隣国のカンボジア，ラオスを中心に事業を展開している。ゴム大手ベトナム・ラバー・グループは 2007 年からカンボジアで大規模農園を運営し，14 年にはゴム加工工場も建設した。ベトナム航空は 09 年にカンボジア政府と合弁でアンコール航空を設立した。ラオスではベトナム・ラバー・グループが 07 年から大規模農園を運営しているほか，肥料・農薬の製造販売大手のベトナム化学グループも 12 年に肥料の生産などを始めた[6]。また，国営銀行ベトコムバンクは 18 年に首都ビエンチャンに全額出資子会社を設立，営業を始めた。同行にとって初の海外銀行子会社となった。

3. ビナミルク

ベトナム最大の乳製品メーカー，ベトナム・デイリー・プロダクツ（ビナミルク）は，南北ベトナムが統一した 1976 年に南ベトナムの旧体制下にあった 3 つの乳製品工場が接収され，これらを統合する形で発足した。ベトナム政府が 86 年に改革・開放路線のドイモイ（刷新）政策に着手し，非効率経営が目立つ国有企業の株式会社化を進める中で，同社も 03 年に株式会社に移行，06 年にホーチミン証券取引所へ上場した[7]。筆頭株主は，国有企業株を管理する国家資本投資公社（SCIC）で持ち株比率は 36％（2018 年末）である。

　国内で経営基盤を確立した同社は，更なる成長を図るため海外事業を強化している。2011 年にニュージーランドの乳業大手ミラカの株式 19％を取得し，北島タウポに粉ミルク工場を建設，年間 3 万 2,000 トン規模で生産を始めた。同社初の海外生産・輸出拠点で，15 年には出資比率を 23％へ引き上げた。14 年には牛乳やバターの生産・販売を手掛ける米ドリフトウッド・デイリーの株式 70％を 700 万ドルで取得した。ビナミルクは従来，在米越僑向けに商品を輸出していたが，この買収で米国市場へ直接乗り込んだ格好となった。16 年にはドリフトウッド社の株式残り 30％も購入，同社を完全子会社とした。欧州では 14 年，全額出資子会社ビナミルク・ヨーロッパ（資本金 300 万ドル）をポーランドに新設，現地での販売体制を拡充した。

　一方，アジアではカンボジアで 16 年に乳製品の合弁工場を本格稼動した。敷地面積 3 万 m^2 で，年間 1,900 万リットルの牛乳や 6,400 万カップ分のヨーグルトを生産できる。ビナミルクは 17 年には合弁工場の株式 49％を約 1,000 万ドルで取得，完全子会社にした。19 年にはラオスで酪農場の建設を始めるほか，ミャンマーでの乳製品工場建設も検討している。

4.　ベトジェットエア

　民間の格安航空（LCC），ベトジェットエアは 2011 年末にハノイ－ホーチミンに初就航して以来，国内線を相次ぎ新設する一方，13 年 2 月のホーチミン－バンコクを皮切りに国際線も拡充し，双方を合わせた総路線数は 105 にまで膨らんできた（18 年末）。うち国際線は既に 66 路線に達し，国内線を大きく上回る規模となった。国際線はタイ，シンガポール，マレーシア，中国，香港，韓国，台湾など 9 カ国・地域に飛んでいる。

　国内線のシェア（乗客者数ベース）は 2013 年の 20％程度から 18 年には 48％まで上昇，国営ベトナム航空の 38％を既に大きく上回る[8]。ただ，同社の収益拡大に大きく寄与しているのは国際線である。輸送部門の売上高（18 年）に占める国際線の比率は前年比 12 ポイント高の 48％と急増，近い将来 60％を突破する見通し[9]。国内線は路線拡張の余地が乏しく競争も激化しているため，同社は国際線の更なる拡充を目指している。例えば 18 年 11 月からハノ

イ，ホーチミン－関西便，19 年 1 月からハノイ－成田便を相次いで運航するなど日本路線の増強に意欲的である。今後，中国などで乗り入れ先の都市を増やすほか，未進出のオーストラリアやインドへの就航も狙う。16 年に営業を始めたタイ現地法人タイ・ベトジェットエアもバンコク－チェンマイ，バンコク－プーケットなど現在の国内線に加え，中国やインドへの就航を計画している [10]。

5.　FPT

　"国際派"民間企業の代表格は，ソフトウエア開発などを手掛ける情報技術（IT）最大手の FPT であろう [11]。2018 年 12 月期は売上高約 23 兆 2,140 億ドン（約 1,075 億円）[12]，税引き前利益約 3 兆 8,580 億ドン（約 179 億円）のうち，いずれも約 4 割を海外で稼いだ。過去 3 年間で海外比率は前者で 27 ポイント，後者で 16 ポイント，それぞれ上昇している。海外売上高の国・地域別比率は，日本・中国・韓国の東アジア 3 カ国が 51％と最大で，米国 20％，アジア大洋州 13％，欧州 9％と続いている。

　進出先 45 カ国のうち，特に重要なのが日本市場である。2018 年の日本での売上高はソフトウエア開発を中心に 30％増の 4 兆 7,000 億ドンに上り，東アジア 3 カ国の合計売上高の大半を占めた模様だ。FPT は新興国への展開にも力を注いでおり，15 年には日本などからのオフショア開発を受託するためミャンマー拠点を開設した。翌 16 年末には同国の地場銀行約 20 行が参加している電子決済代行サービス最大手，ミャンマー・ペイメント・ユニオン（MPU）と提携，10 年間にわたり MPU に技術支援を行い，MPU 加盟行の決済の電子化などを後押しすることになった [13]。

6.　ホアン・アイン・ザーライ（HAGL）

　酪農や果物の生産，不動産開発などを手掛ける民間企業の HAGL もカンボジア，ラオス，ミャンマーの CLM を中心に海外事業に意欲的である。同社はベトナムに隣接するラオス，カンボジアでパーム油原料のアブラヤシやサトウ

キビ，天然ゴムなどの農園を運営している。2015 年末にはミャンマーの最大都市ヤンゴンに同国最大のショッピングモールやホテル，オフィススペース，マンションなどで構成する大型複合施設を一部オープンした。敷地面積約 7 万 3,000m²，総投資額 4 億 4,000 万ドルに上るプロジェクトで，ベトナム企業の対ミャンマー投資熱を象徴する案件であった。

　HAGL の 17 年 12 月期の売上高は 4 兆 8,410 億ドン（約 224 億円），純利益は 3,720 億ドン（同 172 億円）。前者の国別比率はベトナム（43％），ラオス（27％）ミャンマー（23％）の順に高い。だが，HAGL は国内外で過大な投資を進めた結果，債務負担の増加に苦しんでおり，地元自動車大手，チュオンハイ自動車（タコ）の資金支援を受け事業再編に取り組んでいる。タコはマツダや韓国・起亜自動車の組み立てを請け負っている企業である。18 年にはタコが HAGL のミャンマー子会社の株式 51％を 4 兆ドン（約 185 億円）で取得，更に 65％へ出資比率を高める方針だ[14]。未完成のマンションなどを含む「ミャンマー・プラザ」第 2 期工事はタコ主導で進められる見通しだ。

第 3 節　ベトナム軍隊工業通信グループ（ベトテル）　　　—ベトナム多国籍企業の雄

1.　海外 10 カ国に展開

　本節では，近年の積極的な海外展開により，ベトナムを代表する多国籍企業へと飛躍した大手通信会社ベトテルについて詳しく見ていこう。

　社名からうかがえるようにベトテルは国防省傘下の政府系企業（SOE）である。会社設立は 1989 年であった。まずベトナム国内でインターネット，固定電話サービス等の提供から始め，2004 年からは携帯電話サービスに乗り出した。06 年に海外事業担当子会社ベトテル・グローバルを設立，09 年に第 1 弾として隣国のカンボジアとラオスへ参入した[15]。その後，11 年ハイチ，12 年モザンビーク，13 年東ティモール，14 年カメルーンとペルー，15 年ブルンジとタンザニアへ相次いで進出。17 年に「アジア最後のフロンティア」と言わ

図13-2　ベトテルの海外進出先

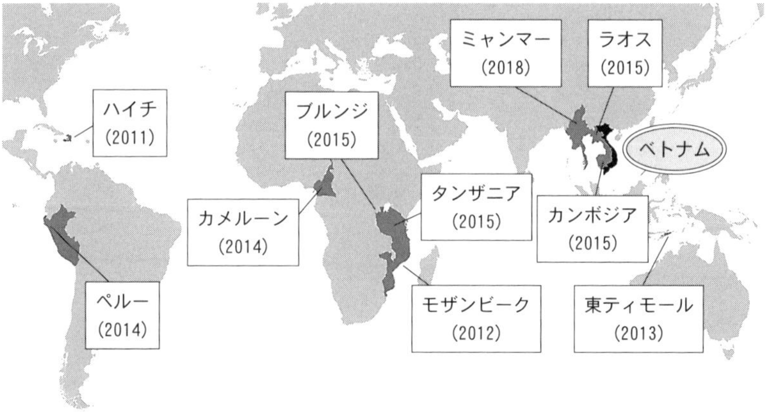

注：括弧内はサービスを開始した年。
資料：ベトテルの年次報告書などを基に作成。

れるミャンマーで免許を取得，翌18年から営業を始めた。

　ASEANにはシンガポールのシングテル，マレーシアのアシアタという多国籍化が進んだ大手通信企業がある。ともにベトテルと同じ政府系であるが，同社よりかなり早い1990年代から海外事業を積極展開していた。ただ，これら3社のASEAN域内における現在の進出先数（携帯通信事業）を比べると，シングテルがタイ・フィリピン・インドネシア，アシアタがインドネシア・カンボジア・シンガポール，ベトテルがカンボジア・ラオス・ミャンマー（CLM）といずれも3カ国で並んでおり，ベトテルは負けていない。同社は，ASEAN通信市場での越境経営に意欲的な地場"三羽ガラス"の一角を占めている。

2.　低開発国へ積極進出

　ベトテルの進出先には特徴がある。低開発国が多い点だ。前述のCLMはいずれもASEAN後発加盟国で，発展が遅れている。ほかにもアフリカのブルンジや中米のハイチなど貧国が目立っており，海外進出先10カ国のうちカメルーン，タンザニア，ペルー以外の7カ国は国連から後発途上国（Least Developed Countries: LDC）に指定されている。また，1人当たり国内総生産

(GDP，2017 年）[16] がベトナム（2,353 ドル）を上回るのはペルー（6,728 ドル）とラオス（2,555 ドル）のみ。残り 8 カ国は最低のブルンジ（312 ドル）から最高の東ティモール（2,240 ドル）までいずれもベトナムを下回る。

　ベトテルが低開発国に照準を定めているのは，業界地図がまだ固まっておらず，シェア獲得の余地が残されている市場を重視しているためだ。後発組にも商機が見込める新興市場を攻め，低価格のサービスを武器に顧客を囲い込む，というのが同社の戦略である。国防省傘下の同社は，軍に属する人員や企業，インフラをフルに活用する低コスト経営で価格競争力を高め，地元ベトナムで急成長を遂げた[17]。その過程で蓄積した技術，ノウハウ，資金を海外市場に積極的に投入し，既にカンボジア，ラオス，東ティモール，ブルンジ，モザンビークの 5 カ国ではシェ 1 位を獲得した。

3. CLM 市場で経営強化

　CLM での経営を詳しく見てみよう。前述の通り，カンボジアとラオスはベトテルが最も早く進出した外国市場であった。同社は国外では国別に異なるブランド名で携帯通信事業を展開している。カンボジアでは「メットフォン（MetFone）」，ラオスでは「ユニテル（Unitel）」を使っており，前者には全額出資子会社ベトテル・カンボジア，後者には政府系企業との合弁会社スターテレコム（ベトテルの出資比率 49％）を置いている。ともに 3 年間の準備期間を経て 09 年から営業を始めた。以後，両社は契約者を順調に増やし，ともに 3 年で投資額を全額回収した。カンボジアでは営業開始以来の売上高が累計 22 億 4,500 万ドルに達したという[18]。契約者数と市場シェアは，カンボジアで約 700 万人・46％，ラオスで約 400 万人・51％をそれぞれ獲得している。

　カンボジアでは 15 年，「ビーライン」の名称でサービスを行っていた同業のソテルコ社を買収した。ベトテルにとって初の海外 M&A で，年間 2 億数千万ドル[19] の売り上げを持つ同国で顧客基盤を更に固める狙いがあった。更に 17 年 1 月からカンボジア「メットフォン」，ラオス「ユニテル」との間で国際ローミング料金の廃止という異例の措置に踏み切った。これにより，例えばベトテルの携帯利用者が，渡航先のカンボジア，ラオスからベトナムに電話をか

ける際，同料金が不要となり，ベトナム国内と同じ料金で通話できるように
なった。同社は同料金の収入を失うが，既存の顧客の通話時間が長くなった
り，サービス向上で新規加入者が増えたりする効果を期待している。

　一方，ミャンマーはベトテルが参入を切望していた市場である。人口 5,000
万人超の同国は 11 年以降の改革・開放政策の進展で携帯電話が爆発的に普及
している。ベトテルは 13 年，ミャンマー政府が実施した携帯事業免許の入札
に参加したが失敗した。しかし，その後も参入を諦めず，ミャンマー企業との
合弁会社が 17 年 1 月に免許を獲得，同国で 4 番目の携帯通信事業者となった。
合弁会社にはベトテルが 49％，ミャンマー国軍系企業のスター・ハイが 28％，
地元 IT（情報技術）企業などの共同出資会社がそれぞれ 23％出資した。ベト
テルは合弁会社を通じ基地局整備などに最終的に 20 億ドルを投じる方針。こ
れはベトナム企業の海外投資額として過去最大規模とされる。

　ミャンマーでは 2018 年 6 月からサービスを開始し，約 1 年後に契約者数を
550 万人（14％強）まで増やし，1 位ミャンマー郵電公社（MPT，同 45％），
2 位のノルウェーのテレノール（同 28％）に次ぐ業界 3 位に浮上した [20]。ベト
ナム本国で生産する超低価格端末と一体の営業を展開したほか，ライバル社を
圧倒するテレビ CM を流すなどして現地市場で急速に浸透しており，19 年中
に 1,000 万人まで契約者を増やす計画だ [21]。

4.　30 カ国への進出を目指す

　ベトテルの携帯電話の契約者数は国内に約 6,500 万人 [22]。一方，海外は進出
先 10 カ国で計約 3,500 万人と国内の半数以上の規模に達している。2017 年 12
月期の同社の売上高は前の期比 9％増の 250 兆 8,000 億ドン（約 1 兆 1,610 億
円）で，その約 14％を海外が占めた [23]。地元ベトナムで首位を維持している
とはいえ，国内市場は飽和しつつあり競争も激しい。持続的な成長を遂げるに
は海外市場の更なる取り込みが不可欠となる。

　ベトテルは 2014 年，海外担当子会社ベトテル・グローバルの増資を行い，
資本金を 12 兆 4,000 億ドン（約 574 億円）へ倍増させた。ベトテル・グロー
バルは今後の海外展開について「次の 10 年間で 30 カ国程度へ進出先を増や

す」[24] としている。17年5月の同社株主総会では，人口の多いインドネシア（約2億6,100万人）とナイジェリア（約1億8,900万人）を次の進出先候補とすることが明らかにされた[25]。このうち前者へはシンガポールのシングテル，インドネシアのアシアタが進出済み。ベトテルが参戦すれば，ASEAN "三羽ガラス" の初の揃い踏みとなる。同社はまた，北朝鮮とキューバに進出することも検討している[26]。北朝鮮では2010年に携帯通信網構築の認可を申請して失敗したが，国際社会の対北朝鮮制裁措置が解除されれば，再び申請する方針とされる。

　海外進出先の多くで有力プレーヤーとなったベトテルにベトナム政府首脳は称賛の言葉を惜しまない。グエン・スアン・フック首相は「ベトテルのような企業がどんどん出てきて欲しい」[27] と語り，同社のように地元企業は国際化に注力すべきだと訴える。ベトテルに対しては「海外投資で主導的な役割を担い続け，我が国企業の国際競争力とグローバルな適応力の高さを示してほしい」[28]，「2025年までに世界で十指に入る通信会社になってほしい」[29] と更なる飛躍を求めている。2000年代に外資誘致と輸出拡大を軸に急速な国際化が進んだベトナム経済。その新たな見所になりつつある対外FDIの拡大を象徴する企業がベトテルである。ASEAN後発国であるベトナムから一気に世界へ羽ばたいた同社が，今後どこまで国際プレゼンスを高めることができるか注目されよう。

おわりに

　ベトナム企業の対外FDIが本格化した2008年を起点とすると，その歴史は実質的に10年程度に過ぎず，緒に就いたばかりの段階と言える。海外経験が浅い企業が多いため事業が思い通りに進まず，苦しんでいるケースもある。実際HAGLは債務負担が重くのしかかり，他社の資金支援を仰いでいる状況だ。しかし，ドイモイ開始から30年超が経過した今，外資受け入れを原動力に発展してきたベトナムが，対外投資の主体としての顔も持ち始めたことは着目すべき事実であろう。ベトテルのようなベトナム発の新興多国籍企業が出現した

ことは，一部の地元企業が国際的な競争優位を持ち始めたことを示すものと言える。

　UNCTAD の統計によると，FDI 残高の対外／対内比率（2017 年）はマレーシア 92％，シンガポール 65％，タイ 49％で，これら対外 FDI 先発国の数値はベトナムの 8％を大きく上回る水準である。だが，例えばタイの 10 年前（07 年）の同比率は今のベトナムと同レベルの 9％に過ぎず，そこから一気に水準を切り上げていった。今後，経済成長に伴いベトナム企業は資金力，技術力，経営ノウハウを蓄積していくとみられる。ASEAN 経済共同体（AEC）の創設や，環太平洋経済連携協定（TPP），欧州連合（EU）との自由貿易協定（FTA）の締結・発効などでベトナム経済の国際化が一段と進みそうななか，同国は対外投資国としての側面も更に強める公算が大きい。

注
1　ASEAN 諸国の対外 FDI 拡大の現状や経緯については牛山（2018）参照。
2　この金額には特別経済区（SEZ）への投資は含まれない。
3　2019 年 3 月 28 日付の日本経済新聞，同 4 月 7 日付の日経ヴェリタスによる。
4　同上。
5　2017 年 5 月 4 日付の VietnamNet。
6　池部（2017）。
7　ベトナムの国有企業改革についてはトラン（2010）参照。
8　ベトジェットの 2018 年度決算資料に基づく。
9　2018 年 12 月期の年次報告書。
10　2017 年 8 月 11 日付の時事通信。
11　ベトナムの国家資本投資公社が約 6％の株式を保有している。
12　2019 年 7 月中旬時点の為替レートで円換算した。以下同。
13　2017 年 2 月 21 日付の日経産業新聞。
14　2018 年 8 月 13 日付の VnExpress。
15　時期は実際のサービス開始年。以下同。
16　IMF の World Economic Outlook Database に基づく。2019 年 7 月 29 日アクセス。
17　2014 年 2 月 18 日付日経産業新聞，2015 年 7 月 4 日付日本経済新聞を参考にした。
18　2019 年 2 月 25 日付の VN Express。
19　2017 年 1 月 2 日付の AEC NEWS。
20　2019 年 5 月 13 日付の国営ベトナム通信。
21　2019 年 1 月 8 日付の THE MYANMAR TIMES。
22　ベトテルに関する数値情報は，"Viettel Group 2018" に依拠する部分が多い。http://viettel.com.vn/sites/default/files/profile_mwc2018_view_0.pdf　2019 年 7 月 8 日アクセス。
23　2018 年 1 月 3 日付の Vietnam Investment Review。
24　2016 年 12 月 7 日付の報道用資料。
25　人口規模は IMF の World Economic Outlook Database に基づく 2017 年の数字。2019 年 7 月 20

日アクセス。
26　2019 年 1 月 5 日付のロイター通信。
27　2016 年 12 月 17 日に開かれたベトテルの海外事業 10 周年記念式典で述べた。
28　同上。
29　2019 年 6 月のベトテルの創業 30 周年記念式典スピーチで述べた。

参考文献
（日本語）
池部亮（2017）「ベトナムの視点から考える南部経済回廊」浦田秀次郎・牛山隆一編『躍動・陸の
　　ASEAN，南部経済回廊の潜在力』文眞堂。
牛山隆一（2018）『ASEAN の多国籍企業』文眞堂。
トラン・ヴァン・トゥ（2010）『ベトナム経済発展論』勁草書房。
（英語）
Thu, H. T. (2017), "Outward Foreign Investment: The Case of Vietnam". In *Outward Foreign
　　Direct Investment in ASEAN,* edited by Lee, C. and Sermcheep, S. Singapore: ISEAS-Yusof
　　Ishak Institute, 2017, pp.180-201.

第3部

アジアの中のベトナム：
学際的視点からの検討

第 14 章

中国の影響下で試される ASEAN の強靭性

山田　　満

はじめに

　東南アジアには「像と雑草」のたとえ話があるように，小国の集まりである東南アジア諸国では像が愛し合っても，喧嘩し合っても，いずれにせよ像に踏み潰される運命にあるという。いうまでもなく，本章でいう大国とは米国と中国をさすが，両国の共同管理体制（condominium）で同地域を支配されても困るし，かといって両国の二項対立に基づくパワー・トランジッションも避けたい。要するに米中の適度な緊張関係のもと ASEAN（東南アジア諸国連合）の強靭性が発揮され，その中心性が確保されることを望んでいる。

　ASEAN は 1967 年 8 月に，マレーシア，インドネシア，タイ，フィリピン，シンガポールの 5 カ国で結成された。第二次世界大戦後の東南アジア地域において ASEAN 結成に至るまでには東西冷戦の強い影響下にあり，域内国家間でも領域をめぐる対立関係があった。共産主義圏であったベトナム，カンボジアやラオスの大陸部東南アジアではインドシナ紛争，マレーシア再編ではフィリピンとの領土紛争やインドネシアとの対決外交が展開され，さらにシンガポールの分離独立など，海洋部東南アジアにおいても地域紛争に直面した。

　ASEAN は上記のような地域事情や国際関係を背景に，反共イメージの強かった東南アジア連合（マラヤ連邦，フィリピン，タイ），マレー系 3 国（インドネシア，マレーシア，フィリピン）のマフィリンド，さらに東南アジア地域協力連合を（SEAARC）を経て結成された。上記原加盟国に，ブルネイが 84 年に，インドシナ紛争や東西冷戦の終結を受け，95 年にベトナム，97 年にミャンマーとラオス，99 年にカンボジアが加わり，現在の東南アジア 10 カ国＝「ASEAN10」が実現した[1]。

　ただ，ASEAN10 カ国はそれぞれ多様な民族から構成されており，言語も宗教も人口規模も，さらには国のサイズ（面積）も異なる。またそれ以上に政治体制も多様で，ブルネイの絶対君主制をはじめ，立憲君主制，一党独裁，共和制，軍事政権から民政移管が不十分ながらはじまったミャンマーやタイもある。米国に本拠地を置く国際 NGO（非政府組織）フリーダム・ハウス（Freedom House）が発表する政治的自由度の評価も異なる。インドネシアを含む 5 カ国が「部分的自由」で残り 5 カ国が「自由がなし」となっている[2]。

　このように多様な諸国から構成された ASEAN もすでに結成から半世紀が過ぎ，ASEAN の強靱性を追求する一方で，その中心性が問われ続けてきた。とはいえ，ASEAN の中心性を担保した 1994 年結成の ASEAN リージョナル・フォーラム（ARF），2005 年に「ASEAN＋3（日中韓）」を体現した東アジアサミット（EAS）の開催，2006 年発足の拡大 ASEAN 国防相会議（ADMMプラス），さらには ASEAN の経済発展を背景にして 1989 年発足したアジア太平洋経済協力（APEC）や 2010 年発足のアジア欧州会合（ASEAM）が存在している。

　ところが，現在 ASEAN の強靱性や中心性を揺るがす大きな事態が起きている。2013 年に中国の国家主席に就いた習近平政権は「社会主義現代化強国」[3]を謳い，巨大経済圏構想の「一帯一路」政策を掲げた。他方でもう一方の大国である米国では 2017 年 1 月に実業家出身のドナルド・トランプ（Donald J. Trump）が大統領に就任し，「再び偉大なアメリカをつくる（Make America Great Again）」を掲げ，習近平政権との対峙が顕在化している。本章ではこれら両大国の影響下でいかに ASEAN がその強靱性と中心性を維持できるのかを考察していく。

第 1 節　「一帯一路」構想と ASEAN

1.「一帯一路」構想とは何か

　習近平政権が進める「一帯一路」構想とは何か。同構想は 2013 年の習近平

政権発足を契機に出されたユーラシア全域を包含する巨大経済圏構想である。具体的には，「シルクロード経済ベルト」地帯を形成する陸上ルートが「一帯」になり，「21 世紀海上シルクロード」が「一路」となる。両者が合わさって「一帯一路（One Belt One Road）」構想となった。前者は，習主席が 2013 年 9 月のカザフスタン公式訪問時に発表され，後者は同年 10 月のインドネシア公式訪問時の講演で発表されている[4]。インドネシアでの講演時にアジアインフラ投資銀行（AIIB）の設立も併せて提唱された（岡村他，2017）。

　「一帯一路」構想は，2013 年 11 月 12 日の共産党第 18 期中央委員会第 3 回全体会議で採択されると同時に，習国家主席をはじめ要人の発言，さらには共産党および政府の重要文書に記載されるようになった。また，2015 年 2 月には「一帯一路」建設推進指導グループが国務院に設置され，3 月には「シルクロード経済ベルトと 21 世紀海上シルクロードの共同建設を推進するためのビジョンと行動」が公表され，その結果「一帯一路」構想の理念や枠組みの全容が明らかになった（同:2）。

　同「ビジョンと行動」では基本原則として，① 国連憲章の趣旨及び原則の遵守，② 開放・協力の堅持，③ 調和・包摂の堅持，④ 市場メカニズムの堅持，⑤ ウィン・ウィンの堅持，の 5 項目が挙げられた。次に「一帯一路」構想の重点協力分野として次の 5 項目が示された（同:3-4）。

　2017 年 5 月 14 日〜15 日に北京で第一回「一帯一路」国際協力サミット

表 14-1　「一帯一路」構想の重点協力分野

政策コミュニケーション	政府間協力を強化して，政府間における多層的なマクロ政策相互交流メカニズムを構築すること
インフラの連結性	関係国の主権や安全を尊重しつつ，沿線国のインフラ接続強化等を目指すこと
貿易の円滑化	貿易・投資に係る障壁を除去し，良好な取引環境や自由貿易区の共同設立等を通じて，貿易・投資の更なる円滑化を目指すこと
資金の融通	金融協力を深化させ，アジアの通貨・投融資・信用に係る体制構築を推進すること
民心の相互連携	シルクロードにおける友好・交流の歴史に基づき，沿線国における文化・学術交流，人材交流，メディア協力等の民間交流を広範に展開すること

　出所：岡村他 2017，4 頁表 1。

フォーラムが開催され，国連事務総長や世界銀行総裁を含む約130カ国，約70の国際機関から1,500名以上が参加した。ASEANからはタイ，シンガポール，ブルネイを除いたインドネシア，カンボジア，フィリピン，ベトナム，マレーシア，ミャンマー，ラオスの7カ国が参加した。

　また，2019年4月25日〜27日に北京で第二回サミットが開催され，150カ国と92の国際機関から約6,000人以上が参加し，38カ国からの国家元首や政府首脳が参加した。第一回サミットに比べ参加国，参加国際機関，参加人数も大きく増大している。「一帯一路」構想の影響力は確実に高まっているといえよう。ASEANからは第一回参加国に加え，タイとシンガポールが首脳級を送った。他方で，米国は参加自体を見送り，世界銀行総裁も参加しなかった。首脳級の参加が8カ国増大した一方で，6カ国が首脳級の参加を見送った。

2.「ASEANの連結性」と中国のインフラ支援

　「一帯一路」構想の重点協力分野として，大規模なインフラ建設が挙げられる。他方で，ASEANは強靭性を深化し，かつ刷新的な共同体を目指す一環として「ASEANの連結性（ASEAN Connectivity）」を重視した。それは競争力のある地域を創造し，イノベーションと強靭性を高め，共同体をより大きくする意識のみならず，地域の包括的平等的な成長のための長期的な基盤を提供し，ASEAN加盟国の統合を促進するための支援となる。まさに共同体構築のプロセスを強化するプロジェクトである（Annual Report 2017-2018：33；Master Plan on ASEAN Connectivity 2025）。

　2010年10月開催の第17回ASEANサミット（ハノイ開催）では，交通・情報通信技術（ICT）・エネルギーなどの物理的連結性，貿易・投資・サービスを含む自由化・促進などの制度的連結性，さらに教育・文化や観光などの人と人との連結性の3つの取り組みが「ASEANの連結性マスター計画2025（the Master Plan of ASEAN Connectivity［MPAC］2025）」として発表された（ASEAN日本政府代表部）。

　次に，ラオスのビエンチャンで2016年8月に開催された首脳会議では2010年版の改訂版が出されて，上記3つの取り組みを包括する5つの戦略領域が設

定された。持続可能なインフラ（Sustainable infrastructure），通信技術等の
刷新（Digital innovation），シームレスな物流管理（Seamless logistics），規則
の汎用性（Regulatory excellence），人的移動性（People mobility）である
（Annual Report：Master Plan）。

　さて，「ASEAN の連結性」と中国の「一帯一路」構想とは内容的にかなり
の部分で重複する。ASEAN は，2018 年 11 月に開始するべき潜在的優先度の
高いインフラ・プロジェクトのリストを通じて，ASEAN 加盟国間や，域内外
のより大きな連結性を支援する流通ルートを提供する。東南アジアにおける大
メコン圏構想における南北経済回廊[5]と，「一帯」を構成する 6 回廊の一つ「中
国・インドシナ半島経済回廊」はほぼ重なる流通ルートである[6]。

　大メコン圏（Greater Mekong Subregion：GMS）経済協力プログラムは
1992 年にアジア開発銀行（ADB）主導で開始された。国際河川であるメコン
河流域のカンボジア，ラオス，ミャンマー，タイ，ベトナムの ASEAN5 カ国
と中国雲南省（現在は広西チワン族自治区も参加）で構成されている。経済回
廊とは「線状ないし面上の地理的な枠組みで，ヒト，モノ，サービス，資本の
越境と貿易・投資およびその他の経済活動を促すものである」（石田，2019：
29）。また，経済回廊の中心は道路であるが，鉄道，送電線，光ファイバー，
パイプ・ラインなど様々なインフラ建設が計画されている（同）。

　このように，「ASEAN の連結性」を促すプロジェクトと中国の「一帯一路」
構想にともなう融資はともに近年強化されている。2015 年末に正式発足をし
たアジアインフラ投資銀行（AIIB）も ASEAN のインフラ整備に向けた融資
を行なっている。

第 2 節　ASEAN の「リバランス」政策

1.「一帯一路」構想に対する中国期待論と中国脅威論

　ASEAN にとって中国の存在は前節で述べたように ASEAN 域内をはじめ
「一帯一路」沿線国の経済発展を促す強力な支援国である。したがって，中国

期待論とは「経済的期待」であり，それは依然として強い。しかしその一方で，中国脅威論も顕在化している。つまり，中国に多額の援助を期待する「中国期待論」と，多額の借り入れにともなう重債務という「中国脅威論」とは表裏一体の関係にあるといえよう。

第1節で述べた「一帯一路」国際協力サミット・フォーラムの第一回目と第二回目を比べると，大きく異なるのは「一帯一路」構想に対する疑念や批判が増大したことである。特に2017年後半頃から「中国債務の罠」という表現が「一帯一路」沿線諸国から持ち上がるようになった。象徴的な事例となったのは，スリランカ政府が中国企業に返済の目処が立たないハンバントタ港の運営権を99年間中国企業に貸与する契約を結び，その引き換えに約11億ドルを返済に充てたことである。ただ今後も80億ドル以上を返済し続けることになる（佐野, 2019：75）。

表14-2はチェンとヤン（Cheng & Yang, 2013）のASEAN諸国が中国に有する「中国期待論」（経済的期待）と「中国脅威論」の分類である。東南アジア地域に含まれる東ティモールの立場も括弧書きで入れて置いた。ただこの分類は上記のスリランカ・ハンバントタ港の重債務による「債務の罠」論が出る以前のものである。表14-2を基に2019年7月現在のASEAN諸国の対中国意識への動向を再確認してみる。

フィリピンとインドネシアは南シナ海の南沙諸島をめぐる領有権問題を抱え

表14-2　ASEAN諸国と「中国脅威論」の類型

		脅威認識	
		高い	低い
経済的期待	低い	ベトナム フィリピン　↓ インドネシア　↓ 【ソフト・バランシング】	タイ ラオス　↓ （東ティモール）　↓ 【ヘッジング】
	高い	シンガポール マレーシア　↑ 【ヘッジング】	ミャンマー　↑ カンボジア ブルネイ 【バンドワゴン】

注：矢印は筆者加筆で，矢印の向きは対中国政策への最近の動向を示す。
出所：Cheng and Yang, 2013: 266-267; 275, 黒柳, 2014：29。

政治安全保障では確かに「中国脅威論」は根強い。しかし，政権交代によりこの間むしろ「経済的期待」を背景に「中国期待論」が高まっているのではないか。まず，フィリピンは対中国強硬派だったベニグノ・アキノ 3 世（Benigno Aquino Ⅲ）から，2016 年にロドリゴ・ドゥテルテ（Rodrigo R. Duterte）へ大統領が変わり，中国の領有権主張の根拠を否定した常設仲裁裁判所（PCA）の決定を棚上げにして，ドゥテルテは中国からの経済援助を引き出している。他方，インドネシアのジョコ・ウィドド大統領は「海洋国家構想」を打ち出すことで，中国との関係強化を促進する。中国はインドネシア最大の貿易国になっている。

　政権交代で経済的依存度（期待）を下げているのがミャンマーとマレーシアになる。まず，ミャンマーは 2015 年の連邦下院議会選挙で軍の影響力を残しつつも国民民主連盟（NLD）が圧倒的な勝利をし，アウンサンスーチー（Aung San Suu kyi）が国家顧問兼外相に就いた。しかし実際はそれ以前の 2011 年に軍籍を離れ，民政移管後に最初の大統領に就任したテイン・セイン（Thein Sein）が，すでに軍事政権時代の中国への依存政策から距離を取り始めていた。

　その象徴が，2009 年当時の軍事政権と中国企業がカチン州のイラワジ川上流で着工したミッソンダム建設の凍結であった。地元住民を中心に環境保護が強まったことが背景にあった。また，チャウピー港整備の見直しを行い，第 1 期の事業費を 16 億ドルから 13 億ドルへ，また運営会社もミャンマー側の出資比率を 15％から 30％へと引き上げる動きを示した（佐野，2019：78）。過度な中国への依存が重債務へと転化される恐れを持ったことが容易に推測される[7]。

　他方で，マレーシアでも 2018 年 5 月の下院議員選挙で，建国史上初めて野党連合が勝利することになった。その背景は，ナジブ・ラザク（Najib bin Abdul Razak）首相が設立した国営投資会社 1MDB（Malaysia Development Berhad）の巨額借金とナジブ一族らの不正疑惑が高まったことであった。また，債務穴埋めと中国の援助との関連疑惑が持ち上がり，結局，野党連合の首相候補に担がれた 93 歳のマハティール（Mahathir bin Mohamad）が首相に再任されることになった（小野沢，2017：64-65）。

　マハティールは，選挙期間中にナジブの過度の中国依存に関して「ナジブ氏

は中国に国を売っている」と厳しく批判し，ナジブ政権下で始まったマレーシアとシンガポールを結ぶ「東海岸鉄道」と中国が主導する2つのパイプライン敷設の大型事業の中止を表明した（『朝日新聞』2018年8月21日記事）。

ただその一方で，マレーシアの最大の貿易国である中国との関係を軽視することは現実的ではなく，2018年8月の中国訪問時の共同声明で両国は「冷静さを保ち，平和的な協議で解決する」（同）と述べている。なお，マレーシアは東海岸鉄道建設の距離の短縮などを含め総工費の減額を中国側に合意させることで同建設の再開を行う決定をした（同2019年4月13日記事）。

マハティールの対中関係見直しは，前政権が過度に中国に依存し膨大な負債を抱えたことに対する中止であり，改めて中国との再交渉の必要性を訴えるものであった。その点で，反中国に舵を切ったわけではなく，また「一帯一路」構想そのものへの批判もしていない。むしろ今後とも中国との経済関係を強化することで，マレーシアの経済発展を加速させていくことがマハティールの戦略的対中姿勢と思われる（佐野, 2019：77）。

本節ではASEAN諸国を中心に「債務の罠」，あるいは中国に対する「新植民地主義」批判の背景を探ってみた。アメリカの研究機関「世界開発センター」（CGD）では，「一帯一路」構想で，中国は少なくても欧州，アフリカ，アジアの68カ国を含む巨大なネットワークを形成し，運輸，エネルギー，通信インフラに対して8兆ドルの投資を行っていると述べる。他方，その68カ国中，23カ国が債務で危険な状態（highly Vulnerable to debt destress）にあるという。

東アジア・東南アジアでは，カンボジア，モンゴル，ラオスの3カ国が含まれ，すでに述べたスリランカを含む中央アジア・南アジアでは，他にアフガニスタン，ブータン，キルギスタン，モルディブ，パキスタンが挙げられている。また，CGDが指摘する「極めて脆弱」（Significantly Vulnerable to debt destress）な8カ国中のパキスタン，モルティブ，モンテネグロは「一帯一路」関連の対中債務が理由であるという（CGD2018：2-8；佐野, 2019：76）[8]。

このような「一帯一路」沿線諸国からの「債務の罠」や「新植民地主義」批判を受けて，習近平国家主席は第2回「一帯一路」サミットで「われわれは融資ルートを広げ，融資コストを下げる。各国の金融機関が投資に参加すること

を歓迎する」(『JIJI.COM』2019 年 4 月 27 日) と述べ，資金面や環境面から配慮を持ったインフラ建設支援を行うことを表明し，さらなる「一帯一路」構想の推進に向けた共同声明を採択した。

2.　ASEAN 諸国の内政問題と米中関係

　米国トランプ政権は中国の「一帯一路」構想が世界規模で展開し，その影響力が米国の「戦略的競争相手」になったと判断する。表 14-2 の ASEAN 諸国の「中国脅威論」に対する立場は，微妙に各国の政治体制で左右され，それが各国と米中との距離感を示している。国内の人権重視を求める欧米系と内政不干渉原則を重視する中国に対する距離感でもある。ただその一方で，中国の経済的支援に基づく「中国期待論」と軍事的・政治的安全保障を背景とする「中国脅威論」が錯綜している点はすでに述べた通りである。

　チェンとヤンの類型化では各国の微妙な政治的状況が反映しにくい。強弱や濃淡があるにせよ，各国はそれぞれ「高低」の中間に集まることで米中間のバランスをとっていくのではないか。その意味では，「ヘッジング」が基本的立場と思われる。具体的には，フィリピンはすでに述べたように，ドゥテルテ大統領に変わったことで，経済的期待度を高める一方で，政権維持を図る。しかし過度の経済的依存は南シナ海問題で制御されている[9]。「海洋国家構想」を掲げるインドネシアのジョコ政権も同様な立場にある。

　マレーシアはマハティールの登場ですでに述べた通り対中国援助に軌道修正を行なった。タイは 2014 年 5 月の軍クーデター後，西欧諸国から民主主義の後退と人権弾圧批判を受け，中国への接近を強めてきた。2019 年 3 月の下院議員選挙で，引き続き軍政時代のプラユット (Prayuth Chan-ocha) 暫定首相が新首相として就任し，5 年ぶりの民政へ移管した。もともと華僑・華人の影響力が大きく，中国とは親和性が強い国ではあるが，今回の民政移管を背景に徐々に西側諸国が求める民主化へと舵を切っていくものと思われる。

　権威主義国家のカンボジアでも 2018 年 7 月に下院議員選挙が実施された。1985 年以来政権を掌握しているフン・セン (Hun Sen) が主導するカンボジア人民党 (CPP) が圧勝的勝利を収めた。とはいうものの，有力野党への弾圧

などの非民主的な選挙手法が欧米諸国を中心に批判された。カンボジアの中国寄りは ASEAN 諸国でも際立っており，ASEAN 議長国であった 2012 年 7 月の第 45 回 ASEAN 外相会議で，共同声明を出せないままに閉幕したことは ASEAN 設立史上初めての出来事であった（黒柳，2014:29）。

　カンボジアはラオス同様に上記 CGD が警告したように，「一帯一路」沿線国では「極めて脆弱」な財政基盤にある。過度な中国依存の経済的期待の継続は「債務の罠」としてフン・セン体制も理解している。カンボジア製品の重要な輸出先である欧州連合（EU）の輸入関税の優遇策見直しの示唆もあり，選挙後には野党救国党のメンバーに対する活動の復帰，米政府出資のラジオ局運営再開，NGO 活動の事前報告義務の廃止などの措置を発表した（『朝日新聞』2018 年 12 月 4 日記事）。このように，カンボジアも中国一辺倒の危険性を認識し，「バンドワゴン」政策から「ヘッジング」への移行を視野に入れてきているものと思われる。

第 3 節　ASEAN をめぐる米中間の対峙

1. 米中対峙下の ASEAN

　米国がイラクなどの中東地域からアジア回帰を図ったのは，オバマ（Barack H. Obama）大統領が 2011 年 11 月のオーストラリア訪問時にアジア・太平洋地域重視に政策転換を行なった「リバランス」政策である。習近平政権の「社会主義現代化強国」の登場と相俟って，オバマは台頭する中国のアジア太平洋地域への影響力を牽制する必要があった。

　また，第 2 期政権では米国を中心とする「ハブ・アンド・スポークス」に基づく「ネットワーク化」の導入を図った。小檜山は，① 米国と同盟諸国（日，韓，豪，比）とで共有する責任の拡大，② 東南アジア諸国への能力構築支援，③ 日米同盟を中心とした 3 カ国協力（日米韓，日米豪等），④ 地域の多国間の枠組み（EAS，ARF 等）における協力の拡大，⑤ 米国の同盟国及びパートナー諸国間での安全保障協力の 5 つにまとめた。要するに，アジア太平洋地域

の効率的な秩序管理を試みる一方で，多国間連携の重視で米国の衝動的な武力行使に歯止めをかける意図が背景にあったと述べる（小檜山, 2018：115）。

　しかしながら，オバマの「リバランス」政策は，2017 年 1 月に大統領に就任したトランプには引き継がれなかった。トランプは自国第一主義政策を掲げ，習近平国家主席とは「取引」を前提に是々非々で対応している。ただ，中国の大国化に関する警戒感は拭えず，中国が軍事拠点化を進める南シナ海の南沙諸島では米海軍第 7 艦隊の 2 隻の駆逐艦が「航行の自由作戦」を行なった。今後も国際法上可能な領海領空では継続して飛行，航行を行うと発表している（『日本経済新聞』電子版 2019 年 5 月 6 日など各紙報道）。

2.「自由で開かれたインド太平洋戦略」（FOIPS）とは何か

　FOIPS は，2016 年 8 月に安倍晋三首相がケニアのナイロビで開催されたアジア開発会議の基調演説で提唱されたもので，① 法の支配，航行の自由，自由貿易等の普及・定着，②「物理的連結」「人的連結」「制度的連結」の三つの連結性向上等による経済的繁栄の追求，③ 平和と安定性の確保：海上法執行能力等の構築，人道支援・災害支援分野等の協力支援への取り組みを「三本柱」に，地域全体の平和と繁栄を確保することを目指す内容になっている（外務省ウェブサイト「自由で開かれたインド太平洋に向けて」2019 年 6 月）。

　明らかに FOIPS は中国の「一帯一路」構想と競合することになる。地域的には「成長著しい『アジア』と潜在力溢れる『アフリカ』」と「自由で開かれた『太平洋』と『インド洋』」，また支援内容には「質の高いインフラ」支援として「交通（道路，鉄道，橋梁，港湾等）」を掲げていることなどから，「一帯一路」構想への対抗概念であることは容易に理解できる。

　中国の「一帯一路」構想を背景にした地域秩序の形成に対抗する構想であることはトランプ大統領演説からも明確であった。2017 年 11 月のアジア太平洋経済（APEC）首脳会議や同年 12 月の国家安全保障戦略において FOIPS の支持表明をしている。また，2017 年 11 月と 2018 年 6 月には日米豪印の 4 カ国による安全保障協力（QUAD）が外交当局で議論され，同年 1 月にも国防当局間で協議が行われ，4 カ国間におけるインド太平洋地域での安全保障協力が

話し合われた（庄司 b）。

　米国の同盟国である豪州が FOIPS に参加するのは当然として，なぜインドが日米豪の安全保障協力に積極的に参加するのか。中国の「一帯一路」構想によって，インドの周辺諸国が巻き込まれており，インドは安全保障が脅かされていると考えている。「一帯一路」政策で港湾や鉄道整備などの巨大プロジェクトを背景に「極めて脆弱」な重債務国になっている隣国パキスタンと中国を結ぶ「中国・パキスタン経済回廊（CPEC）」は，係争地であるカシミール地方のインド領土を通過しているという主権侵害の問題，さらに東部地域のアルナチャル・プラデシュ州北部における中国との係争，インド北部に亡命しているチベットのダライ・ラマ（Dalai Lama）問題も存在する。

　また，前節でみてきたように，インド周辺国では，パキスタンを始め，スリランカ，モルディブ，ブータンの 4 カ国が過重債務を抱える「高脆弱国」であり，少なからず中国の「一帯一路」関連による債務を抱えている。スリランカとモルディブはそれぞれ 2015 年と 2018 年に大統領選挙で親中派から親インド派に代わり，中印代理選挙の様相を帯びていた。両国とも中国の「一帯一路」構想では「真珠の首飾り」の位置にあり，中国とインドともに重要な安全保障上の国々である。経済的にもインドにとって中国は最大の赤字国であり，貿易関係においてウィン・ウィンの互恵関係にはない（山崎, 2018:113-114）。このような中印の関係もあり，国防上の QUAD が形成され，FOIPS へと繋がっていったのである。

　それでは ASEAN にとっての FOIPS の存在はどのようなものか。ASEAN は FOIPS には少なくとも二つの懸念を持つ。一つはいうまでもなく ASEAN の存在感に関わる。日米豪印主導の FOIPS では ASEAN がその中心性を維持できなくなる。ASEAN は ASEAN リージョナル・フォーラム（ARF），拡大 ASEAN 国防相会議（ADDM プラス）など多国間協力の枠組みを主導してきた。ASEAN の存在感が薄れる FOIPS への積極的な参加には二の足を踏まざるを得ない。

　次に，FOIPS が中国の「一帯一路」構想に対抗する，中国封じ込めの目的を持った多国間枠組みである点である。ASEAN 内の親中派諸国との間にさらなる亀裂が入り ASEAN の地域統合を揺るがすことになる。ASEAN にとっ

ては，FOIPS か「一帯一路」かという二者択一を避けたいというのが本音であろう[10]。ただ，日本との首脳会談ではブルネイ，カンボジア，ラオス，ミャンマーが FOIPS に賛同や理解を示し，マレーシアは航行の自由の確保に賛意を示したと言われている（庄司 ab）。

　他方，インドネシアは 2018 年 4 月シンガポールで開催された ASEAN 非公式首脳会議で，中国封じ込め戦略とは異なる「インド太平洋協力」戦略を提唱している。庄司によると，「① 包括的で透明性があり，かつ総合的な枠組みの設立，② 地域のすべての国々にとって長期的に利益になる，③ 平和，安定，繁栄を維持するためインド太平洋諸国の共同の取り組みに基づく，④ 国際法と ASEAN 中心性を尊重する」という 4 つの基本原則からなっているという（同）。

　いずれにせよ，FOIPS と「一帯一路」という米中対峙を東南アジア地域に持ち込むことなく，ASEAN の中心性を担保することを第一に，インドネシア提案の継続的な議論を行うことが，2018 年のシンガポール外相会議で決定されている（ASEAN ウェブサイト）。

3. 新たな「シャープ・パワー」の登場

　国際政治を左右するうえで軍事力や経済力を背景に第三国に対して影響力を行使する手段がハード・パワーである。東西冷戦時代には，米国中心の自由民主主義国とソビエト連邦中心の社会主義・共産主義諸国が互いに軍事的・経済的ブロックを形成して，軍拡競争を繰り広げるパワー・ポリティクスの世界を展開した。当時の第三世界諸国を両陣営に取り込むうえでも有力な手段であり，現実主義者も共有する認識であった。

　他方，東西冷戦の終結を契機にアメリカの国際政治学者ジョセフ・ナイ（Joseph S. Nye Jr.）は，強制や仕返しのようなハード・パワーとは違う魅力や説得で他国を引きつける能力をソフト・パワーと呼んだ。要するに，個人レベルではカリスマ性，ビジョン，コミュニケーションが含まれ，国レベルではその国の文化，価値観，政策の中で具現化されたものと定義する（ナイ）。要するに，自由な価値観や文化力を根源とするパワーを指す。

　さらに，ナイはハード・パワーとソフト・パワーの均衡が取れた外交力をスマート・パワーと呼ぶ。また，「スマート・パワーを実践すべき時は，将来を見据えてソフト・パワーを適切に組み合わせ，これまで以上の希望をもたらす必要がある」（ナイ, 2009；Nye, 2018）と指摘し，ブッシュ（George W. Bush）政権の軍事力に基づくハード・パワーへの過度の依存を批判してオバマ政権への助言を行なっている。

　現在米国では新たなパワー論が登場している。全米民主主義基金（NED）のウォーカーとルドウィンク（Christopher Walker and Jessica Ludwig）が提唱したシャープ・パワー論である。ロシアや中国のような権威主義国が主として魅力や説得によらず，混乱と巧みな操作で影響を与える手段である。シャープ・パワーは，民主主義が脆弱な諸国を攻撃対象にして，政治や情報環境に向け，短刀の先や注射器を使って突き刺し，浸透し，穿孔することであると述べる（Walker & Ludwig, 2017：6）。

　ナイが指摘するように，シャープ・パワーとソフト・パワーは異なった方法で作用するけれども，それらの間の区別を見分けることは難しい（Nye, 2018）。ただ，ウォーカーらが懸念しているのはロシアのクリミヤ半島の侵攻・編入，中国の「一帯一路」構想がアジア・アフリカ・欧州へと延び，内政不干渉原則を基本に民主主義や人権という西欧世界の考え方を一つ一つ剥がしていく事実であろう。「北京コンセンサス」という言葉が示すように，米国中心の「ワシントンコンセンサス」とは異なる援助方法が証左となる。

　ただその一方で，米国や世界中に展開する孔子学院が，中国語や中国文化を教えることですぐさまシャープ・パワーの推進手段であるとして禁止することは間違いであるという。十分に精査することは必要であるが，中国が米国人にその魅力を理解させ，他方で米国が中国人に米国の魅力を伝えることが，両国の紛争を避けることにも繋がる。ナイはソフト・パワーが依然として有効な外交手段であると述べる（Nye, 2018）。

おわりに

　1967 年に ASEAN が設立されて半世紀が過ぎた。黒柳は ASEAN に対する代表的な評価として，「EU とならぶ有力な地域機構として，今後の東南アジア，さらにはアジア太平洋地域の平和・安定・発展にきわめて重要な役割を担うとみなす見方（いわゆる「構成主義者」の論調）」と，「地域的秩序の構築や安全保障・平和をめぐる問題がパワーの産物である以上，ASEAN の役割は結局副次的なものに過ぎないとする見解（いわゆる「現実主義者」の論調）」の両極端の評価が錯綜していると紹介する（黒柳他, 2015 : 6）。

　二つの主義者の論調の相違はあるものの，ASEAN にとって米中対峙下でいかに ASEAN が地域協力機構として強靭性を発揮できるのかが重要である。2017 年 11 月フィリピンが議長国であった首脳会議で中国による南シナ海の岩礁埋め立てなどに対する「懸念」表現が消えてから，2018 年のシンガポール，そして今年のバンコクでの外相会議後の声明では「懸念」の表現が再び盛り込まれた。ただ，カンボジアのような中国寄りの発言もあり，名指しは避けられたとの報道がある（『朝日新聞』2019 年 1 日，2 日記事など）。

　しかしその一方で，拡大外相会議に参加した米国国務長官ポンペオ（Michael R. Pompeo）が FOIP 構想への協力を ASEAN に訴えたものの，ASEAN 側は米中の対峙に巻き込まれることを回避した。6 月の首脳会談でもインド太平洋地域は米中対抗の場ではなく，対話の場であるとの共通認識を持ち，インドネシア提案の「インド太平洋構想」を支持したことはすでに述べた通りである。

　ASEAN は紛争の平和的解決，航行・飛行の自由を共有する一方で，中国を含めすべての関係国が「包摂」される原則を求めている。その点で，まずは中国には南シナ海での活動を規制する「行動規範」（COC）策定を求めている。今回の会議で中国の王毅国務委員兼外相は初案の第 1 段階協議が終わったことを述べた（同）。2018 年 11 月にシンガポールで開催された ASEAN 首脳との会合で，すでに李克強中国首相は COC 策定に関して「3 年の時間かけて協議

を完了させたい」と発言している（『朝日新聞』電子版, 2018 年 11 月 15 日）。

　ASEAN は加盟国間での米中への距離感には相違はあるものの，ASEAN 加盟国であることの意義は政治経済・安全保障上で重要な選択肢であることは否定しないであろう[11]。そのことを考えると，地域協力機構としての柔軟性を備え，かつ粘り強い「強靱性」を今後とも目指し維持していくのではないか。

注

1　2002 年 5 月に独立した東ティモールはすでに ASEAN への加盟申請をしている。東南アジア地域に属することからいずれ加盟が認められると思われる。そうなれば「ASEAN11」になる。黒柳他編 2015 を参照。

2　Freedom House, *Freedom in the World 2019* によると，インドネシア，シンガポール，マレーシア，フィリピン，ミャンマーが「部分的自由」，ブルネイ，タイ，ベトナム，ラオス，カンボジアが「自由がなし」という評価になっている。なお，東ティモールのみ「自由」の評価を受けている（いずれも 2015 年度）。山田 2019 を参照。

3　習近平国家主席は，2018 年 3 月開催の第 13 期全人代第 1 回会議閉会後の重要談話で「われわれの目標は，今世紀半ばまでに中国を富強・民主・文明・調和の美しい社会主義現代化強国にすることだ」と述べている（『人民網日本版』2018 年 3 月 20 日：http://j.people.com.cn/n3/2018/0320/c94474-9439472.html　2019/2/11 閲覧）。

4　「一帯一路」の地理的範囲は，「シルクロード経済ベルト（一帯）」が 3 ルートで, 1) 中国－中央アジア－ロシア－欧州（バルト海），2) 中国－中央アジア－西アジア－ペルシャ湾－地中海，3) 中国－東南アジア－南アジア－インド洋。また，「21 世紀海上シルクロード（一路）」は 2 ルートで，1) 中国－南シナ海－インド洋－欧州，2) 中国－南シナ海－南太平洋，となっている（岡村他, 2017:3）。

5　南北経済回廊は，第 1 区間がタイのバンコクから中国・雲南省の昆明までラオスないしミャンマーを経て北上する区間，第 2 区間が昆明からベトナムのハノイを経てハイフォンまで下る区間，第 3 の区間はハノイから中国・広西チワン族自治区の南寧までの区間になっている（石田, 2019: 29-30）。

6　加藤青延（2018）は新華社などの報道をもとに，「一帯」を「新ユーラシア・ランドブリッジ経済回廊」「中国・モンゴル・ロシア経済回廊」「中国・中央・西アジア経済回廊」「中国・インドシナ半島経済回廊」「中国・パキスタン経済回廊」「バングラデシュ・中国・インド・ミャンマー経済回廊」の 6 つの経済回廊から「陸のシルクロード」が構成されていると指摘する。

7　ただ，ミャンマーではイスラム少数民族ロヒンギャの迫害問題を抱えており，国際的批判が高まる中で，中国の国連安全保障理事会でのミャンマー非難決議の回避などで，スーチーはミッソンダム建設凍結に関して「もっと広い視野で考えて」と国民へ発言するなど微妙な変化を示している（『東京新聞』電子版, 2019 年 4 月 25 日朝刊）。

8　なお，モルディブでは 2018 年 9 月の大統領選挙によって，「一帯一路」親中派大統領から親インド派大統領に政権交代が行われた。モルディブは「一帯一路」構想の要衝でもある「真珠の首飾り」に位置し，中国から多額の負債を抱えている。スリランカのハンバントタ港にみられる「債務の罠」が政権交代に繋がったものと思われる。

9　南シナ海の南沙諸島におけるフィリピンが実効支配しているパグアサ島周辺への大量の中国漁船の操業に対して，ドゥテルテ大統領は「パグアサ島は我々のものだ。手を触れるな」と中国を批判し，フィリピン軍による自爆作戦を辞さないと示唆している（『朝日新聞』2019 年 4 月 14 日記事）。

10　ASEAN 日本政府代表部，須永特命全権大使との面談でも ASEAN 諸国の指導者が FOIPS を理解しつつも，中国との二者択一は避けたい旨の発言が多いと聞いた（2018 年 12 月 6 日，インドネシアでの聞き取り）。また，シンガポールのリー・シェンロン（Lee Hsien Loong）首相は，2018 年 11 月のシンガポールで開催された ASEAN 首脳会議後の会見で，「大国アメリカと中国の緊張関係が続けば，アジア諸国はどちらにつくのかの難しい選択を迫られるだろう」と警告し，米中の狭間で「どちらか一方を選ばずに済むのが非常に望ましい」とも述べた（「リー首相『アジアはもうすぐアメリカか中国を選ばなければならなくなる』『ニューズウィーク日本版』2018 年 11 月 16 日，2019 年 2 月 11 日閲覧）。

11　本章では触れなかったが，ASEAN の日本への期待の高さも窺える。ASEAN（10 カ国）における対日世論調査結果をみると，対日関係を「どちらかというと友好関係にある」を含めて友好関係にあると答えた人の割合は 87%，日本が世界経済の安定に果たした役割への評価では，83% が「重要な役割を果たしている」と答え，対 ASEAN 支援では第 1 位の 65% が日本の役割を評価している（外務省『ASEAN 調査』2017 年版，なお調査は ASEAN 各国 18 歳から 59 歳の男女 300 名を対象にしている）。

参考文献
（日本語）

石田正美編（2005）『メコン地域開発―残された東アジアのフロンティア』アジア経済研究所。

石田正美（2019）「メコン地域 3 つの経済回廊の道路インフラ開発」トラン・ヴァン・トゥ／苅込俊二編『メコン地域開発とアジアダイナミズム』文眞堂。

岡村志嘉子他（2017）「中国の『一帯一路』構想」『調査と情報』第 982 号，国立国会図書館。

小野沢純（2017）「マレーシアにおける『一帯一路』戦略」『国際貿易と投資』No.110。（http://www.iti.or.jp）

加藤青延（2018）「中国の『一帯一路』政策―その版図拡大の波紋―」『武蔵野大学政治経済研究所年報』第 18 号。

金子芳樹・山田満・吉野文夫編『「一帯一路」時代の ASEAN―中国傾斜のなかで分裂・分断に向うのか―』明石書店，2019 年 12 月。

黒柳米司・金子芳樹・吉野文雄編（2015）『ASEAN を知るための 50 章』明石書店。

黒柳米司（2014）「米中対峙下の ASEAN 共同体」黒柳米司『「米中対峙」時代の ASEAN』明石書店。

小檜山智之（2018）「オバマ政権のリバランス政策―「未完」に終わったアジア太平洋戦略―」『立法と調査』No.403。

佐野淳也（2019）「一帯一路，沿岸諸国諸国による見直しの動きをどうとらえるのか」『JRI レビュー』Vol4. No.65，株式会社日本総合研究所。

庄司智孝（2018a）「『一帯一路』と『自由で開かれたインド太平洋』の間で―地域秩序をめぐる競争と ASEAN　」『NIDS コメンタリー』第 88 号，防衛研究所。

庄司智孝（2018b）「『自由で開かれたインド太平洋戦略』と ASEAN―不安と期待」『国際情報ネットワーク分析 IINA』笹川平和財団。（https:www.spf.org/iina/articles/shoji-southeastasia-foips.html）（2019/5/1 閲覧）

ナイ，ジョセフ S.（2009）「スマート・パワー」*Diamond Harvard Business Review*, February 2009.

中西嘉宏（2018）「変わるミャンマー，適応する中国」『IDE スクエア』日本貿易振興会・アジア経済研究所。（http://hdl.handle.net/2344/00050592）（2019 年 8 月 1 日閲覧）

山崎恭平（2018）「『一帯一路』構想と『インド太平洋』戦略―中国の進出脅威に日米豪が協力連携

　　へ—」『国際貿易と投資』No.114。

山田順一「地域統合における経済協力の役割」（2017）『ポスト TPP におけるアジア太平洋の経済秩
　　序の新展開』公益財団法人日本国際問題研究所。

山田満（2019）「『人間の安全保障』からみた東南アジアの人権状況」大曽根寛他編『福祉社会へのア
　　プローチ』下巻，成文堂。

（英語）

Annual Report 2017-2018: A Resilient and Innovative ASEAN Community（2018），Association of
　　Southeast Asian Nations.

Cheng,Ian Tsung-Yen & Alan Hao Yang,（2013），"A harmonized Southeast Asia? Explanatory
　　typologies of ASEAN countries'strategies to the rise of China", *The Pacific Review*, Vol.26,
　　No.3, 265-288.

Hurley, John, Scott Morris, and Gailyn Portelance（2018），"Examining the Debt Implications of the
　　Belt and Road Initiative from a Policy Perspective", *Center for Global Development*（*CGD*）
　　Policy Paper 121 March 2018（www.cgdev.org）.

Master Plan on ASEAN Connectivity 2025（2016），The ASEAN Secretariat.

Nye, Joseph S.（2018），"How Sharp Power Threatens Soft Power: The Right and Wrong Ways to
　　Respond to Authoritarian Influence", *FOREIGN AFFAIRS*, 1/30/2018（https://www.
　　foreignaffairs.com/print/1121771）.

Waker, Christpher and Jessica Ludwig（2017），*Sharp Power: Rising Authoritarian Influence*,
　　National Endowment for Democracy: NED.

（ウェブサイト）

ASEAN日本政府代表部「ASEAN2025を実現するための日本の協力（連結性）」（https://www.asean.
　　emb-japan.go.jp/asean2025/jpasean-ec03_j.html 2019/07/21 閲覧）

ASEAN, "Joint Communique of the 51st ASEAN Foreign Ministers' meeting", Singapore, August 2,
　　2018.

Freedom House, Freedom in the World 2018（http://www.freedomhouse.org）.

外務省ウェブサイト「自由で開かれたインドアジア太平洋に向けて」（https://mofa.go.jp）。

第15章

日本・メコン協力枠組みの概観

白石　昌也

はじめに

　冷戦期を通じて対立と分断を繰り返してきた大陸部東南アジア諸国は，冷戦終了後の 1990 年代になると，開発の最前線として注目を浴びるようになった。そのような趨勢の中で，この地域を舞台とするさまざまな協力枠組が発足した（表 15-1 参照）。

　筆者は以前に，それら協力枠組の概観や背景について，幾つかの論稿を発表した[1]。本章では，それらを踏まえつつ，2008 年に発足した「日本・メコン」（以下，日メコン）協力枠組について専論することとしたい[2]。第 1 節では，2008 年の第 1 回外相会合以降，日メコン協力枠組が制度化していった過程を概観する。第 2 節では，3 年ごとに採択される中期的戦略文書と，それに基づいて策定される行動計画などの主要文書について述べる。第 3 節では，メコン地域を舞台とするその他の協力枠組との関係について概観する。第 4 節では，日メコン協力において一貫して重視されてきた官民連携のフォーラムについて概要を述べる。

第1節　「日本・メコン」協力枠組の発足

　大陸部東南アジアは，ミャンマー，タイ，ラオス，カンボジア，ベトナムの 5 か国から構成されるが，日本が対外政策において，それを「メコン地域」という形でひとつの地域単位として扱うようになったのは，2013 年のことである。

表15-1　メコン地域を対象とする主要な協力枠組

	メコン地域諸国	それ以外のメンバー	発足年	主要な会議
GMS（大メコン圏）開発協力	C, L, M, V, T	中国（雲南，広西）（＋ADB）	1992	首脳会議，経済閣僚会議
黄金の四角協力	L, M, T	中国	1993	各種閣僚級会議
FCDI（インドシナ総合開発フォーラム）	C, L, V	日本，その他多数の国，機関	1993	高官レベル準備会議，1995閣僚会議
MRC（メコン河委員会）	C, L, V, T		1995	理事会（閣僚級）
AMBDC（ASEANメコン流域開発協力）	C, L, M, V, T	その他のASEAN諸国，中国	1996	閣僚級会議
インドシナ産業協力ワーキンググループ	C, L, M, V, T	その他のASEAN諸国，日本	1996	ASEAN・日本経済閣僚会議傘下の専門家会合
AMEICC（ASEAN日本経済産業協力委員会）	C, L, M, V, T	その他のASEAN諸国，日本	1999	委員会（議長は閣僚級），ワーキンググループ
ACMECS（エーヤワディー・チャオプラヤー・メコン経済協力戦略）	C, L, M, V, T		2003	首脳会議，経済閣僚会議
日本・CLV協力	C, L, V	日本	2004	首脳会議，外相会議
日本・メコン協力	C, L, M, V, T	日本	2008	首脳会議，外相会議，経済相会議
LMI（メコン下流域イニシアティヴ）	C, L, M（当初は不参加），V, T	米国	2009	外相会議
FLM（メコン下流域フレンズ）閣僚会議	C, L, M（当初はオブザーバー），V, T	米国，日本，韓国，豪州，ZN，世銀，ADB	2011	外相級会議
LMC（ランサン江・メコン河協力）	C, L, M, V, T	中国	2015	首脳会議，外相会議
メコン・ガンガ協力	C, L, M, V, T	インド	2000	閣僚級会議
BIMSTEC（当初：バングラデシュ・インド・ミャンマー・スリランカ・タイ経済協力）	M, T	インド，バングラデシュ，スリランカ	1997	閣僚級会議
BIMSTEC（拡大：環ベンガル湾マルティセクター技術経済協力）	M, T	インド，バングラデシュ，スリランカ，ネパール，ブータン	2004	首脳会議，閣僚級会議

C：カンボジア，L：ラオス，M：ミャンマー，V：ベトナム，T：タイ
出所：白石昌也「メコン地域協力をめぐる中国，日本，米国の対応」阿曽村邦昭・奥平龍平編著『ミャンマー国家と民族』古今書院，2016年，473頁に補足。

　すなわち，同年 12 月に東京で日本・ASEAN 特別首脳会議が開催された際に，日本政府は「メコン地域開発」への協力として今後 3 年間で 15 億ドルの支援を表明[3]するとともに，政策文書「メコン地域開発のための新たなコンセプト」を提示した。同文書は，その序文で「メコン地域は，ASEAN 新規加盟 4 ヶ国が所在する ASEAN の一体性強化の要であり，経済的にも発展の潜在性を有している。東南アジア島嶼部，中国本土及びインドに連接するメコン地域の安定と発展は，アジア地域全体の安定にも不可欠である」と述べている[4]。

　次いで 2007 年 1 月，日本外務省は「日本・メコン地域パートナーシップ・プログラム」を発表し，「日本とメコン地域との政策対話の強化をはかるため，来年度の然るべきタイミングでメコン地域 5 カ国の閣僚が参加する日本メコン地域閣僚会合を日本において開催すべく今後調整していく」との方針を示した[5]。

　実際に，2008 年 1 月に第 1 回の日メコン外相会議が東京で開催された。同会議は，翌 2009 年を「日メコン交流年」とすることに合意した[6]。次いで，2009 年 10 月シエムレアップで 2 回目の日メコン外相会議が開催された。参加者たちは同年 11 月に開催予定の「第 1 回日メコン首脳会議」に期待感を表明するとともに，「日メコン会合が頻繁に実施されるべきであること」，「日メコン外相会議の開催が定例化され，また SOM は毎年開催されるべきである」との考えを共有した[7]。

　同じく 2009 年の 10 月には，ASEAN 関連会合が開催されたタイのホアヒンで，最初の日メコン経済大臣会合が実施された。参加者は日本側から提出された「日メコン経済産業協力イニシアティブ」（MJ-CI）を歓迎し，11 月の日メコン首脳会議に報告することとした[8]。

　次いで，「日メコン交流年」のハイライトとして，2009 年 11 月に東京で初の日メコン首脳会議が開催された（鳩山由紀夫首相主宰）[9]。首脳たちによる「東京宣言」[10]は，「共通の繁栄する未来のための新たなパートナーシップ」の確立を謳い，「官民協力の推進」，「緑あふれるメコン（グリーン・メコン）に向けた 10 年」イニシアティブなどに合意し，今後「日メコン関連会合を定例化する」こと，具体的には首脳会議，外相会議，経済相会議，高級実務者会議（SOM）を年次化することを決定した。また，日本政府は「今後 3 年間で 5,000

億円以上の ODA による支援」を約束した。そして，同宣言の趣旨に沿って協力事案を 63 項目に纏めた「日メコン行動計画 63」[11] を採択した。

　翌 2010 年 10 月に ASEAN 関連首脳会合が開催されたハノイで，第 2 回日メコン首脳会議が実施され，「『グリーン・メコンに向けた 10 年』イニシアティブに関する行動計画」[12] と「日メコン経済産業協力イニシアティブ（MJ－CI）行動計画」[13] が採択された。前者は，前年の第 1 回首脳会議で日本側から提起された構想を具体化したものである[14]。後者は，2009 年 10 月の第 1 回日メコン経済大臣会合において日本側から提起された構想を具体化したものである[15]。

第 2 節　中期的戦略文書の策定と行動計画

　発足以来，首脳会議は原則として 3 年に一度日本で単独の会合として開催され，それ以外の年次には ASEAN 関連首脳会合が実施される際に，バック・トゥー・バック方式で（通常は）ASEAN 域内で開催されてきた[16]（表 15-2 参照）。そして，3 年に一度日本で首脳会議が開かれる際に，向こう 3 か年の中期的戦略文書を策定してきた（表 15-3 参照）。

　2009 年の第 1 回首脳会議において，「日メコン行動計画 63」が採択されたことに関しては，すでに上述した。

　次いで，2012 年 4 月の第 4 回首脳会議（野田佳彦首相主宰）では，「東京戦略 2012」[17] が採択された。2015 年を目標年とする「ASEAN 共同体」構築と国連ミレニアム開発目標（MDGs）を強く意識しつつ，「メコン連結性を向上する」（経済回廊整備，物流円滑化など），「共に発展する」（マクロ経済の健全な発展，外国投資，官民連携，文化交流・観光などの促進），「人間の安全保障及び環境の持続可能性を確保する」（防災，環境・気候変動，水資源管理，人間の安全保障，食糧安全保障など）の 3 本柱に沿って整理する。日本政府は向こう 3 年間で約 6,000 億円の ODA 供与を表明した。

　以上を受けて，2012 年 7 月にプノンペンで実施された第 5 回外相会議は，「東京戦略 2012」を実現するための「日メコン行動計画」[18] を採択した。

表 15-2　日本・メコン会議

	2008	2009	2010	2011	2012	2013	2014	2015	2016	2017	2018	2019
首脳会議		(1) 11.6-7 東京	(2) 10.29 ハノイ	(3) 11.18 バリ (インドネシア)	(4) 4.21 東京	(5) 12.14 東京	(6) 11.12 ネーピードー	(7) 7.4 東京	(8) 9.7 ビエンチャン	(9) 11.13 マニラ	(10) 10.9 東京	(11) 11.4 バンコク
外相会議	(1) 1.16 東京	(2) 10.3 シエムリアップ (カンボジア)	(3) 7.21 ハノイ	(4) 7.21 バリ (インドネシア)	(5) 7.10 プノンペン	(6) 6.30 バンダルスリガワン (ブルネイ)	(7) 8.10 ネーピードー	(8) 8.5 クアラルンプール	(9) 7.25 ビエンチャン	(10) 8.6 マニラ	(11) 8.3 シンガポール	(12) 8.3 バンコク
経済相会議		(1) 10.24-25 ホアヒン (タイ)	(2) 8.26 ダナン (ベトナム)	(3) 8.14 マナド (インドネシア)	(4) 8.30 シエムリアップ (カンボジア)	(5) 8.20 バンダルスリガワン (ブルネイ)	(6) 8.27 ネーピードー	(7) 8.24 クアラルンプール	(8) 8.6 ビエンチャン	(9) 9.10 マニラ	(10) 8.30 シンガポール	(11) 9.10 バンコク

出所：日本外務省「日・メコン協力」（2019 年 5 月 28 日），2019 年 6 月 4 日検索。(https://www.mofa.go.jp/mofaj/area/j_mekong_k/index.html)
　　　日本経済産業省「日メコン」2019 年 6 月 4 日検索。(https://www.meti.go.jp/policy/trade_policy/east_asia/activity/nmekong.html) など。

　ただし，民主党政権時代に策定された以上の戦略文書は，安倍晋三政権の復活後，2013 年 12 月に実施された第 5 回首脳会議で「中間評価」[19] を受け，またその「行動計画」が部分的に「改訂」された[20]。

　次いで，2015 年 7 月の第 7 回首脳会議（安倍首相主宰）で，「日メコン協力のための新東京戦略 2015」（MJC2015）[21] が採択された。「質の高い成長」を基本的なコンセプトとして，協力事案を「ハード面での取組」（産業基盤インフラの整備とハード面での連結性の強化），「ソフト面での取組」（産業人材育成とソフト連結性の強化），「グリーン・メコンの実現に向けた持続可能な開発」，「多様なプレーヤーとの連携」の 4 本柱にそって整理している。そして，日本政府は，2015〜2017 年の 3 年間に 7,500 億円の ODA 支援を約束した。

　以上の文書に言う「質の高いインフラ投資」という言説は，2015 年前後か

表15-3　日本・メコン協力主要文書

第1回首脳会議	2009.11.6-7	東京宣言
		日本・メコン行動計画63
第2回首脳会議	2010.10.29	「緑あふれるメコン（グリーン・メコン）に向けた10年」イニシアティブに関する行動計画
		日メコン経済産業協力イニシアティブ（MJ－CI）行動計画
第4回首脳会議	2012.4.21	日メコン協力のための東京戦略2012
第5回外相会議	2012.7.10	「東京戦略2012」の実現のための日メコン行動計画
第4回経済相会議	2012.8.30	MJ-CI行動計画に基づくメコン開発ロードマップ
第5回首脳会議	2013.12.14	「東京戦略2012」の中間評価
		改訂版「東京戦略2012」の実現のための日メコン行動計画
第7回首脳会議	2015.7.4	日・メコン協力のための新東京戦略2015（MJC2015）
第8回外相会議	2015.8.5	「新東京戦略2015」実現のための日メコン行動計画
第7回経済相会議	2015.8.24	メコン産業開発ビジョン
第9回外相会議	2016.7.25	日メコン連結性イニシアティブ
第8回首脳会議	2016.9.7	日メコン連結性イニシアティブ・プロジェクト
第10回首脳会議	2018.10.9	日メコン協力のための東京戦略2018
		SDGsを推進するための日メコン協力プロジェクト
		自由で開かれたインド太平洋を実現するための我が国の政策との相乗効果が期待される日メコン協力
		ACMECSマスタープランに関連した日本の現在進行中及び可能性のある協力プロジェクト
第11回経済相会議	2019.9.10	メコン産業開発ビジョン2.0
第11回首脳会議	2019.11.4	2030年に向けたSDGsのための日メコン・イニシアティブ

出所：日本外務省，日本経産省，ASEAN事務局のウエブサイトより関連資料。

ら日本の対外政策，ODA政策の中で急速に浮上した。2015年5月東京での第21回国際交流会議「アジアの未来」における講演で，安倍晋三首相が「質の高いインフラパートナーシップ」を発表し，さらに日本の主宰した2016年5月先進国サミットで「質の高いインフラ投資の推進のためのG7伊勢志摩原則」が採択された[22]。

　ちなみに，日メコンの関連会合では，すでに2014年8月の第7回外相会議議長声明[23]が，日本の支援が「メコン諸国自身の維持管理能力を高めること等を通して，長期的な使用にも耐え得る，強靭で質の高いインフラ整備を実現

するものとして，高く評価した」。同年 11 月の第 6 回首脳会議共同声明[24] が，「メコン地域諸国の首脳は，メコン地域における持続可能なインフラ開発において，包摂性，強靱性，能力構築を重視した『人間中心の投資』を通じた『質の高い成長』を促進する日本のイニシアティブを歓迎した」と述べている。

　以上の背景として，中国の経済大国化とそれに伴う対外援助攻勢，とりわけ習近平政権による AIIB（アジアインフラ投資銀行）や一帯一路構想に対比して，日本のインフラ整備支援が「質」の高さにおいて勝っていることを強調しようとする，日本政府の立場が反映されているといえよう[25]。

　首脳会議での決定を受けて，2015 年 8 月には，第 8 回外相会議で「新東京戦略 2015」実現のための「日メコン行動計画」[26] が採択され，また同年 8 月の第 7 回経済相会議で「メコン産業開発ビジョン」[27] が採択された。さらに，翌 2016 年 7 月の第 9 回外相会議では，東西経済回廊と南部経済回廊のハードならびにソフト・インフラの拡充に焦点を絞った「日メコン連結性イニシアティブ」[28] が採択された。

　「連結性」という概念はもともと，2015 年を目標年とする「ASEAN 共同体」の成立を視野に入れたものであり，2010 年 10 月の ASEAN 首脳会議（ハノイ）で採択された「ASEAN 連結性に関するマスタープラン（2011〜2015 年）」，翌 2011 年 11 月の東アジア首脳会議（バリ）で採択された「ASEAN 連結性に関する東アジア首脳会議宣言」などを踏まえている。

　2018 年 10 月に東京で開催された第 10 回首脳会議で，新たな 3 か年戦略「日メコン協力のための東京戦略 2018」[29] が採択された。同文書は，2018 年 8 月に実施された第 11 回外相会議の提言に基づき，「生きた連結性」（ハード連結性，ソフト連結性，産業連結性），「人を中心とした社会」（人材育成，保健，教育，法律及び司法協力），「グリーン・メコンの実現」（防災及び気候変動，水資源管理，循環経済，水産資源の保全及び持続可能な利用）を新たな三本柱とする（それ以外に「地域情勢とグローバルな課題」に関する共通認識を記す）。同時に附属文書として①「SDGs を推進するための日メコン協力プロジェクト」，②「自由で開かれたインド太平洋を実現するための我が国の政策との相乗効果が期待される日メコン協力」，および③「ACMECS マスタープランに関連した日本の現在進行中及び可能性のある協力プロジェクト」が採択

された[30]。

　附属文書①は，従来の「グリーン・メコン」イニシアティブ行動計画の後継として位置づけられる。2015年の国連サミットで採択された「持続可能な開発目標」（SDGs）をメコン地域協力に適用したものである。

　この文書をさらに具体化したものとして，2019年11月の第11回日メコン首脳会議で，「2030年に向けたSDGsのための日メコン・イニシアティブ」が採択されている[31]。

　次に，附属文書②については，安倍政権が提起した「自由で開かれたインド太平洋」構想に沿って，既存のODA案件などを中心に，（A）法の支配，航行の自由，自由貿易等の普及・定着，（B）連結性向上等による経済的繁栄の追求，（C）平和と安定のための取組みといった意義を持つ事項を纏めたものである。

　「自由で開かれたインド太平洋」という「戦略」もしくは「構想」の原型は，2016年8月にケニアで開催された第6回アフリカ開発会議での安倍首相の基調演説に遡る。法の支配，航行の自由，開放性，自由貿易の諸原則に基づき，太平洋とインド洋，アジア大陸とアフリカ大陸の結合，連携を通じて平和と繁栄を追及していくことを謳う[32]。中国の「一帯一路」構想に対抗し，さらには中国の海洋進出を牽制する意図を持つと，一般に見なされている。その後，アメリカのトランプ政権も同様にインド太平洋戦略を掲げるようになり，また日米豪間の閣僚級戦略対話や日米豪にインドを加えた連携が進展している[33]。

　附属文書③は，メコン地域5か国が展開中のACMECS（エーヤワディー・チャオプラヤー・メコン経済協力戦略）との相乗効果を意図したもので，ACMECSマスタープラン（2019〜2023）と整合的な日本の支援案件をリストアップしている。

　ACMECSは2003年4月バンコクでの特別ASEANサミットに際してタイが提唱し，2003年11月ミャンマー・バガンでのサミット開催によって発足した。当初のメンバーはタイと同国に隣接するミャンマー，ラオス，カンボジアの4か国で構成されていたが，2004年5月にはベトナムも加わって，大陸部東南アジア5か国による「南南協力」の枠組となっている[34]。文書③が言及するマスタープランは，2018年6月バンコクでの第8回ACMECS首脳会議

で採択された[35]。

　なお，首脳会議以前の 2018 年 8 月に開催された第 11 回日メコン外相会議では，翌年を「日メコン交流年 2019」とすることが決定されている[36]。

第 3 節　他の協力枠組との関係

　冷戦終焉，カンボジア和平成立以降，メコン地域を舞台とする協力枠組が多数成立し（表 15-1 参照），「メコン・コンジェスチョン」と称する状況[37]が出現した。そのこともあって，日メコンの各会合では，他の協議枠組との連携や協調が，繰り返し指摘されてきた。

　すでに，2008 年の第 1 回外相会合の議長声明[38]では，「ACMECS, GMS, 日 CLV といった地域協力枠組」との連携，2009 年の第 2 回外相会議の議長声明[39]では，MRC, AMBDC, GMS, ACMECS, インドとのメコン・ガンガ協力，及び（最近実施された）米国・メコン下流域閣僚会合等の協力メカニズムに言及し，「地域におけるより良い協力を実現するため，それぞれの枠組みの役割を強化することへのコミットメント，及びすべての関係者の間でのハイレベルの対話とその他の協議を促進していくことの重要性を改めて確認した」と述べる。同年の第 1 回首脳会議における「東京宣言」[40]でも，以上と同じ順番で各協力枠組を列挙し，これら「多くの部門にわたる既存の協力メカニズム」の間で「効果的な機能を最適化する方法を追求する」ことを謳う。

　2015 年の第 7 回首脳会議で採択された「新東京戦略 2015」では，「日メコン協力の四本柱」のひとつに，「多様なプレーヤーとの連携」を掲げ，その冒頭部分で（日本とメコン地域諸国の）「双方は，メコン地域における地域の安定と『質の高い成長』に向けた効率的かつ効果的な支援等の実施のために，異なる協力枠組みの間の連携が重要であることを改めて確認した」と述べる[41]。

　とりわけ，メコン下流 4 か国（CLV とタイ）を正式メンバーとする政府間組織・MRC（メコン河委員会）に関しては，メコン河の水資源管理やメコン流域での環境保全に関わる分野での連携，協力の必要性，重要性に再三言及されてきた[42]。

　また，GMS（大メコン圏）開発協力枠組，そしてそのコーディネーターである ADB（アジア開発銀行）との提携，協調にも，再三言及されてきた。そもそも，日本政府が支援対象として重要視する「東西回廊」や「南部経済回廊」の構想は，ADB が提唱し，1998 年の GMS 経済閣僚会議で採択され，その後 2002 年の第 1 回 GMS 首脳会議で再確認されたものである[43]。

　さらに，2012 年の第 4 回首脳会議で採択された「東京戦略 2012」は，「開かれた地域を目指」すとして，LMI，日中メコン政策対話等の取組や，GMS，CLV，CLMV，および ACMECS を列挙して，それら「メコン域内の取組を通じ，様々な地域的枠組みや第三国との連携を強化する」。「支援の取組みの重複を避け，各国の重層的な協力の促進を追求する」と述べる。

　以上に言及された協力枠組のうち，ACMECS（エーヤワディー・チャオプラヤー・メコン経済協力戦略）については，2017 年の第 9 回首脳会議共同声明[44]で，ACMEC マスタープランの「実施における日本の補完的な役割を歓迎した」と述べている。そして，2018 年の第 10 回首脳会議で採択された「東京戦略 2018」[45]で，「日本は，ACMECS をメコン各国独自の取組として評価し，日メコン協力と ACMECS の間に相乗効果を見い出すことが望ましく，効果的であることを確認した。首脳［たち］は，ACMECS マスタープラン（2019-2023）の実現に資する日メコン協力を取りまとめる作業を賞賛した［3字略］。メコン諸国は，日メコン協力と ACMECS の間の連携を前進させるために，ACMECS 関連会合に参加するとの日本の意図を歓迎した」と述べている。さらに，前節に述べたように，同じ首脳会議で ACMECS マスタープランと整合的な日本政府の支援案件をリストアップした付属文書が採択された。

　そして，2019 年 8 月バンコクで開催された第 12 回外相会議においては，日本が「開発パートナーとして ACMECS に参加」したことが発表された[46]。

　他方，「日中メコン政策対話」に関しては，その第 1 回対話が 2008 年 4 月に北京で開催され，それ以降，2011 年 9 月まで年 1 回のペースで実施された（表 15-4 参照）。ただし，外務省局次長レベルの会合であり，かつそれぞれのメコン地域政策に関する情報交換の域を出るものではない。しかも，2012 年以降は，尖閣諸島問題を直接的なきっかけとして日中関係が極度に悪化したために，対話自体が中断された[47]。

表 15-4　日中メコン政策対話

	開催日	開催場所	日本側団長	中国側団長
①	2008.4.25	北京	石川和秀外務省南部アジア部参事官	陳旭外交部国際司副司長
②	2009.6.11	東京	石川和秀外務省南部アジア部審議官	陸慷（りくこう）外交部国際司参事官
③	2010.4.16	景洪	石兼公博外務省南部アジア部参事官	陸慷（りくこう）外交部国際司副司長
④	2011.9.1	東京	石兼公博外務省南部アジア部参事官	龐森（ぱんせん）外交部国際司副司長
⑤	2014.12.2	北京	滝崎成樹外務省南部アジア部参事官	張丹（ちょうたん）外交部国際経済司参事官
⑥	2019.9.10	東京	小林賢一外務省南部アジア部審議官	毛寧（Ms. Mao Ning）外交部アジア司副司長

出所：外務省「日・メコン協力」（https://www.mofa.go.jp/mofaj/area/j_mekong_k/index.html）中の「日中メコン政策対話」参照。

　第 5 回の対話が実施されたのは，ようやく 2014 年 12 月（北京）のことである。前月の APEC 北京総会で安倍首相と習近平国家主席の間で初の首脳会談が実現したことによって，日中関係が好転し始めた兆候であると日本のマスコミは報じた[48]。

　同会合に関して，2015 年の第 7 回首脳会議で採択された「新東京戦略 2015」[49]でも，次のように言及している。「メコン地域諸国は，メコン地域における主要なプレーヤーである日本と中国が，2014 年 12 に北京において 3 年ぶりに開催された第 5 回日中メコン政策対話を通じ意思疎通を維持していることを歓迎するとともに，同政策対話がメコン地域の平和と繁栄に貢献することへの期待を表明した」。

　日中間の対話は，2015 年以降しばらくの間途絶していたが，2019 年 9 月になって第 6 回が東京で開催され，2014 年の前回会合以降の対メコン地域協力に関するそれぞれの取組について情報交換した。また，次回第 7 回会合を中国で実施することとし，その具体的な場所及び日時は今後外交ルートで調整することとなった[50]。

　その間に，中国は LMC（ランサン江・メコン河協力：瀾滄江−湄公河合作）

という，独自の協力枠組を新たに立ち上げた。これは，もともと 2012 年にタイが提案したものであったが，その後，中国がイニシアティブを発揮し，2015年 11 月に第 1 回外相会議，2016 年 3 月に第 1 回首脳会議を開催したのを皮切りに，急速な制度化を進めている[51]。中国はこの協力枠組を「一帯一路」構想の重要な一環として位置づけ，AIIB（アジアインフラ投資銀行）の積極的な活用を予期するほか，中小規模の協力プロジェクトを支援するための LMC 特別基金を独自に設置している[52]。第 1 回 LMC 外相会議の共同プレスコミュニケでは，他の類似協力枠組として GMS 協力プログラム，AMBDC，MRC との連携に言及するが，日本が主導する日メコン協力枠組や米国が主導するLMI（後述）については沈黙している[53]。

　日メコン会合において，米国が主導する LMI（メコン下流域イニシアティブ）について具体的に言及した最初の文書は，管見の限り，2014 年の第 7 回日メコン外相会議の議長声明[54]である。それによれば，同年 4 月に東京で実施された安倍首相とオバマ米大統領の会談において，両者が（日本主導の）「日メコン協力」と，米国主導の「メコン河下流域イニシアティブ」「メコン河下流域フレンズ」との間の緊密な連携を通じたメコン地域における取組を含め連結性の強化に取り組んでいることを，日メコンの外相たちは「高く評価し歓迎した」。次に，2015 年の第 7 回首脳会議で採択された「新東京戦略 2015」[55]や，2016 年の第 8 回首脳会議共同声明[56]などでも再び，「日メコン協力」と「メコン河下流域イニシアティブ」および「メコン河下流域フレンズ」との連携に言及している。

　冷戦前期にインドシナ半島に過剰介入した米国は，1975 年のベトナム戦争終結以降，一転して（タイを除く）メコン地域諸国から距離を置いていたが，オバマ政権期（2009〜2017 年）になると，2009 年 9 月にヒラリー・クリントン国務長官がタイ・プーケットで開催された一連の ASEAN 関連外相会合に出席した際に，メコン下流 4 か国（CLV とタイ）の外相と会合を持ち，LMI（メコン下流域イニシアティヴ）を立ち上げた[57]。以降，毎年夏に ASEAN 関連外相会合のために米国の国務長官が東南アジアを訪問する際に，LMI 閣僚会合が（バック・トゥー・バック方式で）実施されてきた。ミャンマーが2012 年 7 月から正式メンバーに加わり，米国とメコン地域 5 か国の協力枠組

となっている。

　さらに，2011 年 7 月バリで，第 4 回 LMI 閣僚会合に続けて，クリントン国務長官は初の FLM（メコン下流域フレンズ）閣僚級会合を主宰した。FLM とはメコン地域協力に関心を示すドナーグループ，具体的には，米国，ならびに日，韓，豪，ニュージーランドの各国，EU，そして世銀，ADB の各機関である[58]。FLM 閣僚級会合には，これらドナー国・機関の代表者とともに，支援対象のメコン下流域国の外相が参加した。ちなみに，この時点で FLM メンバーでなかったミャンマーもオブザーバーとして招待された（2012 年 7 月の第 2 回からは正式参加）。閣僚級会合は 2014 年の第 4 回を最後に中断されているが，FLM の高官会合や専門家会合は（通常 LMI の関連会合に接続する形で）その後も継続している。

　この FLM 関連会合には，日本政府の代表者も常時出席している。さらに，上述の第 7 回日メコン外相会議（2014 年 8 月実施）の議長声明が言及しているように，2014 年 4 月にオバマ米大統領が来日した際に，安倍首相との首脳会談で作成された「ファクトシート：日米のグローバル及び地域協力」[59] では，日メコン首脳会議とメコン下流域開発との「より緊密な連携を通じたメコン地域における取組」に言及している。ただし，メコン地域を舞台とする日米協力は，FLM 関連会合における意見，情報交換に留まっているように見受けられる。

　なお，中国は FLM 関連会合に全く出席していない[60]。

第 4 節　官民連携のフォーラム

　日メコン協力枠組が，その実施過程で一貫して重視するのは，官民協力，連携である。

　すでに，2009 年の第 1 回首脳会議で採択された「東京宣言」[61] で，「官民協力の推進」に言及し，そして「行動計画 63」[62] で「官民の協力・連携の促進」に関して 8 項目を掲げている。

　その後，2010 年の第 2 回首脳会議で採択された「『グリーン・メコンに向け

た10年』イニシアティブに関する行動計画」[63] では「官民連携のアプローチ」，2012年の首脳会議で採択された「東京戦略2012」[64] や2013年に採択された「改訂版『東京戦略2012』の実現のための日メコン行動計画」[65] では「官民協力促進のための行動及び措置」という項目を設けている。

　官民協力，連携には，政府によるODA（官）と企業による投資（民）を組み合わせる事業方式（一般にPPP方式と呼ばれる）とともに，政府（官）と企業や経済団体など（民）の関係者が一堂に会するフォーラムが含まれる。

　後者のフォーラムに関して，例えば，2014年の第6回首脳会議共同声明[66] は，「メコン地域における官民協力・連携促進フォーラム」，「日メコン経済産業政府対話」，「グリーン・メコン・フォーラム」の開催に言及し，「効果的な官民連携がメコン地域の発展により大きな利益をもたらすことを確信した」と述べている。それ以前の2012年首脳会議で採択された「東京戦略2012」[67] でも，「官民協力促進のために機能し，構築される日メコン枠組み」として，日メコン産業政府対話，官民協力・連携促進フォーラム日メコン全体会合などに言及している。

　以上に言及されている「メコン地域における官民協力・連携促進フォーラム」は，日本政府（外務省）が主催する形で，2010年12月の第1回会合を皮切りに，2015年2月まで合計5回，東京で実施されている。日本およびメコン地域5か国の関連官庁，経済団体，企業，研究機関などの関係者が出席し，全体会議，および幾つかの分科会で共通テーマについて議論し情報を交換する。

　ただし，2016年11月にミャンマーのアウン・サン・スー・チー国家最高顧問が訪日した機会に「特別会合」を実施したのを最後に，それ以降は中断しているようである[68]。

　次に，「グリーン・メコン・フォーラム」とは，日本政府（外務省）とタイ政府が共催する形で，2011年6月からほぼ2年ごとにバンコクで開催されている（直近の第6回フォーラムは2019年2月に実施）。日本およびメコン地域5か国の関連官庁，日本とタイの経済団体，企業，研究機関，日本の自治体などの関係者が参加する。さらに，2016年6月の第4回会合からは，米国，豪州，韓国，そして国際機関などの関係者も参加し始めている。

　フォーラムの趣旨は，2010 年の第 2 回首脳会議で採択された「グリーン・メコンに向けた 10 年イニシアティブに関する行動計画」を念頭に，環境問題に対する取り組みに関して意見交換，情報共有することにある。フォーラムの成果は，直近の日メコン外相会議や首脳会議に報告される[69]。

　なお，2019 年 11 月の第 11 回首脳会議において，従来の「グリーン・メコン・フォーラム」を翌年から「日メコン SDGs フォーラム」に改称することが決定された[70]。

　「日メコン産業政府対話」は，2010 年 5 月（ハノイ）の第 1 回対話以降，2018 年 8 月（バンコク）までに 11 回の会合が実施されている。経産省やJETRO が主導する官民対話であり，日本とメコン地域 5 か国の経済官庁の関係者（大臣を含む）と経済団体，企業の関係者が参加し，産業界の意見や要望を，日メコン経済相会議や首脳会議に反映している[71]。

　例えば，2010 年 8 月の第 3 回対話会合（ダナン）で取り纏められた提言は，翌日開催された第 2 回日メコン経済相会議（ダナン）に提出され，「MJ-CI 行動計画」の策定に貢献した[72]。そして，翌 2011 年 7 月の第 4 回対話会合（バンコク）では，「MJ-CI 行動計画」の進捗状況が政府側から説明され，産業界との対話を踏まえて，行動計画のプログレスレポートに纏められ，8 月の日メコン経済相会合やその後の首脳会合に報告された[73]。

むすびに代えて

　以上本章では，日メコン協力の関連会合，主要文書，他の協力枠組との関係，官民連携のフォーラムについて概観した。紙幅の都合から，具体的な成果などについては言及できなかった。後日を期したい。

注

1　白石昌也「ポスト冷戦期インドシナ圏の地域協力」磯部啓三編『ベトナムとタイ：経済発展と地域協力』大明堂，1988 年；白石昌也「メコン地域協力とベトナム」白石昌也編『ベトナムの対外関係：21 世紀の挑戦』暁印書館，2004 年；白石昌也編『インドシナにおける越境交渉と複合回廊の展望』早稲田大学アジア太平洋研究科，2006 年；白石昌也「メコン・サブ地域の実験」山本武彦・天児慧編『新たな地域形成』（東アジア共同体の構築 1），岩波書店，2007 年；白石昌也「メコ

ン地域協力をめぐる中国，日本，米国の対応」阿曽村邦昭・奥平龍平編著『ミャンマー：国家と民族』古今書院，2016 年など。

2　筆者はすでに旧稿・白石昌也「日本の対インドシナ・メコン地域政策の変遷」『アジア太平洋討究』17 号（2011 年）の中で，「日本・メコン」協力枠組の発足に至る経緯や，旧稿執筆時点での意図などについて論述したので，それとの重複を極力避けることとしたい。

3　外務省「日・ASEAN 特別首脳会議」（https://www.mofa.go.jp/mofaj/kaidan/s_koi/asean_03/index.html）。

4　外務省ウエブサイト（https://www.mofa.go.jp/mofaj/kaidan/s_koi/asean_03/mekon.html）；同英文（https://www.mofa.go.jp/region/asia-paci/asean/year2003/summit/mekong_1.html）。

5　外務省ウエブサイト（https://www.mofa.go.jp/mofaj/area/j_clv/pdfs/mekong_pp.pdf）；同英文（https://www.mofa.go.jp/region/asia-paci/mekong/goal.pdf）。日本が「メコン地域」という新たな地域概念を提示し，「日本・メコン」協力に踏み切った背景として，1997～98 年アジア通貨危機以降の東アジアにおける地域情勢の新展開，とりわけ中国の急速な台頭があった。より詳しくは，白石昌也「日本の対インドシナ・メコン地域政策の変遷」（前掲論文），24-28, 34-35 頁。

6　"Chair's Statement Mekong-Japan Foreign Ministers' Meeting", Tokyo, 16 January 2008（https://www.mofa.go.jp/region/asia-paci/mekong/meet0801.html）；同仮訳（https://www.mofa.go.jp/mofaj/area/j_mekong/0801_gs.html）。

7　"Chair's Statement of the Second Mekong-Japan Foreign Ministers' Meeting", Siem Reap, 3 October 2009（https://www.mofa.go.jp/region/asia-paci/mekong/fm0910/statement.html）；同仮訳（https://www.mofa.go.jp/mofaj/area/j_mekong/0910_s.html）。

8　経産省「東アジアサミット関連経済大臣会合について」（http://www.meti.go.jp/topic/data/091025aj.html）；"Joint Media Statement of the Mekong-Japan Economic Ministers' Inaugural Meeting Cha-am, HuaHin, 24 October 2009"（http://www.meti.go.jp/topic/downloadfiles/091024e.pdf）；同仮訳（http://www.meti.go.jp/topic/downloadfiles/091024j.pdf）。

9　外務省「日本・メコン地域諸国首脳会議（11 月 6－7 日，東京）」2009 年 11 月（http://www.mofa.go.jp/mofaj/area/j_mekong_k/s_kaigi/index.html）。

10　外務省ウエブサイト（http://www.mofa.go.jp/region/asia-paci/mekong/summit0911/declaration.html）；同仮訳（http://www.mofa.go.jp/mofaj/area/j_mekong_k/s_kaigi/j_mekong09_ts_ka.html）。

11　外務省ウエブサイト（http://www.mofa.go.jp/region/asia-paci/mekong/summit0911/action.html）；同仮訳（http://www.mofa.go.jp/mofaj/area/j_mekong_k/s_kaigi/j_mekong09_63_ka.html）。

12　外務省ウエブサイト（http://www.mofa.go.jp/region/asia-paci/mekong/summit02/gm10_iap_en.html）；同邦訳（http://www.mofa.go.jp/mofaj/area/j_mekong_k/s_kaigi02/gm10_iap_jp.html）。

13　外務省ウエブサイト（http://www.mofa.go.jp/region/asia-paci/mekong/summit02/mjciap.html）。

14　2010 年 7 月にハノイで開催された第 3 回外相会議において，日本側の用意した「グリーン・メコンに向けた 10 年」イニシアティブの「コンセプト」と「各分野での取組」が提示された。「第 3 回日メコン外相会議」2010 年 7 月（http://www.mofa.go.jp/mofaj/area/j_mekong/index3.html）。

15　その後 2012 年 8 月の第 4 回経済相会議において「MJ-CI 行動計画に基づくメコン開発ロードマップ」（http://www.meti.go.jp/policy/trade_policy/east_asia/dl/Mekong_Develop_Roadmap_J.pdf）；同英文 http://www.meti.go.jp/policy/trade_policy/east_asia/dl/Mekong_Develop_Roadmap.pdf）が採択された。

16　2013 年 12 月の第 5 回日メコン首脳会議に関しては，バック・トゥー・バック方式ではあったが，ただし開催場所が ASEAN 域内ではなく東京であった。すなわち，日 ASEAN 特別首脳会議が開催された際に，それに接続する形で実施された。

17　外務省ウエブサイト（http://www.mofa.go.jp/region/asia-paci/mekong/summit04/joint_statement_en.html）；同仮訳（http://www.mofa.go.jp/mofaj/area/j_mekong_k/s_kaigi04/joint_statement_jp2.html）。

18　外務省ウエブサイト（http://www.mofa.go.jp/region/asia-paci/mekong/fm1207/pdfs/jm05_ap3.pdf）；同邦訳（http://www.mofa.go.jp/mofaj/area/j_mekong/pdfs/jm05_ap2.pdf）。

19　外務省ウエブサイト（http://www.mofa.go.jp/s_sa/sea1/page3e_000145.html）；同邦訳（http://www.mofa.go.jp/mofaj/area/page23_000702.html）。

20　外務省ウエブサイト（http://www.mofa.go.jp/s_sa/sea1/page3e_000146.html）；同邦訳（http://www.mofa.go.jp/mofaj/area/page23_000703.html）。

21　外務省ウエブサイト（http://www.mofa.go.jp/mofaj/files/000088538.pdf）；同仮訳（http://www.mofa.go.jp/mofaj/files/000088537.pdf）。

22　外務省「質の高いインフラ」2018 年 9 月 5 日（https://www.mofa.go.jp/mofaj/gaiko/oda/bunya/infrastructure/index.html）。

23　外務省ウエブサイト（https://www.mofa.go.jp/mofaj/files/000048492.pdf）；同邦訳（https://www.mofa.go.jp/mofaj/files/000048493.pdf）。

24　外務省ウエブサイト（https://www.mofa.go.jp/mofaj/files/000059391.pdf）；同仮訳（https://www.mofa.go.jp/mofaj/files/000059406.pdf）。

25　例えば，日本経済新聞の解説記事（2016 年 6 月 1 日（https://www.nikkei4946.com/knowledgebank/index.aspx?Sakuin2=1082&p=kaisetsu）は，「質の高いインフラパートナーシップ」について，「日本らしい『質の高さ』を理念とする資金供給で応えるのが安倍政権の描くシナリオ。中国主導のアジアインフラ投資銀行（AIIB）への対抗軸をはっきりさせる狙いもあった」と述べる。これ以外にも，同種のコメントを付すマスコミ記事は枚挙に暇がない。

26　外務省ウエブサイト（http://www.mofa.go.jp/mofaj/files/000093571.pdf）；同仮訳（http://www.mofa.go.jp/mofaj/files/000093622.pdf）。

27　国立国会図書館ウエブサイト（http://warp.da.ndl.go.jp/info:ndljp/pid/11253807/www.meti.go.jp/press/2015/08/20150824003/20150824003-2.pdf）；同仮訳（http://warp.da.ndl.go.jp/info:ndljp/pid/11253807/www.meti.go.jp/press/2015/08/20150824003/20150824003-3.pdf）。

28　外務省ウエブサイト（https://www.mofa.go.jp/mofj/files/000176167.pdf）；同邦訳（https://www.mofa.go.jp/mofaj/files/000176166.pdf）。

29　外務省ウエブサイト（https://www.mofa.go.jp/mofaj/files/000406731.pdf）；同邦訳（https://www.mofa.go.jp/mofaj/files/000406730.pdf）。

30　"The 10th Mekong-Japan Summit Meeting", October 9, 2018（https://www.mofa.go.jp/s_sa/sea1/page4e_000937.html）；外務省「第 10 回日本・メコン地域諸国首脳会議」2018 年 10 月 9 日（https://www.mofa.go.jp/mofaj/s_sa/sea1/page4_004407.html）。

31　外務省「第 11 回日本・メコン地域諸国首脳会議」2019 年 11 月 4 日（https://www.mofa.go.jp/mofaj/s_sa/sea1/page4_005439.html）。

32　外務省「自由で開かれたインド太平洋」2018 年 12 月 20 日（https://www.mofa.go.jp/mofaj/gaiko/page25_001766.html）。

33　薬師寺克行「トランプはインド太平洋戦略を曲解している：日本が中国への対抗策を提案したのに…」2017/11/14（東洋経済 ONLINE：https://toyokeizai.net/articles/-/197307）；庄司智孝「『一帯一路』と『自由で開かれたインド太平洋』の間で：地域秩序をめぐる競争と ASEAN」『NIDS コメンタリー』888 号（2018 年 11 月）；山崎恭平「一帯一路」構想と「インド太平洋」戦略〜中国の進出脅威に日米印豪が協力連携へ〜』『季刊・国際貿易と投資』no.114（2018 年 12 月）；河合正弘「『一帯一路』構想と『インド太平洋』構想」2019 年（日本国際問題研究所：http://www2.jiia.

or.jp/RESR/column_page.php?id=348）など。

34　"About ACMECS"（2019年6月7日検索：http://www.mfa.go.th/acmecs/en/organize）；恒石隆雄「ACMECS（エーヤーワディ・チャオプラヤ・メコン経済協力戦略会議）の進展」2005年11月（ジェトロ・アジア経済研究所：https://www.ide.go.jp/Japanese/IDEsquare/Overseas/2005/ROR200515_001.html）。

35　"Press Release: Bangkok Declaration of the 8th Ayeywadady-Chao Pharaya- Mekong Economic Cooperation Strategy Summit", 16 June 2018（タイ外務省：http://www.mfa.go.th/main/en/news3/6886/90570-BANGKOK-DECLARATION-OF-THE-8TH-AYEYAWADY-%E2%80%93-CHAO-PH.html）；Bangkok Post, "ACMECS leaders adopt 5-year plan", 18 June 2018（https://www.bangkokpost.com/thailand/general/1486502/acmecs-leaders-adopt-5-year-plan）。

36　外務省「第11回日メコン外相会議」2018年8月3日（https://www.mofa.go.jp/mofaj/s_sa/sea1/page4_004252.html）。

37　白石昌也「メコン地域協力とベトナム」（前掲論文）201頁。

38　注6参照。

39　注7参照。

40　注10参照。

41　注21参照。

42　2010年の第3回外相会議のために日本側が作成した「『グリーン・メコンに向けた10年』イニシアティブ：各分野での取組」，2010年の第2回首脳会議で採択された「『グリーン・メコンに向けた10年』イニシアティブに関する行動計画」，2012年の首脳会議で採択された「東京戦略2012」，2015年の首脳会議で採択された「日・メコン協力のための新東京戦略2015」，2016年の第6回首脳会議共同声明，2016年の第8回首脳会議共同声明，2017年の第9回首脳会議共同声明，2018年の首脳会議で採択された「東京戦略2018」。

43　白石昌也「メコン地域協力とベトナム」（前掲論文）222-224頁。

44　外務省ウエブサイト（https://www.mofa.go.jp/mofaj/files/000312900.pdf）；同仮訳（https://www.mofa.go.jp/mofaj/files/000313208.pdf）。

45　注29参照。

46　「第12回日メコン外相会議共同議長声明」英文（https://www.mofa.go.jp/mofaj/files/000504081.pdf）；同仮訳（https://www.mofa.go.jp/mofaj/files/000504772.pdf）。

47　白石昌也「メコン地域協力とベトナム」（前掲）28-29頁；白石昌也「メコン地域協力をめぐる中国，日本，米国の対応」（前掲）488頁。

48　朝日新聞「日中，『メコン支援』で対話再開へ 3年ぶり，北京で」2014年12月1日；日本経済新聞「日中，3年ぶりにメコン政策対話 首脳会談受け再開」2014/12/2。

49　注21参照。

50　外務省「日中メコン政策対話第6回会合の開催」2019年9月13日（https://www.mofa.go.jp/mofaj/s_sa/sea1/page22_003305.html），同英文（https://www.mofa.go.jp/s_sa/sea1/page22e_000917.html）。

51　LMC China Secretariat, "A Brief Introduction of Lancang-Mekong Cooperation", 2017-12-13（http://www.lmcchina.org/eng/gylmhz_1/）。

52　2016年3月開催の第1回LMC首脳会議で採択された「三亜宣言」(Sanya Declaration)（http://www.lmcchina.org/eng/zywj_5/t1513793.htm），その他の関連文書。

53　"Joint Press Communiqué of the First Lancang-Mekong Cooperation Foreign Ministers' Meeting"（http://www.lmcchina.org/eng/zywj_5/t1514151.htm）。

54　注 23 参照。

55　注 21 参照。

56　外務省ウエブサイト（https://www.mofa.go.jp/mofaj/files/000187094.pdf）；同仮訳（https://www.mofa.go.jp/mofaj/files/000189294.pdf）。

57　米国務省 "Lower Mekong Initiative"（2019 年 6 月 27 日検索：https://2009-2017.state.gov/p/eap/mekong/）。オバマ政権は 2011 年からアジア太平洋地域への「リバランス政策」を明示するが，LMI はその先駆的なプログラムであったと意義付けられよう。ちなみに，クリントン国務長官は 2011 年 11 月末～12 月初めに，米国の国務長官として 56 年ぶりにミャンマーを訪問，両国関係の好転に決定的な役割を演じた。

58　"Friends of the Lower Mekong"（2019年6月27日検索：https://www.lowermekong.org/partner/background-and-approach）。

59　外務省ウエブサイト（https://www.mofa.go.jp/na/na1/us/page24e_000046.html）；同邦訳（https://www.mofa.go.jp/mofaj/na/na1/us/page3_000757.html）。

60　白石昌也「メコン地域協力をめぐる中国，日本，米国の対応」（前掲），488-489 頁。

61　注 10 参照。

62　注 11 参照。

63　注 12 参照。

64　注 17 参照。

65　注 20 参照。

66　注 24 参照。

67　注 17 参照。

68　以上，外務省ウエブサイト「日メコン協力」（https://www.mofa.go.jp/mofaj/area/j_mekong_k/index.html）の「メコン地域における官民協力・連携促進フォーラム」の欄参照。

69　以上，外務省ウエブサイト「日メコン協力」（同上）の「グリーン・メコン・フォーラム」の欄参照。

70　注 31 参照。

71　経済産業省ウエブサイト「日メコン」（2019.9.30 検索：https://www.meti.go.jp/policy/trade_policy/east_asia/activity/nmekong.html）など参照。

72　JETRO「日メコン産業政府対話を開催：メコン地域の開発に向け提言書を提出」2010 年 9 月（http://www.jetro.go.jp/jetro/topics/1009_topics2.html）。

73　「港湾・道路インフラ開発状況を政府側が報告：第 4 回日メコン産業政府対話（1）」『日刊通商弘報』2011 年 8 月 2 日，「貿易円滑化に政府の強力なイニシアチブ求める：第 4 回日メコン産業政府対話（2）」同 2011 年 8 月 3 日，「地域全体で中小企業・すそ野産業の育成を：第 4 回日メコン産業政府対話（3）」同 2011 年 8 月 4 日。

第16章

ベトナム和平と国連
—国連事務総長ウ・タントの役割を中心に—

本多　美樹

はじめに

　本章は，ベトナム戦争の際の国連の役割について，当時の国連事務総長の和平への努力を軸に考察する研究ノートである。朝鮮戦争と比べて，ベトナム戦争への国連の関与はあまり知られるところではない。そこで，本章では，当時の国連事務総長ウ・タントによる声明，記者会見での発言と質疑応答，各種会合の議事録を読み返すことによって，当時の国連がベトナム和平にどのように関与したのかを整理する[1]。

　ウ・タントが初のアジア人の国連事務総長として在職したのは1961年から71年までの10年間である。彼は在職中に，コンゴ紛争後の財政危機の救済，キューバ危機の回避，カシミール紛争の解決，インド・パキスタン衝突の調停を行なうなど数多くの難題に取り組んだことで知られている。

　しかし，ベトナム戦争については，安全保障理事会（以下，安保理）の常任理事国を含む多くの理事国がこの問題への国連の関与に反対だったことなどから，事務総長が果たしうる役割は非常に限られていた。さらに，安保理常任理事国内でイデオロギー対立があったこと，アメリカが平和的解決を模索せずに途中から戦争の当事者になったこと，常任理事国がほぼ全員が何らかの形で戦争に関与していたことなどを理由として，ベトナム問題が安保理に持ち込まれたのは一回のみだった。そのため，安保理が麻痺した場合に総会主導の決議を促す「平和のための結集決議」[2]が利用可能であったにもかかわらず，誰もこの解決方法を試そうとしなかった。当決議は24時間以内に総会を緊急に招集でき，緊急特別総会は，安保理のどの9カ国によっても，また国連加盟国の過

半数によっても招集できたはずである。しかし，当時の状況はそれすらも不可能にした。本章では，冷戦下での和平交渉の難しさを痛感し，時に無力感に苛まれながら和平努力を続けたウ・タントの言動を振り返ることによって，現在および将来における事務総長の紛争解決機能について示唆を得たい。

第 1 節　第三代国連事務総長ウ・タント

1.　国連事務総長の役割

　国連憲章は，事務総長が持つ基本的な紛争解決機能を，「国際の平和及び安全の維持を脅威とすると認める事項については，安全保障理事会の注意を促すことができる」（第 15 章第 99 条）とする。事務総長は，中立的立場に立つ国の出身者が多くかつ外交面での経験豊富な人物が選出されるので，国際紛争の調停者としては適任であるとされる[3]。

　国際連盟時代，「事務総長ハ，聯盟総会及聯盟理事会ノ一切ノ会議ニ於テ，其ノ資格ニテ行動ス」（規約 16 条 4 項）とのみ，定められ，その活動は消極的であったが，それに対して，国際連合では，「事務総長は何人にもまして理事会で行動する」と言われ，その権限は次のように大きく拡大した。① 行政職員の長として，総会と 3 つの理事会で行動する（97 条，98 条），② 総会と 3 つの理事会から委託される任務を推敲する（98 条），③ 国際の平和と安全を脅かす事項について安全保障理事会の注意を喚起する（99 条）。② と ③ が，国連になって新しく委ねられた任務である。国連のその後の実行において，総会や安全保障理事会などが期待外れの機能しか果たさなかった。そのため多くの職務が事務総長に委任され，法（憲章）と政治（大国のエゴ）の谷間の中で，憲章制定当時予想されなかったような，例えば，終戦の活動や平和維持活動の設置などといった重大な役割を果たしている[4]。

　ウ・タントは，「私は，事務総長は第 33 条[5]を念頭に置いて，当該国が要請した場合に，安保理や国連の他機関から特別な権限を与えられなくても，紛争や困難を解決するために斡旋を行わなければならないということに疑問をもっ

たことはない。」[6] と述べている。また，「斡旋の行使は，国家間の不和が重大
な危機に発展するのを防ぎ，それが解決できない段階になる前に，微妙な問題
に対して成果を上げる有益な方法であることが証明されている。この種の予防
外交は，危うい段階に発展しそうな紛争をなくす試みよりもはるかに効果的で
ある。しかも，もっと安あがりである。これは，関係当事者の完全な分別，協
力，自制，善意を必要とする。また事務総長の分別と誠実への信頼だけでなく
関係当事者の勇気と構想も必要である。このように条件が整えば，多くのこと
を静かにやれるはずである。」[7] と述べている。実際，彼はキューバ危機やベト
ナムやナイジェリアのような内戦の際に斡旋を行なった。さらに，「紛争を未
然に防ぐこの静かなやり方は第99条の特別の——もっと劇的な——発動に
とって代るものとして絶えず開発されるべき事務総長の役割の一部であるよう
に私には思われる。」[8] とも述べている。

2. 第三代国連事務総長ウ・タント

　ウ・タントは，コンゴでの和平ミッション遂行中に事故死したハマーショル
ド（Dag Hammarskjold）の後任として，また，ビルマ出身の初のアジア人と
して，1961年9月に第3代国連事務総長に就任した。ウ・タントの事務総長
代理への就任に際してはソ連からの反対はあったものの，ケネディ（John F.
Kennedy）政権下の米国連大使であったスチーブンソン（Adlai Stevenson）
の尽力によるところが大きかったといわれている[9]。スチーブンソンは，「彼
（ウ・タント）は，国連加盟100カ国の代表の中で，誰にでも受け入れられる
唯一人の人物」[10] と評した。

　ウ・タントが国連事務総長に正式に就任して以降，ベトナム問題や軍縮問題
などの重要な問題を抱え，時に批判されながらも，問題の平和的解決に辛抱強
く努力を続けたことは，彼が敬虔な仏教徒であり，仏教の哲理を背景に黙々と
信念を貫くといった人間性に負うところも大きいと考えられている。ウ・タン
ト自身も，「知られているように，私は仏教徒である。宗教としての仏教はあ
る特徴をもっており，この教義にはいくつかの基本的な原則がある。仏教の教
義の一つは，現在の状態に直接的な関連性がある。それは，無私無欲，つまり

非利己主義の教義である。（中略）非暴力の原則も国連憲章の基本的な考え方である。」[11] として，仏教の教義と国連憲章の原則が非常に近い考え方を共有していることを述べている。

　ウ・タントの経歴は多岐にわたる [12]。外交官職に就く前は教育と情報関連の職務に従事し，母校の国立高等学校の上級教師を務めた後，のちに校長に就任している。第二次世界大戦前にはビルマの教科書委員会と国家教育審議会の委員を務めたほか，フリーランスのジャーナリストとしても活躍した。戦後はビルマ政府の報道担当官，放送担当官，ビルマ政府情報省書記官を歴任した。その後，総理府のプロジェクト担当書記官とビルマの経済社会委員会事務局長を兼務した。第二代事務総長のハマーショルドの事故死に伴い国連事務総長代行に任命された当時，ウ・タントは国連大使の役職でビルマの国連常駐代表を務めていた（1957〜61 年）。この期間中，国連総会各会期のビルマ代表団を率い，1959 年には国連総会第 14 回会期における副議長の 1 人となった。1961 年には国連コンゴ調停委員会委員長，および国連資本開発基金委員会の議長を務めた。そして，1961 年 11 月 3 日，安全保障理事会の推薦により，総会において全会一致で事務総長代行に任命された。ウ・タントの選任については，アメリカ，ソ連を中心とする国連大使によってさまざまに検討されたと言われている。1945 年にサンフランシスコで国連が創立されて以来，スチーブンソンは，事務総長選出の最良の方法は，第一に大部分の国が同意できる一人の人物を選びたいとし，当時議論されていた事務総長を三人置く「トロイカ」について牽制してきた。トロイカとは，三つの国の国連代表（ノルウェー，アイルランド，ビルマ）のことであった。スチーブンソンは，「地理的な条件に考慮が払われるのは当然だが，事務局の上層部に政治的に選ばれた代表を入れることは国連憲章に反するかもしれない。」[13] と述べた。ソ連もウ・タント選出に賛成していたという [14]。徐々に多くの代表がウ・タント支持に傾き，ウ・タントは，1962 年 11 月 3 日の総会において 1966 年 11 月 3 日までを任期とする第三代国連事務総長に任命された。その後，1966 年 12 月 2 日には安保理全会一致の推薦により [15]，総会において再任された。任期は 1971 年 12 月 31 日までであった。

第2節　ベトナム戦争とウ・タントの関与

　ベトナム戦争の開始時期については諸説がある。広義には，第二次世界大戦後にインドシナ半島の旧フランス植民地で起きたインドシナ戦争を指し，狭義には，1964年のトンキン湾事件以後にアメリカが大規模介入し，1973年のパリ和平協定を経て，1975年のベトナム民主共和国（北ベトナム）と南ベトナム解放民族戦線（解放戦線）の勝利によって民族統一を実現して終結した，いわゆる第二次インドシナ戦争を指す。

　東アジアを舞台とする冷戦は，ベトナムを共産主義からの軍事的脅威の最前線と見なす「ドミノ理論」に基づいて，米中の対立を軸に展開されたため，冷戦の代理戦争ともナショナリズムに基づく植民地解放戦争とも呼ばれている。

1.　和平へのいくつかの好機：北爆以前

　ベトナム情勢の決定的悪化への遠因を作り出した時期は1962年から64年にかけてだが，むしろこの時期に「和平への好機」があったとの見方は少なくない[16]。最初の好機は1963年11月にゴ・ジン・ジエム（Ngô Đình Diệm）政権が倒れたクーデター直後である。南ベトナムの政情は安定せず，解放戦線の利するところとなったが，クーデターから一年ほど経った頃，ウ・タントは国連記者団との会合で当時を述懐し，「私は，1963年には満足できる政治的解決に到達できる可能性が多分にあったと思う」[17]とし，「ベトナム和平は，昨年（64年）の春よりは秋の方が難しくなり，昨年より今年はさらに難しくなった。来年はもっと困難になろうが，私はなお努力を続けるつもりだ」[18]と述べた。

　二つめの好機は1964年7月から9月にあった。64年9月にウ・タントは，アメリカ代表と会談させるために，北ベトナム政府から，彼の出身国ビルマの首都ラングーンに代表を送ることに同意するとの約束を取り付けた。主導権は北ベトナムにあったとすると，同年8月2日以来のトンキン湾事件と，同月5日のアメリカによる北ベトナム沿岸の魚雷艇基地への最初の爆撃が行なわれた

直後にあたる。これを好機と見たウ・タントは直ちにスチーブンソン米国連大使を通じて，ジョンソン（Lyndon Johnson）大統領に，北ベトナムとの会談を計画している旨を伝達するよう依頼したが，アメリカからの返答はなかった。また，ベトナムに加えてラオスも含めた休戦ラインを設けて即時停戦をするようにアメリカに提案したが，これもアメリカによって退けられた。

　ほぼ同時期に，フランス，中国，ソ連も興味深い動きをしている。フランスのドゴール（Charles de Gaulle）政権は，ジエム政権末期にもインドシナ中立化を提唱していたが，1964 年 7 月末の記者会見で再びベトナム和平のために，1954 年のジュネーブ会議[19] を当時と同じ参加国によって同じ形式で開くことを提案した。反応のないアメリカを一方に，ウ・タントは直ちにドゴールによる会議の開催案を支持した。中国とソ連も思惑は違えども会談を持つことに積極的な反応を見せていた。ソ連は，ラオスの中立化を決めたジュネーブ会議の参加 14 カ国に緊急覚書を送り，ラオス中立化を保障するため，近い将来改めてジュネーブ会議を再開するよう提案し，北ベトナムはこの案を支持する声明を出した。北ベトナムが声明を出した背景として，アメリカが同国沿岸で示威航行をしたことが挙げられる。同日，中国もラオス国際会議に賛意を示した。従って，ソ連，中国，北ベトナム，南ベトナム民族解放戦線の四者が揃って国際会議による交渉解決に同意した 1964 年 8 月は，アメリカと南ベトナムにとって和平の絶好の機会であった。しかし，アメリカはフランス案を突き放し，一週間後にはトンキン湾事件が起きた。ソ連はこの件を安保理で議論することを提案したが，国連による不介入を厳しく要求している北ベトナムと中国によってはねつけられた。これによって，アメリカは，他の安保理メンバーから組織的な批判を受けることを免れ，しかも社会主義国の北ベトナムへの軍事攻撃という重大事態を前にして，中ソが真っ向から対立するという願ってもない状況を引き出せた。つまり，トンキン湾事件は 1965 年 2 月 7 日から始まる北爆への「免罪符」となったのであった。

2.　ウ・タントの斡旋：北爆前後

　アメリカの北ベトナムへの爆撃は，和平交渉の芽をすべて摘み取ったことは

事実である。ウ・タントもベトナム戦争に区分線を一本引くとしたら，多くの関連国がハノイとの話し合いに積極的な意志を見せていた 1965 年 2 月 7 日だとしている[20]。しかし，実際には北爆後にも関連国家で思惑の違いはあるものの，彼らによって和平への模索が最も精力的に行われた時期であった[21]。

　当時のフランス，アメリカに加えて，北ベトナムに対するソ連の介入は，1965 年初頭あたりから新しい段階に入った。ソ連の目的は，北ベトナムを中ソ論争でソ連の側に引き付けること，アメリカの軍事介入強化によって難局に立たされているハノイの指導者に支援の手を差し伸べること，また，ジュネーブ協定に基づく和平構想を進めることによって，アジアでの影響力を増大することなどであった。さらに，ソ連は米ソの話し合いによってベトナム問題は解決できると捉えており，新しい形の「米ソ共存」の実践に踏み出した。しかし，それはコスイギン（Aleksei Kosygin）のハノイ訪問中のアメリカの北爆によって台無しになった[22]。その後，ソ連と北ベトナムによって共同声明が発出され，ベトナム和平へのソ連の熱意は一層高まり，コスイギンは，インドシナ問題について前提条件を付けない国際会議を開こうと演説を行なったり，ジュネーブ会議再開を呼びかけたドゴール案を議論するためのソ仏会合を提案したり，ベトナム問題のための国際会議の提唱をしたウ・タントを支持した[23]。ソ連の和平への意欲を読み取ったウ・タントは国際会議を提唱する声明を出す前日の記者会見[24] で再びベトナムをめぐる和平論争に触れた。しかし，事務総長が関係四か国のうち，三か国までが国連加盟国でない場合に，そうした問題に口をはさむのが適当なのかという問題提起がアメリカや中国からなされた。

　このような批判に対してウ・タントは以下のように述べた。「北ベトナム政府は一貫して，国連はベトナム問題を処理する資格がないと主張してきた。なぜなら，北ベトナムは，1954 年にジュネーブで確立された一国際機構が既に存在するとの見解をとってきたからである。かれらは終始その立場を主張してきた。周知のとおり，その立場というのは中華人民共和国が支持する立場である。国連に関する限り，私は国連の主要な一機関におけるベトナム問題のための討議にとっての最大の障害は，この問題に直接関係のある二つ以上の当事者がこの機関の加盟国ではないという事実だと思う。従って，安保理で期待でき

る有効な討議はすぐには見当たらない。」[25] ウ・タントは，「東南アジアの問題を解決するのに軍事的なやり方は過去十数年何の役にも立たなかったし，今後も平和的な解決をもたらすとは思えない。交渉と議論の政治的外交的な方法のみが平和的な解決である。交渉のテーブルにつくことが結果につながる。実際にジュネーブ協定の復活が何らかの結果を生む。（中略）ベトナムと世界の人々の平和と生活の利益のために，私はこのことを真摯に訴える。」[26] と述べ，事務総長としての立場を明確にしたうえで国際会議開催の必要性を述べた。

　この後もウ・タントは関与国への呼びかけを続けた結果，1965 年に入ると，和平への提案として，北ベトナムからは「四条件」[27] が，解放戦線からは「五項目」[28] が出された。同時期にアメリカは「無条件討議」を提案し，同年のクリスマスから翌年のテトにかけて全世界的な規模で「和平攻勢」を展開し，北爆は一か月以上停止した。その間にアメリカは「和平 14 項目」を発表した[29]。

　アメリカによる和平案を好機と見たウ・タントは，アメリカに北爆中止を要望し，北ベトナムのホーチミンも北爆の永久停止を国際社会に訴えた。しかし，アメリカが数日後に北爆を再開したため，ベトナム問題は初めて安保理で話し合われることになった[30]。この会議は，アメリカの国連代表部から安保理議長宛てに提出された書簡[31] によって開かれた。1966 年 1 月 31 日に開かれた安保理では，安保理はベトナムでの敵対的な情勢を深く懸念しており，関係国の間で 1954 年および 1962 年の協定に基づいて東南アジアの恒久的平和のための議論を条件なしで〇〇月〇〇日までに直ちに開始することを要請し，何らかの決議を出した後はすべての加盟国がその決議を履行するよう呼びかけ，事務総長は決議の履行について適切な支援をするよう要請するドラフトが残されている[32]。当時の安保理のメンバーは常任理事国に加えて，非常任理事国は，アルゼンチン，ブルガリア，日本，ヨルダン，マリ，オランダ，ニュージーランド，ナイジェリア，ウガンダ，ウルグアイで構成されていた。安保理議長は日本の松井明国連大使であった。2 月 2 日の安保理でも引き続きベトナム問題が話し合われた。理事国からは，国連はこの件について無力であること，安保理が何らかの決議を出す権利はないことなどの意見が出された。また，多くの理事国から，北爆は明らかなジュネーブ協定違反であり，アメリカは協定を尊重し，それに基づいて事態の収束を図るべきであるとの発言が相次いだ[33]。

　2月26日に松井によって安保理に提出された文書[34]によると，安保理はベトナムの状況を憂慮しており，ジュネーブ協定に基づいた早期の平和的解決を望むことは多数の意見であり有意義な意見交換もできたものの，安保理国の間には深刻な意見の相違があり，現在の環境では安保理として何もできることはないだろうと述べている。結局，安保理では何の決議も採択されなかった。

3.　ウ・タントによる直接介入：北爆再開後

　事務総長に期待される斡旋や周旋の役割を越えたウ・タントの直接介入は，1966年3月17日に発表した「三段階計画」に始まる。彼は積極的に当事国間の交渉の中に立ち入り，当事国の主張を調整し，解決条件を自ら提示するなどして解決を促すことを始めた。事務総長の独立性，公平さと誠実性を利用して，国際紛争が発生，拡大，拡散するのを防ぐために，事務総長が公的にまたは私的にとる措置といえよう。

　ウ・タントが示した「三段階計画」は，① アメリカの北爆無条件停止，② 南ベトナムでのすべての軍隊のすべての軍事活動の縮小，③ 解放戦線を含む当事者の和平交渉，から成る。しかし，アメリカは，北爆停止を第一段階とするウ・タント構想と，北爆＝北ベトナムの軍事活動の縮小の同時実施を主張する自身の立場には大きな隔たりがあるとしてウ・タント案を拒否した。

　そこで，ウ・タントは，和平を進めるうえでのアメリカの立場の重要性について，「私は全般的な情勢をこう見ている。それは，アメリカのような強力な国が率先して平和を探求し，啓蒙された人道的な精神を示すべき情勢である。私は現状ではアメリカはそれだけの力があり，そのような立場に立っているのだから，やる余裕はあるはずであり，このような精神で慎重に採られる行動のみがこの戦争のエスカレーションと拡大を喰い止め，平和への潮流の向きを変えることができると信じている。」[35]と述べた。

　しかし，ベトナム戦争をイデオロギーの対決として正当化するアメリカに対しては，「ベトナム戦争が悪化するにつれて，イデオロギーの対決という言葉でこれを正当化することは，ますます方向を誤らせる。双方がベトナムでは危くなっていると考えている民主主義の原則は，すでに戦争自体の犠牲になりつ

つある。」[36] と述べ，ドミノ理論を真っ向から否定した。さらに，別の機会にも，「それぞれの国は，それぞれの特殊な環境，国民性，歴史的背景，それに政治哲学を持っている。一つの国にあてはまることが，そのまま常に他国にも当てはまるとは言えない」としてドミノ理論への反論を続けた[37]。すると，アメリカのみならず，アメリカの同盟国であるフィリピン，ラオス，マレーシア，タイ，そして日本がウ・タントの「反ドミノ理論」に反論を加え「ベトナムは西側にとって脅威でなくとも，アジアの近隣諸国の安全にとってはただならぬ問題である」と抗議したという[38]。

　ウ・タントはその後も考えを変えず，ジュネーブ協定に立ち戻って和平を進めることを訴え続けた[39]。ウ・タントは，「三段階計画」は総会で大多数によって承認されたこと，北爆停止は世界の世論を反映したものであること，世界中の宗教の指導者もベトナム戦争の続行とエスカレーションについて懸念を表明していること，ローマ教皇もそれに賛同したことを述べ，自らの「三段階計画」を安保理文書として発信したいと考えていた[40]。

　1967 年になると，ウ・タントは，「三段階計画」を改定して新提案[41] を行なった。① 全面的休戦，② アメリカと北ベトナム間の予備会談，③ ジュネーブ会議の再召集（南ベトナムと解放戦線を交渉に加え，その後，イギリス，ソ連，カナダ，インド，ポーランド，中国などの参加を経て会議に進む）であった。この新案も結局のところ，北ベトナムとアメリカの双方に拒否された。

　ベトナム戦争は，1968 年 1〜2 月に解放戦線側が南ベトナム全土での解放勢力による一斉攻勢（テト攻勢）をかけ，南ベトナムの広域を攻撃したことによって戦闘は首都サイゴンとフエで熾烈を極めた。この攻勢で解放戦線だけでなく，アメリカ軍と南ベトナム政府軍も打撃を受け，守勢に立たされたアメリカは，世界的規模の反戦運動の圧力にも押され，同年 10 月に北爆全面停止を宣言した。1969 年 1 月にはニクソン（Richard Nixon）が大統領に就任し，戦争を南ベトナムに委ねる「ベトナム化」に着手し始めた。この頃，ウ・タントは先行きを不安視し，世論に訴えるコメントを以下のように残している。「ベトナム戦争は，どちらか一方が自発的に撤兵を行なって終結するとは思えない，もっとも私は，当事者が英知と勇気をもってこのような措置を執るならば，世界中から拍手喝采されて歴史の称賛を勝ち取るであろうと疑わない。唯

一の現実的な頼みの綱は国際的な行動と圧力である。だからこそ，私はすべて
の紛争当事者が戦争の拡大を終わらせようという決意でジュネーブのモデルに
沿って参加する国際会議の実現に徹底的に集中しなければならないと信じてい
る。」[42]。

　その後，和平交渉は徐々に進められ，1973年1月27日にはフランスの周旋
によってパリ和平協定が調印された。アメリカは南ベトナムからの撤兵を進
め，1973年3月末には完了した。それ以降も南北間で戦闘は続いたが，1975
年3月に北ベトナムが中部高地で総攻撃を開始したことによって，米軍の援助
を失った南ベトナム軍はやがて瓦解し，75年4月30日には北ベトナム軍を主
力とする解放勢力の戦車隊がサイゴンに入城して戦争に終止符が打たれた。

おわりに：冷戦下の事務総長の苦悩

　長期に亘ったベトナムでの戦争での死者は数百万人に及んだばかりか，戦争
中に使用された枯葉剤やナパーム弾による無辜の人民への影響，民間人の虐殺
などの戦争犯罪も徐々に明らかになり，国際社会に大きな衝撃を与えた。ま
た，戦争終結後も軍事活動によって国土は荒廃し，破壊された社会を整備する
ために長い年月を要した。さらに，統一後の共産主義政権による性急な社会主
義経済の施行はとくに南ベトナム経済の混乱を招いた。また，統一後の言論統
制などが都市富裕層や華人の反発を招いたことや，多くのインドシナ難民を生
んだことも大きな問題となった。

　ウ・タントは冷戦下という難しい時代に国連の舵取りを担った。彼は紛争解
決への努力に加えて，軍縮，核や宇宙空間の平和利用，科学技術の向上と応
用，途上国の開発援助，環境汚染の防止，国際大学設置の提案（現在，青山に
ある国連大学），天災時の救助と再建，国際機構の合理化など多岐にわたる分
野で積極的に関与した。しかし，ベトナム戦争や分裂国家の国連加盟といった
未解決の問題は，国連の有効性と普遍性を高めることを大きな目標の一つとし
ていたウ・タントにとって残念なことだったに違いない。

　ウ・タントは，時には，よりはっきりと国連の長としての役割の限界につい

て述べ，ベトナム戦争では事務総長としてよりもアジア人として和平交渉に携わっていることを以下のように述べている。「国の枠外の事項や，国連の主要機関のいずれの機関にも持ち込まれていないような事項に対しては，私は事務総長としての現在の能力では動きようがない。特にベトナム問題に関しては，この紛争に最も関係している当事者の態度でよく分かるように，国連の事務総長としての任務を果たすことは不可能だ。例えば，北ベトナム政府がビルマで私を受け入れることを許可すること決定したとき，それは個人的な考慮によって開かれたのであり，私が国連の事務総長であるという事実によるものではない。北ベトナム代表によれば，彼らは国連の事務総長としての私ではなく，ひとりのアジア人として，また一国の独立のための闘いにそれが何を意味するのかを理解するひとりの人間としての私に語りかけた。なぜなら，彼らの見解によれば，国連はベトナムで果たすべき役割は何ももっていないからである。」[43]

　ウ・タントは任期終了を間近にして，「関係当事国のいくつかが，国連の加盟国ではないということ，さらに，安保理のいくつかの常任理事国を含めた加盟国の多くの国が，国連の関与に賛成していないという事実からしても，この機構はこれまでは戦争終結の実現に決定的な役割を演じることはできなかった。しかし，最近の情勢の悪化によって生じた重大な危機に深く心を乱しているますます多くの世界の人々の懸念と痛切な憂慮を表明することはこの機構の事務総長の義務である。よって，私の見解では，南ベトナムでの古い戦争とカンボジアでの新しい戦争に対処するために，上に述べたような性質の国際的結集はもっとも緊急の不可避的措置である。平和と正義を求めるすべての人々はこのような運動を支援すべきである。」[44]と述べた。

注
1　ウ・タントの発言は United Nations（1970）および国連文書に依拠する。邦訳は筆者および国際市場開発（1972）による。また，英文でオリジナルの発言が残っていない場合には，同書から邦訳を引用した。
2　「平和のための結集決議」では，常任理事国のいずれかの国が拒否権を発動して議決できず，安全保障の任務を果たせなくなった場合に特別臨時総会を開催して，多数決で安保理に代わって軍隊の使用を含む集団的な措置をとることができる。朝鮮半島勃発時に，ソ連の欠席によって，ソ連を除く4つの常任理事国で国連軍の派遣を決定したため，欠席の不利を悟ったソ連がその後に拒否権を行使することを警戒したアメリカが国連で多数派工作を行ってこの決議を成立させた。総会の権限を強めるものであった（河辺，1994，42頁）。
3　島田（1997）282頁。

4 同上，282 頁。

5 「いかなる紛争でもその継続が国際の平和及び安全の維持を危くする虞のあるものについては，その当事者は，まず第一に，交渉，審査，仲介，調停，仲裁裁判，司法的解決，地域的機関又は地域的取極の利用その他当事者が選ぶ平和的手段による解決を求めなければならない」（国連憲章第6 章 33 条 1 項）として，紛争の解決手段を具体的に明示している。

6 Address by Secretary-General at Luncheon for Dag Hammarskjold Memorial Scholarship Fund of United Nations Correspondents Association, 16 September 1971, Press Release, SG/SM/1531; 国際市場開発（1972）12-13 頁。

7 同上。

8 同上。

9 ビンガム（1968）276-278 頁。

10 同上，305 頁。

11 Statement at the faith and peace session of the third international teach-in, Toronto, Ontario, Canada, 20-22 October 1967, Press Release, SG/SM/808.

12 ビンガム（1968）ii 頁。

13 ビンガム（1968）268-270 頁。

14 同上，275 頁。

15 UN Documentation, Security Council Resolution adopted at the 1329 meeting（private meeting）, 2 December 1966.

16 例えば，仲（1967）170-177 頁；ウ・タント自身もそのようにみている（注 18）。

17 Replies to questions at Press conference, Geneva, 9 July 1965, Note No. 3126.

18 *Ibid.*

19 第一次インドネシア戦争終結のために 1954 年 4 月 26 日にスイスのジュネーブで開かれた会議である。フランス，アメリカ，イギリス，カンボジア，ラオス，解放戦線，ソ連，中華人民共和国が会し，① インドシナ諸国（ベトナム，カンボジア，ラオス）の独立，② 停戦と停戦監視団の派遣，③ 解放戦線の南ベトナムからの撤退とフランス軍の北ベトナム，カンボジア，ラオスからの撤退，④ ベトナムを 17 度線で南北に分離し，撤退した解放戦線とフランス軍の勢力を再編成したうえで，1956 年 7 月に自由選挙を行ない，統一を図ることが話し合われた。ベトナム民主共和国，中華人民共和国，ソ連，フランス，イギリスは署名したが，アメリカとベトナム国は署名しなかった。Guan（1997）p. 11; Logevall（2019）p.606.

20 Remarks by the Secretary-General at a reception given by the Speakers Research Committee, New York, 10 May 1967, Press Release, SG/SM/707.

21 仲（1967）182 頁。

22 仲（1967）146-147 頁。

23 同上。

24 Replies to questions at Press conference, the UN Headquarters（24 Feb. 1965）, Note No. 3075.

25 Replies to questions at Press conference, the UN Headquarters（24 Feb 1965）, Note No. 3075.

26 Statement of UN Headquarters, 12 February 1964, Press Release SG/SM/251.

27 ① ジュネーブ協定に基づいてアメリカ軍が南ベトナムから撤退，北ベトナムへの戦争行為を中止すること，② 南北ベトナム平和再統一まで外国と軍事同盟を結ばず，外国の軍事基地・軍隊を置かないこと，③ 解放戦線の綱領に基づく問題解決，④ 外国の干渉のないベトナムの平和な再統一。（1965 年 3 月 22 日）仲（1967）189 頁。

28 ① 米帝国主義はジュネーブ協定の破壊者，侵略者で，ベトナム人民の不倶戴天の敵であること，② 南ベトナム人民は米帝国主義を追い出し，南ベトナムを開放し，独立・民主・平和・中立の南

ベトナムを実現し，民族統一を実現すること，③ 南ベトナム人民と解放軍は南ベトナムを解放し，北ベトナムを防衛すること，④ 南ベトナム人民は，五大陸の友人が提供してくれる武器その他，軍需品を含むあらゆる援助を受け入れる用意があること，⑤ 全人民を団結・武装させ，米侵略者とベトナム売国奴を打ち破ること（1965 年 4 月 8 日）。

29　① 1954 年，62 年のジュネーブ協定は，東南アジアの平和のための適切な基礎であること，② 東南アジア，またはそのいずれかの部分に関する会議を歓迎すること，③ 前提条件のない交渉を歓迎すること，④ 無条件討議を歓迎すること，⑤ 戦闘停止は和平会議での第一議題となりうるし，また予備的討議の議題ともなりうること，⑥ 北ベトナムの四条件は，他の当事国が提案することを望む他の諸項目とともに討議されうること，⑦ 東南アジアにアメリカの基地を望まないこと，⑧ 平和確保の後も南ベトナムに米軍を保持しようとは思わないこと，⑨ 南ベトナム国民がみずから選んだ政府をもつための自由選挙を支持すること，⑩ 再統一問題は，ベトナム人自身の自由な決定を通じてベトナム人自身が決めること，⑪ 東南アジア諸国が望むなら非同盟・中立であってもよいこと，⑫ 北ベトナムを含めた東南アジアの経済再建に米国は 10 億ドルを拠出する用意があること，⑬ 解放戦線代表の会議出席は克服できない問題ではないこと，⑭ 平和の一歩として北爆停止の用意があること。（1966 年 1 月 3 日）仲（1967）189 頁。

30　UN Documentation, S/7106, 31 January 1966.

31　Letter dated 31 January 1966 from Permanent Representative of the United States of America to the UN addressed to the President of the Security Council, S/7105.

32　UN Documentation, S/7106, 31 January 1966.

33　この議論について投票が行なわれた結果，15 か国のうち，反対 2（ブルガリア，ソ連），棄権 4（フランス，マリ，ナイジェリア，ウガンダ）であった。1273rd meeting, 2 February 1966, Security Council Official Record.

34　UN Documentation, S/7168, 26 February 1966.

35　Letter from the Secretary-General to the Permanent Representative of the United States, 30 December 1966, Document S/7658.

36　Speech to Amalgamated Clothing Workers of America, Atlantic City, New Jersey, 24 May 1966, Press Release, SG/SM/510.

37　Press conference by the Secretary-General, Headquarters, 10 January 1967, Press Release, SG/SM/637.

38　仲（1967）194 頁。

39　Speech to *Amalgamated Clothing Workers of America, Atlantic City*, New Jersey, 24 May 1966, Press Release, SG/SM/510.

40　Letter from the Secretary-General to the Permanent Representative of the United States, 30 December 1966, S/7658.

41　Statement of Press conference, Headquarters, 26 March 1967, Press Release, SG/SM/682.

42　Statement at luncheon of the United Nations Correspondents' Association, New York, 11 June 1970, Press Release, SG/SM/1275.

43　Remarks by the Secretary-General at a luncheon given by the United Nations Correspondents' Association at Palais des Nations, Geneva, 5 April 1967, Press Release, SG/SM/688.

44　Statement issued at United Nations Headquarters, 5 May 1970, Press Release SG/SM/1253.

参考文献
（日本語）

国際連合広報局編・井上昭正訳（1972）『ウ・タント世界平和のために』国際市場開発。

ジューン・ビンガム著・鹿島平和研究所訳（1968）『ウ・タント伝：平和を求めて』鹿島研究所出版会。

仲晃（1967）『米中対決：ベトナム戦争と大国の介入』潮新書。

（英語）

Ang Cheng Guan (1997), Vietnamese Communities' Relations with China and the Second Indochina War, 1956-62, Jefferson, NC: McFarland.

Myint-U. T. and Scott, A. (2007), *The UN Secretariat: A Brief History (1945-2006)*, New York: International Peace Academy.

United Nations (1970), *Portfolio for Peace: Excerpts from the writing and speeches of U Thant, Secretary-General of the United Nations on major world issues 1961-1970*, New York: United Nations Publication.

United Nations Documentation （発出順）：

Statement of UN Headquarters, 12 Feb. 1964, SG/SM/251; Replies to questions at Press conference, Headquarters, 24 Feb. 1965, No. 3075; Replies to questions at Press conference, Geneva, 9 July 1965, No. 3126; Letter dated 31 Jan.1966 from Permanent Representative of the US to the UN addressed to the President of the Security Council (SC), S/7105; SC, S/7106, 31 Jan.1966; 1273rd meeting, 2 Feb.1966, SC Official Record; SC, S/7168, 26 Feb. 1966; Speech to Amalgamated Clothing Workers of America, 24 May 1966, SG/SM/510; SC Resolution adopted at the 1329 meeting, 2 Dec. 1966; Letter from the Secretary-General (SG) to the Permanent Representative of the US, 30 Dec. 1966, S/7658; Press conference by the SG, Headquarters, 10 Jan. 1967, SG/SM/637; Statement at Press conference, Headquarters, 28 March 1967, SG/SM/682; Remarks by the SG at a reception given by the Speakers Research Committee, New York, 10 May 1967, SG/SM/707; Statement at the faith and peace session of the third international teach-in, Toronto, Canada, 20-22 Oct. 1967, SG/SM/808; Statement issued at Headquarters, 5 May 1970, SG/SM/1253; Statement at luncheon of the UN Correspondents' Association, New York, 11 June 1970, SG/SM/1275; Address by SG at Luncheon for Dag Hammarskjold Memorial Scholarship Fund of UN Correspondents Association, 16 Sept. 1971, SG/SM/1531.

執筆者一覧 (執筆順)

石川　幸一 (いしかわ　こういち)
　　亜細亜大学アジア研究所特別研究員　　　　　　　　　　　　　　　　1 章

関　志雄 (かん　しゆう)
　　野村資本市場研究所シニアフェロー　　　　　　　　　　　　　　　　2 章

石田　正美 (いしだ　まさみ)
　　日本貿易振興機構 (ジェトロ) アジア経済研究所開発研究センター・上席主任調査研究員　　3 章

穴沢　眞 (あなざわ　まこと)
　　小樽商科大学商学部教授　　　　　　　　　　　　　　　　　　　　　4 章

堀　史郎 (ほり　しろう)
　　福岡大学研究推進部教授　　　　　　　　　　　　　　　　　　　　　5 章

松本　邦愛 (まつもと　くにちか)
　　東邦大学医学部社会医学講座医療政策・経営科学分野准教授　　　　　6 章

橋　徹 (はし　とおる)
　　三菱総合研究所環境・エネルギー事業本部主席研究員　　　　　　　　7 章

大野　健一 (おおの　けんいち)
　　政策研究大学院大学教授　　　　　　　　　　　　　　　　　　　　　8 章

グェン・ドゥック・タイン (Nguyen Duc Thanh)
　　ベトナム経済政策研究所 (VEPR) 所長　　　　　　　　　　　　　　8 章

苅込　俊二 (かりこみ　しゅんじ)
　　帝京大学経済学部准教授　　　　　　　　　　　　　　　　　　　　　9 章

ド・マン・ホーン (Do Manh Hong)
　　桜美林大学ビジネスマネジメント学群准教授　　　　　　　　　　　10 章

池部　亮 (いけべ　りょう)
　　専修大学商学部准教授　　　　　　　　　　　　　　　　　　　　　11 章

保倉　裕 (ほくら　ゆたか)
　　東京音楽大学理事　　　　　　　　　　　　　　　　　　　　　　　12 章

牛山　隆一 (うしやま　りゅういち)
　　日本経済研究センター主任研究員　　　　　　　　　　　　　　　　13 章

山田　満 (やまだ　みつる)
　　早稲田大学社会科学総合学術院教授　　　　　　　　　　　　　　　14 章

白石　昌也 (しらいし　まさや)
　　早稲田大学名誉教授　　　　　　　　　　　　　　　　　　　　　　15 章

本多　美樹 (ほんだ　みき)
　　法政大学法学部教授　　　　　　　　　　　　　　　　　　　　　　16 章

編著者紹介

山田　満（やまだ　みつる）

オハイオ大学大学院国際関係学研究科修士課程修了，東京都立大学大学院社会科学研究科博士課程単位取得退学，神戸大学博士（政治学）。東ティモール国立大学客員研究員，埼玉大学教養学部教授，東洋英和女学院大学大学院教授などを経て，2009年4月より早稲田大学社会科学総合学術院教授。

専攻は，国際関係論，国際協力論，平和構築論，東南アジア政治論

主要著書：『多民族国家マレーシアの国民統合―インド人の周辺化問題』大学教育出版，2000年。『東ティモールを知るための50章』（編著）明石書店，2006年。『市民社会からみたアジア』（責任編集）『国際政治』第169号，2012年。『東南アジアの紛争予防と「人間の安全保障」』（編著）明石書店，2016年。『難民を知るための基礎知識』（共編著）明石書店，2017年。Complex Emergencies and Humanitarian Responses, Co-edited, Union Press, 2018.『新しい国際協力論』（改訂版）（編著）明石書店，2018年。『「一帯一路」時代のASEAN』（共編著）明石書店，2019年。

苅込　俊二（かりこみ　しゅんじ）

早稲田大学社会科学研究科博士課程修了，博士（社会科学）。株式会社富士総合研究所，日本貿易振興機構アジア経済研究所，みずほ総合研究所株式会社，財務省財務総合政策研究所，早稲田大学社会科学総合学術院などを経て，2019年4月より，帝京大学経済学部准教授，早稲田大学ベトナム総合研究所招聘研究員。

専攻は，開発経済学，国際経済学，アジア経済論

主要著書：『日本経済改革の戦略』（共著），東洋経済新報社，1994年。『巨大経済圏アジアと日本』（共著），毎日新聞社，2010年。『全解説ミャンマー経済』（共著），日本経済新聞出版社，2013年。『図解ASEANの実力を読み解く』（共著），東洋経済新報社，2014年。『メコン地域開発とアジアダイナミズム』（共編著），文眞堂，2019年。『中所得国の罠と中国・ASEAN』（共著），勁草書房，2019年。

アジアダイナミズムとベトナムの経済発展

2020年1月31日　第1版第1刷発行　　　　　　　　　検印省略

編著者　　山　田　　　満
　　　　　苅　込　俊　二

発行者　　前　野　　　隆

発行所　　株式会社　文　眞　堂
　　　　　東京都新宿区早稲田鶴巻町533
　　　　　電　話　03（3202）8480
　　　　　FAX　03（3203）2638
　　　　　http://www.bunshin-do.co.jp
　　　　　郵便番号（162-0041）振替00120-2-96437

製作・モリモト印刷

©2020

定価はカバー裏に表示してあります

ISBN978-4-8309-5071-1 C3033